AF706183

Franzius

Mirjam Wyser

Der dunkle Baron

ROMAN

Ein Buch aus dem FRANZIUS VERLAG

Cover: Perry Payne
Buchumschlag: Simone C. Franzius
(nach einer Idee von Jacqueline Spieweg)
Bildlizenzen: Shutterstock
Korrektorat/Lektorat: Petra Liermann
Überarbeitung: Franzius Verlag
Verantwortlich für den Inhalt des Textes
ist die Autorin Mirjam Wyser
Satz, Herstellung und Verlag: Franzius Verlag GmbH
Druck und Bindung: BoD, Norderstedt

Bei »Der dunkle Baron« handelt es sich um eine vollständig überarbeitete Neuauflage des Franzius Verlages. Der Titel der ursprünglichen Ausgabe (eines anderen Verlages) lautet: »Nadelspitzen in schwarzem Samt«.

ISBN 978-3-96050-079-7
3. Auflage

Informationen gemäß der Produktsicherheitsverordnung der EU (GPSR):
- Der Hersteller im Sinne der GPSR ist die Franzius Verlag GmbH.
- Ansprechpartner für ist die Geschäftsführerin Simone C. Franzius.
- Die Kontakt-E-Mail lautet: mail@franzius-verlag.de
- Der eindeutige Produktcode gemäß GPSR ist die ISBN.

Die Deutsche Nationalbibliothek verzeichnet diese Publikation in der Deutschen Nationalbibliografie; detaillierte bibliografische Daten sind im Internet über http://dnb.dnb.de abrufbar.

Inhalt

1. Offenbarungen aus der Tiefe

Die Mysterien des Abgrundes offenbaren sich dort, wo in allem, was einst eine Seele zugrunde gerichtet, sie in Verzweiflung und Tod gestürzt hat, das nie Erwartete, das total Andere eintritt: der Aufstieg ins Licht. Da, wo der Spiegel zerbricht, wo der Schleier zerreißt, wo der neue Geist geboren wird und das andere Leben beginnen kann. Der Spiegel ist, dass man sich selbst begegnet.

Die Wahrheit ist nicht immer angenehm.

Zeitig an diesem regnerischen Frühlingsmorgen macht sich Sandra, eine Frau mittleren Alters mit einer magischen Ausstrahlung, auf den Weg in die Stadt. Der Regen wird heftiger und Sandra zieht den Regenschirm tiefer vor das Gesicht. Ein unwiderstehlicher Zwang zieht sie in Gedanken immer wieder zu einem Traum zurück. Dieser Traum hat angefangen, sie zu verfolgen.

Gedankenverloren übersieht sie das rote Licht der Ampel. Quietschende Autoreifen und ein verärgerter Fahrer holen sie in die Wirklichkeit zurück. Auf dem Weg zur Bushaltestelle drängen die Menschen dicht aneinander vorbei. Im Bus erwischt sie einen Fensterplatz. Nach ein paar flüchtigen Blicken nach draußen lehnt sie sich in den Sitz zurück. Bald ist sie in Gedanken wieder ganz weit weg. Ihr fein geschnittenes

Gesicht nimmt einen geistesabwesenden Blick an. In Gedanken macht sie wieder den Sprung zurück in ihren Traum.

Plötzlich, wie vom Blitz getroffen, steht sie auf und geht zielstrebig zum Ausgang. Die Bustür öffnet sich und Sandra steht im kalten Regen. Sie öffnet den Schirm; geht schneller, gerät schon fast ins Laufen. Sandras Ziel ist das kleine Buchantiquariat um die Ecke. Der alte Buchhändler hat gerade seinen Laden geöffnet und freut sich über seine erste Kundin. Sandra grüßt freundlich, ist heute aber sehr wortkarg. Erstaunt starrt sie der alte Mann an.

Zielgerichtet geht sie zu den Regalen der mystischen Literatur. Was sie genau sucht, weiß sie nicht. Sie hat eine Vorliebe für das Irrationale. Es sind die unbeantworteten Fragen nach dem Sinn des Lebens. Sandra liebt es, in alten Büchern herumzustöbern, und erhofft, Antworten zu finden. Die Vorliebe für esoterische Literatur, geheimes Wissen ist nicht unbegründet. In ihren Seelentiefen schlummert ein verschleiertes Trauma. Langsam beginnt sich der Schleier, der diese geheimnisvollen Zusammenhänge verdeckt, zu heben.

Gerade blättert sie in einem Buch über Grenzwissenschaften, da steht plötzlich ein alter Mann vor ihr. Sein Anblick wirkt irritierend. Der Mann sieht aus wie ein Knochengerüst, das mit etwas Haut überzogen ist. Trotzdem hat er ein gutmütiges, strahlendes Antlitz und magische Augen. Sandra schwankt zwischen Abwehr und Zutrauen. Das Zutrauen siegt.

Unerwartet spricht er Sandra an. »Lesen Sie nur solche Bücher. Geistiges Wissen ist das Einzige, das Ihnen nie jemand wegnehmen kann!«

Etwas verlegen lächelt Sandra zurück und denkt: »Der Mann sieht aus wie ein verirrtes Wesen, das aus einem todesähnlichen Schlaf erweckt wurde. Seine unergründlich tiefen Augen sind fast unheimlich!«

Als könnte er Sandras Gedanken lesen, spricht er Unerwartetes: »Danke für Ihr Lächeln!«

Irritiert blickt Sandra direkt in seine Augen. Sie ist wie entrückt! Für Sekunden steht sie bewegungslos da. Ein flutendes Licht durchpulst ihren Körper. Bevor sie etwas antworten kann, ist der rätselhafte Mann verschwunden. Als hätte er sich in Luft aufgelöst.

Verwundert denkt Sandra: »Was war das gerade für eine sonderbare Begegnung? Habe ich geträumt oder war der alte Mann Wirklichkeit? Habe ich die Welt der unwirklichen Wirklichkeit betreten?«

Sie läuft irritiert durch die Bücherregale und hält Ausschau nach ihm. Noch weiß sie nicht, dass ein Adept ewig lebt und er schon früher eine Rolle gespielt hat. Hier und jetzt ist und bleibt er verschwunden. Sandra fragt den Buchhändler nach dem sonderbaren Mann. Der schaut sie mit flackerndem Blick ungläubig an und zuckt die Schultern.

Und mit erstaunter Stimme antwortet er: »Sie sind die einzige Kundin, die heute meinen Laden betreten hat!«

Sandra schüttelt fassungslos den Kopf, als müsste sie sich wachrütteln. Das Erlebnis hat sie aufgewühlt. Als Erinnerungsstück kauft sie das Buch, das sie bei dieser ungewöhnlichen Begegnung gerade in den Händen gehalten hat.

Sandra verabschiedet sich und tritt ins Freie. Sie nimmt ein paar tiefe Atemzüge und schaut zum Himmel. Eine Nebelschwade verhält sich eigenartig. Obwohl mit einem Mal ein eisiger Wind um das Gebäude weht, hat er keinerlei Einfluss auf die graue Nebelschwade. Sie kriecht wie ein Spukgeist die Mauer entlang.

Noch vor kurzer Zeit ist Sandras Leben in geordneten Bahnen verlaufen. Doch seit einiger Zeit tauchen aus dem Unterbewusstsein imaginäre Bilder auf. Für Sandra besteht kein Zweifel, diesem inneren Ruf zu folgen. Der Verstand kennt die Wahrheit nicht. Er bewegt sich auf einer anderen Ebene als die Sprache des Herzens. Vergangenheit und Gegenwart reichen sich hier die Hand. Ihre Visionen und Träume werden zum wichtigen Schlüssel, die Tür ins Vergessene wieder zu öffnen. Sie hat die leise Stimme, die im Unterbewusstsein spricht, gehört. Dies geschieht dann, wenn das Mondlicht auf dem Hügel schläft und die Engel sich im goldenen Licht spiegeln. Noch ahnt Sandra nicht, dass ihr Leben in ein ganz neues Licht getaucht werden wird.

2. Die Frau im weißen Kleid

So beginnt eine Geschichte in einer anderen Zeit an einem anderen Ort. Die Wucht der Erinnerungen trifft sie unvorbereitet. Es ist ein Irrtum zu glauben, dass entscheidende Momente im Leben von lauter und greller Dramatik sein müssen.

Irgendwo in einem schönen Park steht eine herrschaftliche Villa. Tatsächlich ist die Zeit in dieser Villa stehen geblieben. Das alte Gemäuer ist umhüllt von grauem Nebel. Die alten Bäume im Park neigen ächzend ihre Kronen im Wind und erzählen die Geschichte von Melissa, der einstigen Hausbesitzerin, die vor vielen, vielen Jahren hier gelebt hat.

Wilde Rosen ranken sich an den Mauern entlang. Niemand bewohnt das Haus mehr, es steht einsam und leer da. Nur um Mitternacht huscht ein scheuer Schatten über die Veranda. Kurze Zeit später wird auf der Terrasse die weiße, durchsichtige Gestalt einer Frau gesichtet. Das Haus schläft einen langen, tiefen Schlaf.

Das war nicht immer so. Einmal war die Villa belebt von Leben, Lachen, Musik und Fröhlichkeit. Der Ruf aus einem verschwommenen Traumland hat Sandra erreicht und lautlos öffnen sich verschlossene Türen. Sie wanderte stille und einsame Wege, die sehr beschwerlich waren, bevor die Seele erwachen konnte.

Der Vollmond erleuchtet das herrschaftliche Anwesen, das in dem schönen Park mit seinen alten Bäumen steht. Bei genauer Betrachtung wird offensichtlich, dass die herrschaftliche Villa einen neuen Anstrich vertragen könnte. Der rötliche Putz der Fassade bröckelt etwas ab. Die einst schön gepflegte Kiesstraße ist mit Unkraut überwuchert. Das schmiedeeiserne Tor mit einer Kette verschlossen. Daran hängt ein großes Vorhängeschloss. Den Betrachter überkommt etwas Traurigkeit bei diesem verwahrlosten Anblick. Wirklich kaum vorstellbar, dass die Villa noch bewohnt wird. Der Fokus richtet sich wieder auf die Veranda.

Das Schlagen der Kirchturmuhr zerreißt die gespenstische Stille. Das weiße, feinstoffliche Kleid, schemenhaft wahrnehmbar, tanzt im sanften Nachtwind. Im Mondlicht erspäht man wieder die Umrisse dieser nebelhaften Frauengestalt. Einsam steht sie da und schaut in die Nacht hinaus. Auch in den folgenden Nächten immer das gleiche Bild. Unheimlich wirken die durchsichtigen Konturen der Frau im weißen Kleid. Ein menschlicher Schatten von fühlbarer Traurigkeit schaut in die unendliche Weite des Sternenhimmels. Das Gefühl von unbeschreiblicher Einsamkeit taucht als flüchtige Erinnerung bei Sandra auf. Nicht fassbar und trotzdem da.

Sandra hat das Zeichen zum inneren Aufbruch bekommen. Schon die ganze Zeit – unerschütterlich im Glauben – hat sie das Gefühl, dass eine innere Führung ihr eine Botschaft überbringen will. Das Spiegelbild des eigenen Wesens hat begonnen, das Licht nach außen zu reflektieren. Nun folgt sie dem inneren Ruf, eine Verbindung zur unsichtbaren Welt herzustellen.

In dieser Nacht wird Sandra in der Traumwelt durch einen dunklen Tunnel gezogen und es gelingt ihr, hinter den

Spiegel zuschauen, der die physische und die geistige Welt trennt! Das erlaubt ihr allmählich, in eine frühere Inkarnation zurückzuschauen. Ihr Geist hat sich abgesetzt und fliegt frei und leicht durch die übersinnliche Welt. Anfänglich war sie ganz unsicher, wie sie die Erlebnisse einordnen soll. Sie will sich von Visionen kein falsches Bild machen. Tage voller Zweifel vergehen. Kann sie wirklich imaginär wahrnehmen? War es die Empfindsamkeit ihres Herzens, das zu ihr gesprochen hat? Die träumerischen Spekulationen, die sich hier von der herkömmlichen Weise absondern, eröffnen neue Dimensionen.

In der Traumwelt schaut sie jeden Abend durch ein verschlossenes Gittertor dieser fremden, herrschaftlichen Villa. Die schemenhafte Gestalt nimmt sie übersinnlich wahr. Eine Geschichte aus einem anderen Leben kommt ins Rollen. Nur der Himmel kennt die Wahrheit.

3. Ein Spätsommertag

Nachdenklich schlendert Sandra durch das morgendliche Menschengetümmel. Der Traum ist noch sehr gegenwärtig. Sie fühlt sich beschwingt. Diese inneren Bilder lassen sie nicht mehr los. Eine Reise in das eigene Innere hat begonnen. Sandra ist sich dessen Tragweite noch nicht bewusst.

»Die Welt der Erscheinungen ist so täuschend, dass man sich leicht darin verlieren kann!«, denkt sie sich schon fast als Entschuldigung.

Fast täglich besucht Sandra das kleine Café »Espresso« in der Nähe. Ringsherum sind in kurzer Zeit bombastische Einkaufscenter, Wohn- und Geschäftshäuser entstanden. Der Bauboom ist erschreckend. Die Gaststube von Elvira ist eine Oase der Gemütlichkeit geblieben. Schräg gegenüber liegt das kleine Buchantiquariat. Ein Blick auf die Uhr: Genügend Zeit, sich einen Kaffee zu gönnen und vielleicht einen Blick in die Morgenzeitung zu werfen. Kurz darauf betritt sie das Café »Espresso«.

Sandra mustert einen Moment lang den Gast, der seit einiger Zeit regelmäßig seinen Kaffee hier trinkt. Als Marcel hat er sich vorgestellt. Er hat eine freundliche Art, ist offen und immer zu einem Schwatz und einem Späßchen aufgelegt. Er schlürft gerade seinen Kaffee, als Sandra eintritt. Überschwänglich winkt er ihr zu, sich zu ihm zu setzen, obwohl sie sich nicht einmal richtig kennen. Marcel grinst gutmütig. Sandra nimmt das Angebot gerne an.

Über ihr außergewöhnliches Erlebnis im Antiquariat mag sie hingegen nicht sprechen. Marcel betrachtet ihr interessantes Profil, als sie so dasitzt. Eigentlich kann er sich nicht erklären, was ihn zu dieser Frau so hinzieht. Sie ist nicht auffallend schön, auch etwas älter als er, aber ihr Gesicht hat etwas eigenartig Anziehendes.

Schon seit der ersten Begegnung wandern freundliche, allerdings nur belanglose Floskeln zwischen ihnen hin und her. Marcel hat die Fröhlichkeit eines Schuljungen, die immer für eine lockere Stimmung sorgt. Wenn er loslacht, durchzuckt es Sandra. Dieses Lachen kennt sie von irgendwo her. Sie grübelt darüber nach und gelangt zu der Gewissheit, dass etwas Karmisches zwischen ihnen eine Rolle spielen muss. Im Augenblick kann sie es nicht einordnen, doch die Zeit wird die Antwort geben.

Ein bestechender Zauber geht von Marcel aus. Etwas Magisches ist zwischen den Zeilen des Lebens zu erkennen. Die Idee wird geboren, sich zu einem kleinen Lunch in der Stadt zu treffen. In der Tat weiß keiner, was von dem anderen zu erhoffen ist. Zwei Tage warten ...!

Der Tag beginnt mit einem verheißungsvollen Morgenrot. Es ist ein strahlend schöner Spätsommertag geworden. Sandra hat ihr kleines Auto im nahegelegenen Parkhaus abgestellt. Seit einer halben Stunde geht sie die Straße auf und ab und schaut die Auslagen in den Schaufenstern an. Sie fühlt sich wie bestellt und nicht abgeholt. Sie sieht zum Himmel hoch, er hat sich etwas bewölkt. Hat Marcel sie etwa versetzt? Eigentlich sagt Sandras Gefühl Nein.

Bevor sie ihre zweifelnden Gedanken fertig gedacht hat, schrillt das Handy. Ein Lächeln der Freude huscht über Sandras Gesicht. Beide haben an verschiedenen Orten gewartet. Fast hätten sie einander verpasst.

Mit Verspätung kann der Lunch serviert werden. Man ist sich wie gewohnt sympathisch, erzählt dieses und jenes. Sandra hört lächelnd seinen Erzählungen zu.

»Woher kenne ich dich nur?«, überlegt sie und betrachtet nachdenklich sein lachendes Gesicht. Da durchzuckt eine Erinnerung wie ein heller Blitz ihre Sinne. Sandra schweigt darüber. Vielleicht liebt sie ihn? Wer kann schon wissen, was Liebe ist! Sie schiebt diesen Gedanken so schnell, wie er gekommen ist, wieder zur Seite.

Die verbleibende Zeit vergeht in Windeseile und die Arbeit ruft. Für tiefgründige Gespräche fehlt wieder einmal die Zeit. Das Wesentliche bleibt abermals an der Oberfläche hängen. Der Weg ins Parkhaus ist kurz. Sandra fährt Marcel noch das kurze Stück zur Arbeit. Die Autotür schlägt zu. Ein freundliches Winken, nun ist er wieder weg. Sandras Gedanken bleiben den ganzen Nachmittag an dieser speziellen Begegnung hängen. Die Begegnung mit Marcel war wirklich nett und witzig.

Das Tiefgründige, das zwischen den Zeilen des Lebens geschrieben steht, können sie noch nicht erahnen. Wird es eine Wiederholung geben? Die äußeren Umstände sprechen eher dagegen. Jedenfalls ist der morgendliche Schwatz im kleinen Café »Espresso« sicher.

Sandra analysiert, zerpflückt die Begegnung mit Marcel. Die Gedanken an ihn sind wie ein leises, vor sich hin prasselndes, flackerndes Licht. Als bekäme sie eine Antwort auf ihre Fragen, rüttelt plötzlich ein aufkommender Wind an den Fenstern. Der Wind wird stärker – mächtig rauscht er um die

Ecken. Ist das ein normaler Wind? Mit Bestimmtheit erinnert sie sich, dass die Wettervorhersage nichts von sturmartigem Wetter berichtet hat. Sofort wischt sie den Gedanken, dass da etwas Ungewöhnliches im Gange sein könnte, zur Seite. Ein gezackter Blitz zuckt über den Nachthimmel und schlägt irgendwo ein. In diesen Augenblick weiß sie, dass sie eine magische Sphäre betreten wird. Die grübelnden Gedanken an Marcel krallen sich fast unheimlich fest. Es verfolgt sie in die Traumwelt. Wer ist er? Kaum sind die Augen geschlossen, spricht die Antwort in Bildern aus den Seelentiefen.

4. Traumoffenbarung

Je weiter die geistige Entwicklung von Sandra fortschreitet, desto wahrscheinlicher sind übersinnlichen Erlebnisse in der Geistwelt, der Astralwelt, der mystischen Welt. Die Genialität des Übersinnlichen lebt in Bildern. Imaginationen sind Bilder, um die höheren Sphären einen Schritt weit zu begreifen. Gedanken werden zu Bildern. Wie Sonnenblumen, welche die Köpfe nach der Sonne, dem Spirituellen, drehen, um zu erkennen.

Der heutige Mensch will nicht glauben, er will wissen. Sandras inneres Auge öffnet sich mehr und mehr.

In einer Traumoffenbarung steht sie an einem See in einer Winterlandschaft. Die eisige Kälte hat den kleinen See zugefroren. Die weiße Landschaft mit den glitzernden Schneekristallen präsentiert sich als das ungetrübte Vollkommene. Eine stille Umarmung der seelischen Harmonie mit Liebesstrahlen. Hier berühren sich zwei Welten, das Tagesleben und das Nachtleben.

Marcel fährt im Traumland mit Schlittschuhen über die Eisdecke. Sandra steht am Uferrand, lacht herzlich und applaudiert mit anderen Zuschauern zu den gekonnten Sprüngen. Er hebt von der Eisfläche ab, dreht sich in der Luft um die eigene Achse und landet meisterhaft. Marcel scheint den Applaus sichtlich zu genießen. Dann plötzlich verliert er die

Balance und stürzt. Es knackt und knirscht, die fröhliche Stimmung schlägt abrupt um. Das Eis zerreißt mit tiefem Grollen und dumpfem Beben. Die Eisdecke bricht ein und der Eisläufer versinkt bis zu den Hüften. Er wird ein Gefangener des gefrorenen Sees.

Es gibt im richtigen Eis auch verschiedenen Schichten, eigentlich bricht man nicht einfach voll durch. Mit dem Seelischen ist es genauso: eine mehrschichtige Angelegenheit, bis zum Durchbruch.

Trotz der Gefährlichkeit der Situation machen beide weiterhin dumme Sprüche und lachen, als wäre nichts geschehen.

Plötzlich zieht ein heftiger Schneesturm auf. Über dem Eingesunkenen kreist ein Adler, als wäre er auf der Jagd nach einer Beute. Schlagartig verwandelt sich das Stimmungsbild. Die Gefahr für den Eingeschlossenen wird erst jetzt richtig bewusst. Sandra nimmt ihren ganzen Mut zusammen und robbt auf dem Bauch zu dem Hilferufenden. Mit beinahe übermenschlichen Kräften und der Hilfe von Sandra gelingt es Marcel, sich aus seiner misslichen Lage zu befreien. Erschöpft und entkräftet sitzen die beiden nach der spektakulären Rettung am Uferrand. Viele virtuelle Gaffer waren am See, doch niemand war bereit zu helfen. Alle diese Zuschauer haben sich wortlos davongeschlichen.

Sandra sucht am nächsten Morgen nach der irdischen Bedeutung dieser nächtlichen Botschaft. Vorerst lässt die Auflösung unbeantwortet im Raume auf sich warten. Dann gelingt es Sandra, das innere Bild ohne Mühe zu durchschauen.

Marcel ist im momentanen Leben etwas aus der Balance geraten. Offensichtlich ist der tiefe Sinn dieser Begegnung, dass Sandra behilflich sein soll, Marcel wieder ins Gleichgewicht zu bringen.

Im Traum konnten sich die zwei Seelen vereinen, was zur Folge hat, dass prägende Erlebnisse aus einem anderen Leben wachgerüttelt worden sind. Wenn man sich wieder auf die physische Ebene zurückbegibt, bleibt immer – bewusst oder unbewusst – etwas von dem Traum im Gedächtnis hängen. Dem Träumenden werden verschlüsselte Botschaften mitgeteilt.

Die beiden treffen sich abermals in der übersinnlichen Welt beim zugefrorenen See. Ihre Blicke schweifen zur Bruchstelle. Das Eis hat in der Zwischenzeit noch zusätzliche Risse bekommen. Das Betreten ist absolut unmöglich. Bei jedem Schritt würde die Gefahr lauern, im Eis unrettbar einzubrechen.

Dann wandelt sich der See wie ein Bühnenbild um. Die gefrorene Eisdecke schmilzt wie Eis in der Sonne. Das Wasser versickert. Der See löst sich auf. Stattdessen fängt die Natur an zu sprießen. Aus dem Nichts entwickelt sich ein prachtvoller Baum im Frühlingskleid. Die Knospen öffnen sich. In rosa Blüten steht ein stolzer Kirschbaum da. Schöner könnte er nicht sein, dieser blühende Kirschbaum.

»Der Baum, mein Freund«, denken Sandra und Marcel und das Gefühl der Liebe zur Natur wirkt beglückend bis in die tiefste Seele. Die Geistkörper der zwei Staunenden fühlen sich wie Ballone an, welche durch das Glücksgefühl aufgeblasen werden und sich ins Unendliche des Kosmos ausdehnen. Das Schauspiel auf der unsichtbaren Seite des Lebens bekommt ein neues Bühnenbild.

Ein Engel in einem lichtvollen, durchsichtigen Geistkleid erscheint. Dann kniet er neben dem blühenden Kirschbaum nieder und gräbt mit seinen Händen, die wie Lichtstrahlen sind, symbolisch die Erde um. Nach getaner Arbeit ist ein tiefes Loch gegraben. Ein zweiter Engel erscheint. Mit sich bringt er ein kleines, strahlendes Lichterbäumchen, das nun in das vorgesehene Loch eingepflanzt wird.

Mit der Zeit gelingt es Sandra immer mehr, diese Botschaften aus der Traumwelt wie Puzzleteile zusammenzusetzen. Marcel ist Handelskaufmann. Widerliche Umstände entließen ihn aus seinem Vertrag, obwohl er vollen Einsatz geleistet hatte und sich absolut nichts vorwerfen konnte. Er musste die Ungerechtigkeit auf sich sitzen lassen. Seine freundliche Art hat er trotz der Widerlichkeiten beibehalten.

Durch diese inneren Bilder ist Sandra bewusst geworden, dass Marcel an seinem neuen Arbeitsplatz nicht sein ganzes Potenzial nutzen kann. Er ist ein Gefangener der Umstände, dessen Spuren in ein anderes Leben zurückführen müssen. Die ersten kleinen Einblicke öffnen sich wie Lichtschimmer für eine höhere Dimension der Wahrnehmung.

Der physische Abdruck des Herzens wird zu einem hörbaren Klang, der Leuchtkraft der Liebe. Sandra ist in das jetzige Leben von Marcel getreten und hat mit seiner Lebensgeschichte auf den ersten Blick eigentlich nichts zu tun. Als neutrale Person ohne Vorurteile ist sie von unsichtbarer Führung ins Spiel gebracht worden. Mit übersinnlichen Kräften wird der Gebeutelte langsam aus seiner misslichen Lage befreit. Tatsache ist, dass die Beiden ein gemeinsames Karma aus einem früheren Leben haben. Genaueres liegt zurzeit noch unberührt in den Seelentiefen verborgen. Marcel ist eine gerechte, strahlende Persönlichkeit. Fast unverständlich sind seine beruflichen Schwierigkeiten oder genauer gesagt, die Mobbingattacken seines Vorgesetzten.

Im Übersinnlichen werden die Fenster geöffnet und der alte, staubige Moder verlässt das Bedrückende vorerst einmal. Die karmischen Zusammenhänge sind noch nicht erklärbar.

Das innere Auge von Sandra hat sich wieder ein Stück weiter geöffnet. Somit auch die verschlossene Tür zum Übersinnlichen. Sie tritt Schritt für Schritt in ein einstiges Leben ein. Was sich ihr offenbaren wird, kann sie nicht erahnen.

Sandra geht am nächsten Tag gedankenversunken durch die pulsierenden Straßen der Vorstadt. Sie muss immer wieder an die inneren Bilder denken und hat gar nicht bemerkt, wie der Himmel sich verfinstert. Ein Donner kracht. Sandra zuckt zusammen. Schwere Regentropfen fallen kühl auf ihr Gesicht. Nochmals durchzuckt ein murrendes Grollen den Himmel. Wie ein Ungeheuer, das keinen Ausweg findet.

»Eigenartig, dieses Unwetter – genauso wie letzte Nacht«, denkt sie.

Sandra geht schneller und ist froh, schon bald das kleine Café »Espresso« erreicht zu haben. Der Rest des Tages verläuft in gewohnten Bahnen. Auch in den folgenden Tagen passiert nichts Außergewöhnliches. Eines Abends ist sie vor dem Fernseher eingeschlafen und dann sind sie wieder da: die Botschaften aus den Urtiefen der Seele.

5. Karmische Erinnerungen

Fast gespenstisch wirken Sandras Visionen.

Dicker Nebel verschleiert das Herrschaftshaus mit dem verwahrlosten Garten. Die Fensterläden geschlossen; kein Licht, das einen Blick in das Haus gestatten würde; Totenstille, kein Atemzug eines Lebewesens.

Nur die nebelhafte Frau im durchsichtigen, weißen Kleid steht wieder auf der Terrasse und schaut zum Mond. Es weht ein kalter, frischer Wind. Sie schaut in den Park hinunter. Nichts rührt sich.

Der Mond nimmt seit einigen Tagen wieder zu. Täglich das gleiche Bild. Heute ist Vollmond. Dies ist ein unvergesslicher Tag, denn der Schleier des Vergessens wird gelüftet.

Sandras inneres Erwachen fühlt sich an, als ob sie nach einem Unfall aus dem Koma erwachen würde und sich nun mit Bruchstücken des Erinnerns versucht, ihre Lebensgeschichte zu rekonstruieren.

Sandra und Marcel sind in dieser einstigen Inkarnation ein Liebespaar. Ihre Liebesgeschichte spielt sich hauptsächlich in der prachtvollen Villa ab. Sie heißen zu dieser Zeit Melissa und Anthony. Zusammen erleben sie wundervolle, unvergessliche Stunden. Wenn sich die beiden treffen, sind sie bis in den physischen Leib von ihrem inneren Glück beseelt. An ihnen wird ersichtlich, was echte Liebe ist. Wenn sie sich in ihr Gemach, ihr Liebesnest, zurückziehen, wird jedem neidvoll bewusst, wie schön das süße Glück sein muss. Ihre Liebe hat sie in glühende Flammen versetzt.

Doch dann ziehen dunkle Wolken auf. Die Intrigen machen sich breit wie die Maden im Speck. Die Maden fressen sich satt und fett und schlussendlich führen sie in die Tragödie des Untergangs.

Die Liebe von Melissa und Anthony ist auf dem Höhepunkt der Glückseligkeit, angelangt. Wer nur im ständigen Glück schwebt, der entwickelt sich nicht mehr vorwärts.

Widerliche Umstände zwingen Melissa, den jüngeren Geliebten, Anthony, wegzuschicken. Der Altersunterschied mag vordergründig die Ursache der Trennung gewesen sein. Denn als die Geschichte mit Anthony bekannt wird, beginnen sich erste Stimmen aus dem Bekanntenkreis zu erheben. Sogar beste Freunde sprechen sich in dieser Angelegenheit gegen Anthony aus, obwohl es Melissas persönliche Angelegenheit ist, ihren Liebhaber zu wählen. Es ist schmerzlich, denn niemand ist erfreut, dass Anthony den Platz von Gustav, dem vorhergegangen Lebenspartner, einnimmt. Gustav ist ein Charmeur, sehr beliebt und tanzt durchtrieben, immer auf den eigenen Vorteil bedacht, auf allen Hochzeiten. Anfänglich ist Anthony wie eine lästige Fliege, dessen Existenz Gustav einfach ignorieren will. Todernst, mit einem nach Mitleid heischenden Blick, streut Gustav ganz gezielt falsche Information über Anthony. Dabei umspielt ein boshaftes Lächeln seine Lippen. Die lebhafte Fantasie seiner Zuhörer ist ihm sicher.

Wie bewusst wird es Melissa nach diesen Anfeindungen, dass sich diese Freundschaften, deren Gastgeberin sie immer war, überholt haben. Nur der Wunsch Freunde zu sein, reicht nicht, in entscheidenden Momenten zeigen alle ihr wahres Gesicht. Sie verfolgten nur den eigenen Nutzen, im kapitalistischen Denken. Über diese oberflächlichen Begegnungen, welche nur an irdisches Denken gebunden sind, ist sie hinausgewachsen. Das Leben ist ein Weg und ein Ziel. Der Weg heißt Entwicklung und das Ziel Freiheit. Um dieses Ziel zu erreichen, musste sie sich von alten gesellschaftlichen Verknüpfungen lösen. Dass solch gravierender Wandel nicht eitel Freude auslöst, ist offensichtlich. Hinter ihrem Rücken gibt es eine Revolution und Gustav führt sie heuchlerisch an.

Mit den wenigen Freunden, die übrig geblieben sind, verbindet sie ein gegenseitiger, geistiger Drang, über sich hinauszuwachsen. Ungeborene Gedanken, ungeborene Schönheiten, ungeboren Güte rufen nach Licht. Melissa ist auf dem Weg, spirituell und menschlich zu wachsen, Schritt für Schritt. Sich entwickeln heißt, sich zu verinnerlichen. Das geistig Schlummernde, die noch unausgeschöpfte Fülle des Lebens und der Geistigkeit ans Licht befördern.

Genau das Gegenteil ist Gustav. Er ist Meister in oberflächlichen, belanglosen Partyfloskeln. Die gesellschaftlichen Freundschaften sind für ihn ein Grundbedürfnis, in denen er seine Eitelkeit und seinen Hochmut ausleben kann, mit all ihren trivialen Möglichkeiten. Die dazugehörenden Schattenseiten werden nicht beachtet. Kein Wunder, dass er fast reagiert wie ein Hund, der sein Revier verteidigen muss, als sich Probleme in der Beziehung mit Melissa aufbäumen. Ihr Verhältnis ist an einer Weggabelung ankommen. Keiner will den Weg des andern gehen. Eine Trennung ist somit unaufhaltsam. Möglicherweise haben hier die drei Seelen an der Schwelle zum Übersinnlichen eine spirituelle Aufgabe zu lösen, jeder auf seine Art. Vorerst ist da einfach eine Spekulation.

Melissa glaubte anfänglich, dass Gustav die große, absolute Liebe ist. Es war Selbsttäuschung. Mit der Zeit hat sie genug von seiner Eitelkeit, seinem Ehrgeiz, seiner Besserwisserei und seiner Unwahrhaftigkeit. Zunehmend verbreitet sich das Gefühl, dass diese inhaltslose Liebe ihr die Seele aus dem Leib saugt. Es wird offensichtlich: Diese Liebesbeziehung ist ein gewaltiger Irrtum.

»Gustav hat sich verändert!«, denkt sie. Oder sieht sie ihn jetzt einfach mit objektiven Augen? Das Provozieren, das Verleumden in seiner Haltung ist tatsächlich neu. Die zerbröckelnde Liebe kehrt sich in eine Bedrohung um. Gustav ist nicht mehr Herr seiner Gedanken, er wird besetzt von einem einseitigen Wesen. Mit dem Schicksal des unglücklichen Liebhabers kann er sich nicht abfinden.

Als der jüngere Anthony in Melissas Leben tritt, ist es eine glühende Leidenschaft, die abhebt, sich im Himmel zu verlieren. Es ist nicht nur die körperliche Ebene, es ist eine unbeschreiblich sinnliche Verschmelzung. Diese Verbindung ist von großer Intensität und hat den Eindruck erweckt, dass sie Seelengefährten sein müssen. Ein langsames Vortasten aus einer dunklen Form, hin zu einem schillernden Leuchten.

Gustav fühlt sich als Verlierer. Es ist ihm nicht gelungen, seinen Nebenbuhler aus seinem Revier zu vertreiben. Gewaltig ertönt diese Erkenntnis in seinem Schädel.

»Der Kampf ist noch nicht vorüber, ich werde diesen Kerl vernichten!«, grollt es in seinem Kopf.

Aus überirdischer Sicht ist es fast zwingend, dass Melissa den jüngeren Geliebten wegschicken muss. Im Grunde genommen fühlt sie sich ohne Anthony leer, unsagbar leer.

»Wenn sich die Lage wieder etwas beruhigt hat, gibt es bestimmt ein glückliches Ende. Vielleicht haben wir mit unserer Liebesbeziehung etwas über das Ziel hinausgeschossen!«, denkt Melissa. Quälende Gedanken, nichts als quälende Gedanken verfolgen sie.

»Für seine spirituelle Entwicklung muss Anthony frei und unabhängig werden!«, rechtfertigt sie sich selbst. »Die Liebe auf dieser höheren Stufe muss selbstlos werden, nicht egoistisch gefärbt sein. Die Fülle irdischer Genüsse, Bequemlichkeiten ist eher hemmend für den Höhenweg einer spirituellen Entwicklung. Der Weg der Ewigkeit, der die Zeiten durchwandert, damit ein höherer Mensch geboren werden kann. Wahre Weisheit kann nicht durch Worte vermittelt werden, es ist ein in sich Hineinhören, eine Weisheit der Stille!«

Trotzdem fühlt sich Melissa einfach nur als Frau, welche dem Umfeld zuliebe den Mann ihrer Liebe weggeschickt hat. Dann sind sie auch wieder da: Die Zweifel, das Richtige getan zu haben. Und doch hält sie an ihrer Entscheidung fest.

»Wie blind und kurzsichtig trachten wir nach allem, nur nicht nach unserem ewigen Ziel!«, tröstet sie sich.

Die wirkliche Liebe ist das Höchste und Einzige, das sich durch alle Inkarnationen hindurchzieht. Unbewusst haben sich die beiden auf den spirituellen Weg gemacht. Zu diesem Zeitpunkt ist das für die Betroffenen noch nicht ersichtlich.

Melissa wird andauernd in ihren Gefühlen wie ein unkontrollierbarer Spielball hin und her geworfen. Es macht sie fast wahnsinnig, dass sie ihre Gefühle nicht in den Griff bekommt. Nach dieser tiefgreifenden Entscheidung fühlt sie, dass ihr Herz jeden Moment in Stücke gerissen wird.

»Sie muss von Sinnen gewesen sein, diese Liebe einfach wegzuwerfen! Wieso nur hat sie diese schicksalsschwere Entscheidung getroffen? Ihre Liebe ist noch lange nicht zur Gewohnheit geworden.«

Anthony hat sie sprachlos, irritiert und mit entsetztem Blick angestarrt. Sein Gesichtsausdruck verkrampft sich. Alles in ihm sträubt sich bei der Vorstellung, Melissa zu verlassen. Melissa blickt nachdenklich vor sich hin. Den genauen Grund will sie nicht verraten, fügt jedoch abschwächend noch hinzu, dass es bestimmt nur für eine kurze Zeit sein soll. Alles um Anthony versinkt in Grau. Es ist, als wäre die Sonne für immer untergegangen. Alles Trübe scheint in ihm aufgewühlt.

»Wie ein Schatten«, spricht seine Stimme. »Sind die Schatten der Bosheit stärker als unsere Liebe?«

Ein Schmerz durchzuckt sie, passende Worte bleiben in der Kehle stecken. Seine Reaktion hat alles noch viel schlimmer gemacht. Sie musste es wirklich tun. Aus dem anfänglichen sanften Druck des gesellschaftlichen Umkreises wurden blindwütige Angriffe auf Anthony und ihre Person. Dass Gustav, der verschmähte Geliebte, überall seine Hände im Spiel hatte, übersieht sie.

Anthony kann und will diesen Entschluss nicht verstehen. Nicht im Traum hätte er es für möglich gehalten, dass Melissa ihm die Liebe aufkündigt. In tiefste Abgründe stürzen ihn seine Gefühle. Ehrlich bestrebt war er gewesen, mit Melissa gemeinsam den Pfad zu gehen, der das Bewusstsein erweitert und schlussendlich zur Einweihung führen könnte. Die ersten vagen Schritte auf dem spirituellen Pfad sind ja bereits gemacht worden. Viele weitere wären noch notwendig gewesen, welche sich durch mehrere Leben wie ein roter Faden ziehen sollten. Den höchsten Gipfel der unsichtbaren Welt wollten sie doch gemeinsam erklimmen. Der Tribut, der dafür bezahlt werden muss, ist das Freiwerden von emotionalen Bindungen. Sie glaubten, Seelenpartner zu sein, sind es aber nicht. Nur: Zu diesem Zeitpunkt weiß das nur die unsichtbare Welt.

In der Glut des irdischen Seelenfeuers hat sich ein Funke der Liebe entfacht. Es war eine Begegnung, die bedeutet, zu diesem Zeitpunkt den bestmöglichen Partner für die geistige Entwicklung gefunden zu haben. Die größte Prüfung im Leben ist, das Liebste loszulassen, freizugeben. Das wahre Glück des Herzens, der Unvergänglichkeit von Ewigkeit zu Ewigkeit, ist ein anderes als das Glück des irdisch Vergänglichen. Erst wenn ein Suchender sein innerstes Zentrum erreicht hat, erhebt er sich über die Wechselhaftigkeit des Lebens hinaus.

Die Vorbestimmung hat sie in der heutigen Inkarnation wieder zusammengeführt. Noch fehlen jedoch viele Puzzleteile, um das ganze Bild zusammensetzen.

Das Schicksal hatte sie einst auf dramatische Weise getrennt. Zu viel Gewicht wurde auf die Worte der Außenwelt gelegt. Der negativen Kräfte größtes Geheimnis scheint zu sein - damals wie auch heute – so zu tun, als existiere das Finstere nicht. Andererseits kann nur so die Standhaftigkeit eines Menschen geprüft werden. Kein Wunder – die negativen Kräfte finden nahrhaften Unterschlupf über all die kulturellen Epochen in allen Kreisen der Gesellschaft. Der Sinn eines Erdenlebens ist nicht, im Materiellen zu verharren und sich von dem Materialismus zubetonieren zu lassen. Es gibt mehr Dinge zwischen Himmel und Erde als unsere Schulweisheiten sich träumen lassen. Das Leben ist wirklich kompliziert, wenn man sich vom Alltäglichen abheben will. Es geschieht auch nichts zufällig, alles hat seinen tieferen Sinn, welcher nicht immer sofort ersichtlich ist.

6. Verlassen

Zurück in ein vergangenes Leben.

Anthonys Blicke bleiben an seiner goldenen Taschenuhr hängen. Sein letztes Geburtstagsgeschenk von Melissa. Er zieht sie zurate. Viel Unausgesprochenes liegt in der Luft.

»Wie himmlisch bezaubernd sind doch die Tage in diesem Haus gewesen! Unsere Liebe hat sich doch wie ein reiches Strahlen der Sonne ausgebreitet. Übrig geblieben ist nur noch ein letztes Flackern!« Seine Lippen zittern bei diesen murmelnden Worten.

Tiefe Kümmernis umhüllt ihn. Plötzlich schnellt Anthony hoch. Eine Kutsche hat er vor das schmiedeeiserne Tor bestellt. Noch ein paar letzte Minuten, dann wird er weg sein, wie es Melissa wollte.

Schon früh am Morgen ist sie in die Stadt gefahren. So bleibt ihm wenigstens der persönliche Abschied erspart. Es wäre für ihn sowieso unerträglich gewesen. Die spekulativen Gedanken über die herzlose Trennung stoßen ihm nochmals sauer auf. Ist sie genauso oberflächlich wie die ganze Bande, die sich ihre Freunde nennen? Hat sie es wirklich ernst gemeint? Die aufkommenden Tränen schluckt er hinunter. Sein Koffer ist schon gepackt, etwas versteckt liegt er unter dem Bett. Nochmals ein Blick auf die Uhr, dann verlässt er geräuschlos das Haus. Ein letzter trauriger Blick zurück, eine Träne der

Wehmut rollt über seine Wange. So elend hat er sich noch nie gefühlt.

Die Schritte auf dem Kiesweg verhallen leise. Alles geht gut. Niemand hat sein Weggehen bemerkt, nicht einmal Agnes, die Hauswirtschafterin. Ihr entgeht sonst eigentlich nichts.

Aber wohin soll der Weg eines Wanderers führen, der die Welt nicht mehr versteht. Dahin, wo der Geist der Zeit unhörbar seine Flügel schlägt. Aber wo ist das? Alles bäumt sich in ihm auf. Er fühlt sich als Opfer einer großen Ungerechtigkeit. Der Kutscher nimmt sein Gepäck und öffnet die Tür. Gekrümmt und traurig setzt sich Anthony in die wartende Kutsche. Er schluckt schwer. Es ist, als würde er eine Sturzflut von Tränen hinunterschlucken. Auf seinem Gesicht glänzt eiskalter Schweiß. Ein Peitschenschlag, der Wagen rattert über den Kiesweg, weiter über unebene Straßen in ein ungewisses Leben. Er will weg, nur möglichst weit weg.

Ein paar Stunden dauert die holprige Fahrt. Ab und zu peitschen Zweige gegen die Fenster. Ein schilfumrandeter See glänzt zwischen schönen, alten Bäumen hindurch. Das gleichmäßige Trampeln der Hufe wirkt beruhigend. Die Sonne beginnt schon, hinter den nahen Hügeln zu versinken, als das Gespann einen Gasthof am Stadtrand erreicht. Anthony bezahlt den Kutscher und bald hört man das Rattern nur noch von Weitem.

Anthony holt tief Luft, um seiner Gemütsverfassung Herr zu werden, und betritt den Gasthof. Skeptisch mustert ihn der fast kahlköpfige Wirt. Zu elegant scheint ihm der Gast für seine Herberge zu sein. Anthony legt ihm wortlos einige Münzen auf den Tisch. Rasch packt der Wirt diese ein, kommt hinter seiner Theke hervor, steigt schwerfällig mit dem Fremden die Treppe hoch und zeigt das schäbige Zimmer. Anthony ist wie in Trance. Sein Kopf ist voller Windmühlen.

Kein klares Denken ist mehr möglich. Er hat keine Ansprüche und bezieht das Zimmer ohne Widersprüche, was den Gastwirt sehr wundert. Melissas Verlust liegt bleischwer auf seiner Seele.

Ein paar Tage verkriecht er sich wie ein geschundenes Tier in dieser schäbigen Absteige. Der Weggejagte will mit niemandem in Kontakt treten, geschweige denn mit jemandem reden. Er liegt im Zimmer, wo er durch das Fenster eine Verschwommenheit erblickt.

»War das nicht gerade eine Vision über Melissa?« Grenzenlose Freude erfasst ihn für einen kurzen Augenblick. War das ein Zeichen? Will sie, dass er zurückkommt? Ein Wunschgedanke? Nach kurzem Aufflammen der Hoffnung ist der Schmerz wieder da. Für den Rest des Tages bleibt er aufgewühlt.

Als er am nächsten Morgen sehr früh erwacht, durch das ungeputzte Fenster schaut, das weiche, zarte Blau am Himmel sieht, kommt wieder einmal das Bedürfnis auf, an die frische Luft zu gehen. Er poltert die abgewetzte Treppe hinunter. In der Portierloge nickt grimmig der Wirt. Es muss schauderhaft früh sein. Nur das Zwitschern der Vögel ist zu hören.

Ziellos schlendert er durch die noch ausgestorbenen Gassen. Im Geiste denkt er immer an seine Liebste, an ihr fröhliches Lachen, die schönen Stunden, die interessanten Gespräche, an die gemeinsame Liebe. Gemeinsam haben sie ein Stück Himmel auf die Erde geholt. Er mag gar nicht weiterdenken und schiebt die Gedanken wehmütig zur Seite.

Anstatt sich ein anständiges Frühstück zu gönnen, kippt er in der ersten offenen Kneipe wahllos Alkohol hinunter, um sich total zu betäuben. In seiner Berauschtheit holt ihn die Vergangenheit noch mehr ein. Seine Sorgen kann er nicht ersäufen, sie schwimmen mit. Wie in ein altes, abgewetztes Leintuch rollt ihn die depressive Stimmung ein.

Er ist stark angegriffen, mit einer außerordentlichen Blässe versehen, als er Tage später mit seinem ganzen Gepäck rumpelnd die schmale Holztreppe hinunterkommt. Ein kurzer Wortwechsel mit dem griesgrämigen Wirt. Mit dem bestellten Pferdegespann fährt er in ein unbekanntes Leben.

Nach Stunden der langen Fahrt taucht eine traumhaft schöne, mittelalterliche Stadt auf. Lautes Gelächter dringt aus einer Schenke. Er lässt die Kutsche anhalten. Zum ersten Mal seit der Trennung verspürt er wieder großen Hunger. Er entlohnt den Kutscher und gesellt sich zu der illustren Gesellschaft. Aller Blicke richten sich auf ihn, als er eintritt. Er bestellt sich eine herzhafte Mahlzeit. Seine stille, abwesende Art erweckt die Aufmerksamkeit.

Ein vornehmer Herr, der hier eigentlich fehl am Platze ist, spendiert ihm einen Kognak und sucht zugleich das Gespräch.

»Er muss sich hier genauso verirrt haben, wie ich!«, denkt Anthony und mustert ihn neugierig. Mit Widerwillen antwortet Anthony auf seine Fragen. Plötzlich wechselt sein Gegenüber auf die englische Sprache um. Anthony antwortet auf Englisch außerordentlich gewandt. Der anregende Wortwechsel lässt ihn für Augenblicke sein Schicksal vergessen. Sein Gesprächspartner gibt ihm diskret die Visitenkarte und verabschiedet sich, mit der Hoffnung, auf ein baldiges Wiedersehen. Dabei nickt er, lächelt und sieht Anthony direkt in die Augen. Dann nimmt er seinen Hut und dreht sich um. Anthony überfliegt die Visitenkarte interessiert. Ein Firmeninhaber, tätig im In- und Ausland. Das hört sich wunderbar an. Sein Interesse ist endgültig geweckt. Er ist fest entschlossen, den außergewöhnlichen Gesprächspartner am folgenden Tag aufzusuchen. Anthony ist auf der Suche nach einem neuen Leben.

Plötzlich schwankt seine Stimmung wieder in diese Traurigkeit um. Er wälzt sich in Selbstmitleid. Der Gedanke, seine Melissa nie wieder in die Arme nehmen zu können, lassen sein Herz wieder bluten. In diesem Moment hat die Welt ein melancholisches Gesicht bekommen. Er lebt mittendrin als einer, der gerade seine Gefühle zu Grabe getragen hat.

Tröpfchenweise kommen die ersten Stammgäste. Fabrikarbeiter von der Schicht betreten die schäbige Kneipe, kippten ein Glas Schnaps und spülen diesen mit einem Bier hinunter.

Seine Blicke bleiben an den laut gewordenen Gästen an dem runden Stammtisch hängen. Noch nicht lange ist es her, da konnte er genauso lachen und Sprüche klopfen. Nun hat sich das Blatt gewendet und er sitzt als Einsamer alleine an einem kleinen, schäbigen Tisch. In diesem Moment wird ihm schmerzlich bewusst, dass er sein Leben nicht mehr unter Kontrolle hat.

Diese aufgeheizte Stimmung am Nebentisch nervt ihn zusehends. Wie Wassertriebe eines Baumes, die vergessen haben, dass sie zum Baum gehören, kommen ihm die Trinkkumpane vor. Sie welken vor sich hin, ohne Inhalt und Lebensfrage. Jetzt, da er als Außenstehender den Wortlauten zuhört, vermag er die Belanglosigkeiten der Gespräche zu erkennen. Viele Stunden in seinem Leben hat er genau damit verbracht, bei diesen Kreisen dazu zu gehören. Vielleicht muss er genau diese Gesetze der Wahrheit über die Unsinnigkeit, dieses sinnlosen Geplappers, als innere Botschaft erkennen. Oder ist er einfach überheblich geworden?

Geistesabwesend blickt er in die biertrinkende Runde. Sie ist um eine Person gewachsen. Ein etwas verwahrloster Mann mit seinem Hund, der sich gerade unter dem Tisch verkrochen hat, hat sich hinzugesellt. Mit Gewalt reißt sein Bellen ihn aus seinen lähmenden Gedanken. Die Sprüche an der Stammtischrunde werden hitziger. Die Politik, die Wissenschaft, der Sport ... Die Meinungen trennen sich. Der Lärmpegel steigt ins Unerträgliche.

Plötzlich ist ihm, als hätte eine Hand ihn sanft berührt. Auch an Anthonys Tisch hat ein einfach gekleideter Mann Platz genommen. Anthony hat ihn gar nicht kommen hören. Ist er ein Tagelöhner? Etwas abschätzig begutachtet Anthony den Tischgenossen.

»Guten Tag! Bist du neu in der Stadt?«, fängt dieser das Gespräch an.

»Er hat etwas Angenehmes, Freundliches!«, denkt sich Anthony.

Ein paar Floskeln werden höflich ausgetauscht. Der Unbekannte hat wirklich etwas Magisches, das ihn in den Bann zieht. Seine sanfte Stimme und diese leuchtenden Augen. Eigenartig. Er wirkt fast wie ein verirrter Engel.

Dann ist das Gefühl, diese furchtbare Leere, wieder da. Seine Stimmung ist wieder auf einem Tiefpunkt angekommen. Fast teilnahmslos sitzt Anthony da. Er schaut in die treuherzigen Augen des Hundes unter dem Tisch und fühlt mit ihm. Genau wie dieser Hund fühlt er sich, als Einer, der abgeschoben wurde und unbeachtet in der lauten Gesellschaft sitzt.

Doch der runzlige Tischnachbar holt ihn aus seinen abwesenden Gedanken zurück. Voller Selbstmitleid fängt Anthony das Gespräch an: »Eigentlich ergeht es mir nicht besser als diesem Hund. Ich fühle mich genauso abgeschoben!« Dann schweigt er und kämpft mit den Tränen.

»Wenigstens der armselige Mann an meinem Tisch will mit mir sprechen. Kann er überhaupt ein Tagelöhner sein? Ist er nicht eher ein König in diesem Raum!«, denkt sich Anthony.

»Du siehst so nachdenklich und traurig aus!«, sagt dieser und schaut Anthony mit seinen Röntgenaugen durchdringend an. »Kann ich etwas für dich tun?«

Anthony schüttelt den Kopf.

»Hat je eine Frau in deinem Leben eine tiefgreifende Rolle gespielt?«

Anthony zuckt verlegen die Schultern. Was soll diese wunderliche Frage! Er schüttelt energisch den Kopf und spürt zugleich, wie das Blut darin hochsteigt. Er wird ganz rot, was ihm schon lange nicht mehr passiert ist. Auf gar keinen Fall will er über die Trennung von Melissa sprechen. Hilflos, mit einem ständigen Kopfschütteln wie ein Roboter verneint er. Der Tagelöhner fragt nicht weiter. Doch in seinem Gesicht ist abzulesen, dass er genau weiß, dass sein Gegenüber gerade gelogen hat.

Kurz darauf steht der seltsame Mann auf, verbeugt sich höflich und sagt zum Abschied: »Belügst du dich nicht selbst?«

Anthony schweigt mit unheilvollem Gesicht. Er fühlt sich wie ein Kind, das beim Lügen ertappt worden ist. In diesem Augenblick fühlt er sich am Tiefpunkt seines Lebens angekommen. Noch eine halbe Stunde bleibt er wie gelähmt regungslos sitzen. Dann legt er ein paar Münzen auf den Tisch und tritt ins Freie.

Der beklemmende Druck, der ihn gefangen hielt, ist etwas von ihm gewichen. Nochmals taucht das Bild des Tagelöhners vor seinem inneren Auge auf. Seit er mit ihm gesprochen hat, fühlt er sich leichter.

»Das Antlitz dieses Mannes, das kann unmöglich das Gesicht eines Tagelöhners gewesen sein!«, wiederholt er murmelnd.

Die Neugierde, doch noch Näheres über diesen seltsamen Mann zu erfahren, lässt ihn umkehren. Niemand der schrillen Gästeschar kann sich erinnern, diesen Mann je zuvor gesehen zu haben.

Wie betäubt verlässt er die Kneipe. Aus dem Nichts braut sich dunkles Gewölk am Himmel zusammen. Dann durchzucken Blitze wie feurige Flammen den Himmel. Der Donner grollt und dann entleeren sich die Gewitterwolken über seinem Kopf. Genauso fühlt sich sein Inneres an.

»Der Sturm des Herzens.«

Anthony macht sich auf die Suche nach einer Bleibe und wird für diese Nacht fündig. Am Morgen ist es ein strahlend schöner Tag. Er rasiert sich und zieht die Visitenkarte des vornehmen Herrn von gestern aus seinem Anzug. Ist es ein Zeichen des Himmels, dass er diesen Mann aufsuchen soll? Sein Entschluss ist gefasst, er macht sich auf den Weg.

Der Mann zeigt sich hocherfreut, als Anthony vor seiner Türe steht. Schnell werden sie sich handelseinig. Sein neues Leben wird eine Herausforderung sein.

Schon zwei Tage später macht Anthony sich auf den Weg als Handelsreisender nach Paris. Weitere Städte wie London, Istanbul oder Rom werden folgen. Er hat sich verpflichtet, für zwei Jahre auf Geschäftsreisen zu sein. In seiner Situation kommt ihm dieses Angebot gerade gelegen, um den nötigen Abstand zu seiner Vergangenheit zu bekommen.

Melissa ist kurz nach Anthonys Weggang in freudiger Stimmung von der Stadt zurückgekehrt. Der Kirschbaum steht in voller Blüte. Sie hatte einen wichtigen Arzttermin. Eine Schwangerschaft wurde bestätigt. Wie ein Kind, welches freudige Neuigkeiten möglichst schnell erzählen möchte, rennt sie durch die Villa. Nun wird der heimliche Wunschtraum, Mutter zu werden, wahr. Schon jahrelang hat sie davon geträumt, einmal ein kleines Kind in den Armen zu wiegen. Melissa empfindet es als wunderbares Gefühl, das ungeborene Leben zu spüren. Gehofft hat sie, Anthony noch anzutreffen. Es ist ein brennendes, inneres Verlangen, dem Vater des werdenden Kindes diese freudige Botschaft zu mitzuteilen. Melissa hofft, dass Anthony der Aufforderung wegzugehen noch nicht gefolgt ist. Sie rennt durch die Villa, ruft immer wieder seinen Namen. Doch Anthony erwidert das laute Rufen nicht.

Eine verzweifelte Ohnmacht überkommt die werdende Mutter. Erschöpft setzt sie sich in den roten Sessel im Salon. Sie könnte sich ohrfeigen. Sie schließt die Augen, Tränen rollen über ihr Gesicht. Die Freude über das bevorstehende Ereignis wird sie nicht mit Anthony teilen können. Er fährt als Handelsreisender in ein neues Leben.

7. Gefangen zwischen zwei Welten

Sandra erwacht aus ihren Visionen. Sie ist wieder zurück im heutigen Leben. Der heutige liebe, lange Tag ist eingeteilt und im Voraus verplant, vom Frühstück bis zum Abend. Zum Nachdenken bleibt wenig Zeit. Am Abend sitzt sie still in ihrem Sessel und lässt die inneren Bilder nochmals Revue passieren. Sandras innere Bilder lenken sie wieder zurück in die herrschaftliche Villa und erzählen die Geschichte weiter. Es ist wie ein Traum, in dem man wohl staunt, aber sich über nichts mehr wundert.

Blicke ins Innere des Hauses verraten, dass die Villa schon seit längerer Zeit unbewohnt sein muss. Endlos lang ist der große Salon. Im Esszimmer glänzen üppige Stuckaturen. Das Mobiliar ist mit weißen Tüchern zugedeckt. Die schweren Vorhänge sind zugezogen. Ein kunstvoll gemaltes Porträt einer schönen Frau in einem goldenen Rahmen erweckt die ganze Aufmerksamkeit.

Und dann ist sie wieder da, die Frau auf der Veranda. Ein kalter Schauer liegt in der Luft. Die große Stille breitet sich aus. Die herrschaftliche Villa wirkt wie ein Schattenhaus. Das Steingeländer der Terrasse ist von weißem Licht gesäumt. Ein Schatten einer hohen Hecke fällt auf den Kiesweg.

Ein tiefer Seufzer: Traumverloren steht die seltsame Frau da und ist überrascht, dass sie keinen Schatten wirft. Da erkennt

Sandra, dass sich die schemenhaft wahrgenommene Frau im Reich des Todes befinden muss. Nein, schlimmer, sie scheint gefangen zwischen zwei Welten, weder tot noch lebendig. Was ist nur passiert? Die Nachtwandlerin auf der Terrasse ist ein Gespenst. Sie kann nicht ins Himmelreich eintreten. Kein Licht, das der Armen den Weg aus dieser misslichen Lage weisen könnte. Sandras Mitgefühl verwandelt sich in tiefe Verzweiflung. Kurz darauf wird der Vorhang zur inneren Welt wieder zugezogen und Sandra erwacht in ihrem warmen Bett in der irdischen Welt, in einer anderen Zeit. Ihr Herz schlägt schneller. Was hat sie mit dieser Nebelfrau zu tun?

Noch kann sie das Gesehene nicht deuten. Das Bild hat sich aber tief in ihrem Bewusstsein eingeprägt und lässt sie nicht mehr los. Immer wieder muss sie an die Schöne im weißen Kleid denken. Wie mit unsichtbaren Fäden fühlt sie sich mit ihr verbunden.

So vergehen die Tage; immer erscheint das gleiche innere Bild. Unverändert liegt dichter Nebel über der Landschaft und macht die kalte, unheimliche Ausstrahlung noch bewusster. Die Schattenfrau schwebt durch das unbewohnte Haus. Beobachtet wird sie von einem Dämon, der genau wie die Schattenfrau gefangen in diesem Haus sitzt. Nur sehen kann das kein Sterblicher.

Sandra ahnt langsam, dass die andere Seite des Lebens ihr eine tragische Geschichte erzählen will. Viele kleine Mosaiksteinchen werden nach und nach zu einem Ganzen Puzzle zusammentragen.

8. Die Kutsche

Weitere Blicke zurück in ein anderes Leben.

Es ist bereits am Dämmern. Dichte Nebelschwaden verpacken alles. Die Villa wirkt wie ein gespenstisches Zauberschloss. Durch die kalten Wände läuft sie hindurch, die Geheimnisvolle, als wären diese nicht vorhanden.

Von Weitem hört man das Geräusch einer Kutsche. Das Aufschließen des großen Vorhängeschlosses wird unüberhörbar. Die schwere Kette fällt auf den Boden und füllt die ruhige Umgebung mit einem metallischen Geklirr.

Erwartungsvolle Gespanntheit herrscht im Schattenhaus. Das weiße, fast unsichtbare Kleid weht leise in der kalten Abendbrise. Die Blicke der undefinierbaren, körperlosen Schattenfrau gleiten über die Baumallee, dann zur Kiesstraße. Die Gestrandete schaut voller Erwartung der näherkommenden Kutsche entgegen. Gerade fährt diese um die Kurve, über den überwucherten Weg, der direkt vor das pompöse Portal des Herrschaftshauses führt.

»Wie schön das Haus immer noch ist, auch an einem so nebligen Herbsttag!«, denkt der Kutscher. Die hohen Fenster und die vier Säulen, welche die Eingangshalle stützen, zeugen von vergangener Herrlichkeit. Der Kutscher zügelt die Pferde, steigt vom Bock und öffnet den Herrschaften die Kutschentür.

Hätte die geheimnisvolle Frau aus dem Totenreich eine irdische Stimme, hätte man den Freudenschrei hören können.

»Anthony, mein Geliebter, du bist zurückgekehrt!«, jubiliert die Spukgestalt.

Ein Hauch unbeschreiblicher Freude weht durch die unbewohnten Räume. Die Kälte wird für einen Moment an die Wand gedrückt. Aber leider nur für wenige Augenblicke.

Auf Anthonys Philosophenstirn liegen Kummerfalten. Das macht ihn um Jahre älter. Das unbeschwerte Jugendliche, das sie als Lebende einst so sehr an ihm liebte, ist aus seinem Antlitz entwichen.

»Ach, wenn Anthony mich doch nur sehen könnte!« Dieser tiefe Seufzer ist auch ohne Worte spürbar. Er ist so herzzerreißend, dass der Schleier, der das Vergessene umhüllte, weggezogen wird.

Sandra und Marcel sind definitiv in ein früheres Leben zurückgekehrt. Sandra ist also wirklich diese gespenstische Frau namens Melissa und Marcel der einstige Anthony, daran besteht kein Zweifel mehr.

Das Feinstoffliche hat sie über all die Jahre unbewusst miteinander verbunden. Wie eine Zuschauerin in einem Film durchlebt Sandra ihr einstiges Leben. Wieso genau zu diesem Zeitpunkt? Die Antwort von der anderen Sphärenseite wird es zeigen.

Der Fokus richtet sich wieder auf die Kutsche. Anthony ist nicht alleine gekommen. Eine junge, elegante Dame entsteigt der Kutsche. Seine neue Frau Elena.

Die Verstorbene mustert die nichts ahnende Elena von Kopf bis Fuß. Eifersucht, Rivalität: Diese Gefühle kommen bei Melissa nicht auf. Mit den Augen einer Verstorbenen kann sie erkennen, dass die neue Frau an Anthonys Seite eine positive Ausstrahlung hat, eine leuchtende Aura. Jetzt wird der Nebelhaften endgültig bewusst, dass sie nicht mehr in einem physischen Körper steckt. Wie in Trance nimmt sie diese unwiderrufliche Tatsache wahr, begleitet von einer tiefen Verzweiflung. An welcher Todesursache sie gestorben ist, dass weiß sie immer noch nicht. In den Kammern des imaginativen Herzens fühlt sie ein quälendes, beklemmendes Gefühl. Es fühlt sich an, als ob das Finstere hinter ihr herjagen würde und sie verhandeln müsste. Eine bebende, unheimliche Furcht steigt in der Toten auf.

Anthony entlohnt den Kutscher und bald hört man das Traben der Pferde und das Rattern der Kutsche aus der Ferne.

Darauf geht Anthony hinter das Haus und holt den Schlüssel aus einem geheimen Versteck. Das Türschloss knarrt. Die Tür zur spukhaften Villa öffnet sich. Elena drängt neugierig hinter Anthony hinein. Ein Windhauch hat sich mit eingeschlichen, wirbelt etwas Staub auf. Die abendlichen Besucher treten ein.

Anthonys Begleiterin Elena mustert neugierig die herrschaftliche Einrichtung.

»Das ist aber ein prachtvolles Haus!«, meint Elena staunend.

»Ja, sehr schön!«, bekommt sie als schludrige Antwort.

»Das hat sie alles dir vermacht, deine einstige Geliebte? Das ist schon tragisch mit ihrem frühen Tod! Du hast noch nie wirklich darüber gesprochen. Alles ist so nebulös!« Die Neugierde über Genaueres ist in Elena endgültig geweckt.

Anthony steht regungslos da und versucht sich keinerlei Gefühlsregungen hinzugeben. »Sprechen wir nicht mehr darüber! Das Vergangene soll endlich ruhen!«, entgegnet Anthony schroff.

Irritiert bleiben Elenas Blicke an ihrem Liebsten hängen. In diesem Moment hält sie es für angebracht, nicht weiter nachzufragen.

»Er muss sie also doch sehr geliebt haben. Ansonsten würde er sich ihr gegenüber, nicht so eiskalt verhalten!«, darin besteht für Elena kein Zweifel mehr. Eifersucht ergreift Elena, als ob unsichtbare Tröpfchen über sie gestreut würden. Es schüttelt sie bis ins Innerste. Doch es gelingt ihr, die aufkommende Eifersucht noch rechtzeitig zu zügeln.

Anthony hat sich wortlos abgewandt. Elena ist bewusst geworden, dass der momentane Zeitpunkt wirklich unpassend für weitere Fragen ist. Alles liegt so geheimnisvoll im Dunkeln. Eigentlich weiß sie rein gar nichts über die Tragödie in diesem Schattenhaus.

Melissa steht als tote Hausbewohnerin den beiden hautnah gegenüber. Sie wird von den Angekommenen nicht bemerkt. Das ist der endgültige Beweis, dass sie wirklich tot ist. Ein unheimlicher Geist ist sie, der durch das unbewohnte Haus schwebt. Von den Lebenden gefürchtet. So fühlt es sich jedenfalls an.

»Tragisch! Diese Geschichte von Melissa ...«, sagt Elena. Was hat sie wohl damit gemeint? Melissa kann sich an nichts mehr erinnern! Es muss etwas Schlimmes gewesen sein, das sie in diese missliche Lage als gefangene Tote gebracht hat. Da stimmt etwas nicht! Es ist nicht das erste Mal, dass sie sich diese Frage stellt. Hier steht die Zeit still, obwohl die Zeit eigentlich nie still steht. Als Verstorbene müsste sie doch im Lichte schweben. Sie muss in der irdischen Welt eingeschlafen und in der geistigen Welt nicht richtig erwacht sein. Tatsache ist: Sie hängt im Schattenreich fest.

Von der Stadt her schlägt eine Kirchenglocke. In der Zwischenzeit ist der Lichtschalter zum Wohnzimmer angeknipst worden. Ein Lufthauch erfasst eine verwelkte Rose und streut die trockenen Blätter lautlos auf den Boden. Die hohen Räume werden mit wundervoll gedämpftem Licht erfüllt. Kunstvoll gemalt hängt das Porträt von Melissa über dem marmorverkleideten Kamin.

»Wow, was für eine schöne Frau diese Melissa doch war!«, entweicht Elena ein staunender Seufzer.

Anthonys Gefühle spielen verrückt. Die letzten Tage, seit der Notar ihm nach seiner Rückkehr von der Handelsreise die Botschaft überbracht hat, dass er Alleinerbe sei, weil das ungeborene Kind ja keinen Anspruch erheben könne, sind anstrengend gewesen. Auch wenn er sich bemühte, seine Gefühle nicht zu zeigen, hat ihn die Konfrontation mit der tragischen Geschichte von Melissa und dass er offenbar Vater geworden wäre, doch sehr mitgenommen. Es ist wieder eine offene Wunde da, in der herumgestochert wird. Diese Tortur der Gefühle hat er die letzten Jahre nur überstanden, indem er sich ganz kühl und sachlich gegeben hat. Er torkelt fast unbemerkt zur Seite. Könnte man in sein inneres Gefühlsleben schauen, wäre es wie ein Kartenhaus, das gerade in sich zusammenstürzt. Von der anderen Seite des Lebens ist sein Gefühlszusammenbruch sichtbar.

Er plumpst fast wie ein Kartoffelsack in den Lehnstuhl. Dann hört und sieht Anthony nichts mehr. Er fühlt sich schwebend wie in Trance. Sein inneres Auge öffnet sich.

»Melissa, du bist noch da!«, spricht er in Gedanken mit ihr. »Ich kann dich wirklich spüren, schleierhaft wahrnehmen.«

Da wird es hell in diesem düsteren Zimmer. Nicht nur, weil das Licht leuchtet, sondern auch, weil Anthonys Seelenlicht den Raum erhellt. Liebevolle Gedanken sind für die Tote eine Notwendigkeit.

»Natürlich bin ich immer noch da, ich habe auf dich gewartet. Ich bin an dieses Haus gefesselt. Langsam kann ich mich wieder an das Geschehene in unserer Beziehung erinnern!«, kommt postwendend die Antwort in den Gedanken.

»Ach, meine Liebste. Hättest du mich doch nicht fortgeschickt, dann wäre all das Tragische nicht passiert! Ich sei als Mann für dich zu jung, hast du mir damals gesagt! Es hat mich tief verletzt. Die paar Jahre Altersunterschied bekamen plötzlich einen so hohen Stellenwert! Du hast dem gesellschaftlichen Druck nachgegeben. Dabei bedeuteten diese wenigen Jahre Altersunterschied für unsere Liebe absolut nichts! Unsere Seelenlichter haben uns doch zum König und zur Königin gemacht und uns ein Kind geschenkt!«, spricht er, immer noch gedanklich in voller Verzweiflung.

»Ach, mein Lieber, wenn ich es dir nur erklären könnte!« Doch sie kann nicht! Was hat er mit einem ungeborenen gemeinsamen Kind gemeint? Dieser Gedanke wühlt die Tote stark auf. Erinnern kann sie sich nicht. Auch die viele Fragen über ihren frühen Tod bleiben vorerst immer noch unbeantwortet im Raum stehen. Ein harmonisches Schweigen tritt zwischen die Beiden.

»Anthony, Anthony!«, holt ihn Elena aus seiner Vision zurück. »Wo bist du in deinen Gedanken gewesen? Du warst wie in einer Ohnmacht. Das macht mir Angst!«

Anthony winkt ab: »Wieso denn! Alles halb so schlimm!«

Er hat aber auch kein Bedürfnis, über das Erlebte zu sprechen. Nun wendet er sich endgültig der lebenden Elena zu, die seit ein paar Monaten seine Lebenspartnerin ist. Melissa lässt er unsichtbar im Raum stehen, so fühlt es sich schmerzlich an.

Die Nacht hüllt die herrschaftliche Villa in ihre geheimnisvollen Träume ein. Bald hört Melissa die Atemzüge der Schlafenden. Anthony schläft unruhig, wälzt sich ständig hin und her. Im Haus ist es heller geworden, auch wenn es draußen dunkle Nacht ist. Melissa schwebt auf der Terrasse, der Mond erleuchtet vage ihre weiblichen Umrisse.

Die seit langer Zeit geschlossenen Türen und Fensterläden werden am Morgen geöffnet. Die schweren Möbel, die dicken, drapierten Vorhänge und die leise schwankenden Lampen an der Decke verlieren das Bedrohliche.

Tage später hört man polternde Gepäckträger. Anthony und Elena ziehen in die herrschaftliche Villa ein. Ein paar Monate später haben sie in aller Stille geheiratet. Sie erwarten ihr erstes Kind. Elena hätte sich eine größere Hochzeit gewünscht, doch Anthony war nicht dazu zu bewegen.

9. Aus dem Totenreich

Das pulsierende Leben ist in die herrschaftliche Villa zurückgekehrt. Unsichtbar schwebt die tote Melissa durch die Räume des alten Anwesens. Eigentlich fühlt sie sich nicht tot – sie kann einfach ihren Körper nicht mehr finden. Sie befindet sich in einem Grenzbereich. Für ihren körperlosen Zustand sucht sie immer noch eine natürliche Erklärung, findet aber keine. Es ist, als wäre sie in einem Film, dessen Hauptdarstellerin sie ist, aber keine Ahnung hat, wie sich die Geschichte entwickelt.

An diesem Tag herrscht emsiges Treiben in den Räumlichkeiten der Villa. Zu Melissas Lebzeiten hat Agnes, die herzensgute Hauswirtschafterin, auch schon das Zepter in der Hand gehabt. Nun ist sie wieder da. Sie ist eine hervorragende Köchin. Plötzlich kann Melissa sich an Gustav, ihren charmanten Liebhaber oder langen Lebenspartner, erinnern. Offenbar gilt es hier, ihre Männergeschichten aufzurollen. Vage kann sie sich erinnern.

Es gab Augenblicke, da hatte Melissa das Gefühl, dass Agnes etwas in Gustav verliebt sein könnte. Doch dieser hatte Agnes nie eines Blickes gewürdigt. Der Standesunterschied trennte ihn vom Personal, wie er zu sagen pflegte. Nur wusste niemand so genau, aus was für einem Elternhaus Gustav eigentlich kam. Gerne spielte er sich vor dem Personal auf wie ein eingebildeter Gockel. Anfänglich ließ Melissa Gustav mit seinen Machtspielen gewähren, doch mit der Zeit missfiel sein prahlerisches Auftreten ihr zunehmend immer mehr. Wurde er nach seinem Elternhaus gefragt, wich er den Fragen immer geschickt aus. Melissa hatte jedoch sein Geheimnis herausgefunden.

Gustav war ein Hochstapler. Spätestens zu dem Zeitpunkt hätte sie bemerken müssen, wer hinter dieser Maske steckte, doch sie schwieg. Eigentlich war es ihr peinlich, dass auch sie auf die prahlerische Nummer, die er abzog, hereingefallen war. Doch aus der Sicht einer Toten wird dieser Tatbestand ersichtlich, welchen man als Lebender nicht wahrhaben will.

Melissa fröstelt bei dieser Erinnerung. Wie ein Feuer hat sich Gustavs Name in die Gedankenwelt des Unheimlichen eingebrannt. Aber warum? Erst jetzt kann sie die Wahrheit erkennen, dass Gustav den Ruf eines Angebers, eines Spekulanten und eines Frauenhelden hatte. Doch seine kleinen Liebschaften waren nur kleine Strohfeuerchen, die er sofort wieder erstickte.

»Die Liebe zwischen Melissa und mir ist wie ein erotisches Feuerwerk!«, pflegte er zu sagen. Fühlte sie sich doch etwas geschmeichelt, dass Gustav sie begehrte? Jedenfalls sind die unsichtbaren Fäden zwischen ihnen auch noch nicht getrennt. War es etwa so, dass alle wussten, wer Gustav wirklich war, nur sie nicht? War Gustavs Leben geprägt von Intrigen und Bestechungen? Wurde dadurch sein gesellschaftlicher Einfluss stetig vergrößert? Hatte sie ihm die nötige Rückendeckung gegeben?

Fragen, nichts als unbeantwortete Fragen. Er wurde geliebt, angehimmelt, verehrt, aber auch gehasst - daran kann sie sich wieder erinnern. Jetzt hat sie den Durchblick, dass etwas nicht mit rechten Dingen zugegangen ist. Dunkle Kräfte müssen im Spiel gewesen sein. Hat er versucht, sie mit einem

Liebeszauber zurückzuerobern? Hat er Geister und Dämonen heraufbeschworen, um sie zurückzugewinnen? Hatte er Kenntnisse von geheimen Wissenschaften? Ist die schwarze Magie der Grund, dass sie zwischen zwei Welten festhängt? Hatte er einen Pakt mit dem Teufel geschlossen und konnte ihn nicht mehr auflösen?

Schrilles, gellendes Lachen folgt auf diese Gedanken. Melissa erschrickt zutiefst. Es ist, als wirble etwas Unfassbares um sie herum. Und wieder dieses furchtbare Lachen und plötzlich tanzen unheimlich flackernde Augen wild herum. Sie will davonrennen, einfach nur weg von hier. Aber es gelingt nicht. Sie ist tot und kann diesem Wesen nicht entfliehen. Da betritt Agnes den Salon und bringt durch ihr freundliches Wesen Helligkeit in die jenseitigen Sphären. Das furchtbare Wesen verzieht sich. Dieses Herumstochern in alten Geschichten hat eine übermäßige Dimension angenommen.

Anthony hat Agnes, die Hauswirtschafterin, trotz des anfänglichen Unbehagens überzeugen können, in die Dienste zurückzukehren. Sehr zur Freude der unsichtbaren, toten Hausbewohnerin. Agnes ist, wie erwartet, schon bald wieder die unersetzliche, gute und strahlende Seele im Haus.

In der Küche wird lautstark mit Kochtöpfen hantiert. Die aufgehängten Pfannen und Töpfe, überhaupt die ganze Küche, werden tüchtig geschruppt. Bald strahlen die Küche und auch das ganze Haus wieder blitzblank im alten Glanz. Neu eingestellte Hausmädchen schmücken mit frischen Blumen den Salon. Sie holen das vornehme, leicht verstaubte Geschirr aus den Vitrinen, waschen alles ab und decken damit liebevoll den großen Esstisch. Schon seit Tagen hat sich Agnes auf ein üppig kulinarisches Festessen vorbereitet. Nach langer Zeit werden wieder einmal Gäste erwartet. Agnes hetzt aufgeregt durch die Villa, gibt überall fachmännische Befehle, steht kurz darauf schon wieder in der Küche, um nach dem Rechten zu schauen. Plötzlich bleibt Agnes, wie von einem Traum befangen, im Salon stehen und schaut durch den festlich geschmückten Raum. Ruhelos zucken ihre Augen. Sie denkt wehmütig an Melissa.

»Die goldenen Zeiten werden nie wieder zurückkommen. Die strahlende Aura von Melissa verbreitete stets das Gefühl von goldenen Blüten an einem Goldregenbaum. Doch sie sind längst abgefallen, verwelkt und liegen unsichtbar am Boden.«

Agnes wird von einem Dienstmädchen aus ihren schwermütigen Gedanken zurückgeholt.

Langsam geht die Sonne unter. Ein wunderbares Abendrot. Die unsichtbare Melissa steht – wie immer, wenn es Abend wird – ungesehen auf der Terrasse. Kutsche um Kutsche kommt angefahren. Die neuen Hausbesitzer stehen am Eingang und reichen den Gästen die Hände. Neugierig schweifen die Blicke der Geladenen umher. Seit den letzten Einladungen präsentiert sich die Einrichtung praktisch unverändert. Zynische Bemerkungen über die neuen Hausbesitzer werden hinter vorgehalter Hand gemacht. Die Herrlichkeiten im Haus sind auf Hochglanz poliert. Gäste in noblen Roben bevölkern die Villa. Sie gehören in den Kreis der Bevorzugten, der Auserwählten. Das Gefühl der persönlichen Wichtigkeit äußert sich bei einigen Gästen in einer überheblichen Art und Weise.

Gelächter, Geplapper, Küsschen da und Küsschen dort, den noblen Leuten scheint es zu gefallen.

Elena sieht bezaubernd aus in dem nach neuster Mode geschneidertem altrosa Seidenkleid. Die Herrschaften drängen sich, um ihr die Ehre zu erweisen, aber auch aus Neugier.

Sichtlich genießt Elena die Komplimente über ihr bezauberndes Aussehen und die gelungene Einladung. Ein Triumph liegt in ihren funkelnden Augen. Gläser klirren, es wird herzhaft angestoßen.

Melissa kann sich wieder erinnern, dass auch sie einst die Gastgeberin von solchen Empfängen war. Viele der geladenen Gäste erkennt sie sofort. Doch nun sieht sie die Menschen in ihrem Seelenkleid. Manch einer würde selbst erschrecken, wenn er sich geistig sehen könnte. Gerade die eingebildeten Wichtigtuer haben furchtbare Fratzengesichter. Es ist, als wäre sie auf einem Maskenball.

Plötzlich sichtet sie Anthony, der etwas verloren im Salon steht. Er stößt mit Diesem und Jenem an. Melissa steht genau neben ihm. Doch er ist zu schwach, die jenseitigen Sphären zu sprengen.

»Das Einzige, was von meinem strahlenden Leben übrig geblieben ist, ist, dass ich mich als Tote einsam schwebend durch die illustre Gästeschar bewegen kann. Niemand kann mich wahrnehmen!« Das ist die bittere Tatsache.

Anthony ist nun lachend in ein Gespräch vertieft. Unsichtbar hat sie ihn wieder fixiert. Plötzlich verstummt sein Lachen. Er wirkt geistesabwesend. Sein Gesicht verhärtet sich. Und verrät ungeheure Konzentration. Unruhige Blicke schweben durch den Raum, als würde er etwas Bestimmtes suchen. Dann bleiben sie an Melissas Porträt hängen. Hat er sie endlich gespürt? Ein kleiner Triumph! Ein Schatten in einem Lichtkreis huscht vorbei. Anthony sieht nicht mehr, was um ihn herum passiert. Er spürt nur noch das tiefe Verlangen nach Melissa. Eine Unruhe und Verlegenheit erfasst ihn, als er sich unbemerkt dem inneren Bild der Verstorbenen zuwendet. Melissa jubelt, er hat ihre Anwesenheit wirklich gespürt.

Kurz darauf entschuldigt Antony sich bei seinen Gesprächspartnern unter einem banalen Vorwand und verlässt die vergnügte Gesellschaft. Von Elena ungesehen, steigt er, flink wie ein Wiesel, die prachtvoll verschnörkelte Treppe hoch, dicht verfolgt von Melissas Schatten. Er muss plötzlich daran denken, ob es richtig ist, sich von den geladenen Gästen zu entfernen. Eine Gänsehaut macht sich unangenehm auf seinem Rücken breit. Doch er lässt sich nicht aufhalten. Er huscht den langen Gang entlang, schaut sich nochmals um, holt den passenden Schlüssel aus seinem Frack und schließt die Tür zum verbotenen Zimmer auf. Niemand dufte je wieder dieses Zimmer betreten, in dem er einst mit Melissa so glücklich gewesen ist. Dieser wunderbar eingerichtete Schlafraum gehört nur ihm und seiner einstigen großen Liebe. Auch Elena hat hier absolut keinen Zutritt, auch wenn sie darüber sehr verärgert ist, lässt er sich nicht umstimmen. Seit er von Melissas Tod weiß, ist er ein Einzelgänger geworden. Auch wenn er sich mit Menschen umgibt, fühlt er eine tiefe Einsamkeit in seinem Herzen.

Wie eine Marionette setzt er sich auf das pompöse Bett mit Baldachin. Das Schlafzimmer ist reich mit Messingbeschlägen verziert. Wie Hammerschläge pocht sein aufgewühltes Herz.

»Melissa, ich weiß genau, dass du da bist. Ich kann dich fühlen, aber nicht sehen!«, murmelt er vor sich hin. Und wieder dieser Seufzer der Verzweiflung.

»Alles ist so unendlich traurig, so tragisch! Das Feuer der Liebe, wir hatten es entfacht! Es brannte lichterloh. Deine imposante Schönheit ist einfach erloschen, zu Grabe getragen!«

In eine tiefe Ohnmacht eingehüllt, fühlt Melissa diese quälende Stimmung. Sie schreit vor Verzweiflung. Plötzlich glaubt Anthony, Melissas dumpfen Aufschrei zu hören.

Angespannt horcht er in die Stille. Aber der Schrei wiederholt sich nicht.

»Meine angespannten Nerven spielen mir bestimmt einen üblen Streich!«, denkt er und lässt sich rücklings aufs Bett fallen. Eine Weile bleibt er ausgestreckt liegen und schließt die Augen. Unruhig zupft er an seinen Ärmeln herum und wischt sich eine Träne weg. Dann nickt er ein.

»Folge mir!«, ruft leise eine Stimme. Für einen Sekundenbruchteil lockert sich sein Bewusstsein. Im hellen Schein sieht er Melissa, leuchtend in der Dunkelheit. Es ist, als könne er sie umarmen.

Leise flüstert er ihr zu: »Himmelslicht war unsere Straße und wir standen kurz vor dem goldenen Tore. Von einer Stadt so herrlich schön. Fast hätten wir eintreten können ins Licht. Doch die Finsternis hat uns verschluckt!«

Dann zieht sich der Vorhang wieder zu. Es ist spät geworden. Anthony hat es gar nicht registriert. Er schaut auf die Uhr und erschrickt. Benommen steht er auf.

»Ich muss unbedingt zu meinen Gästen zurück! Bis später, Melissa!«, rechtfertigt er sich. Der Leidende löscht das Licht, umfasst die Klinke und atmet tief durch. Er öffnet die Tür so leise wie möglich, huscht hinaus und verschließt sie wieder. Die Geisterfrau schaut ihm nach. Weg ist er. Leise steigt er die Treppe hinunter. Die Stimmung ist fast unerträglich laut für ihn geworden. Elena hat ihn fixiert und schaut gehässig. Sie weiß genau, wo er gewesen ist, das spürt er auch unausgesprochen.

Durchs Fenster fällt etwas Mondlicht. Melissa bleibt benebelt zurück. Sie mag sich vorläufig nicht als Phantom unter die Gäste mischen. Die Gäste sind noch lauter geworden, das Fest ist in vollem Gange. Die Musik spielt zum Tanz.

Später lockt die Neugier Melissa doch noch, sich unter die Gästeschar zu mischen. Schwerelos schwebt sie als ungesehene Tänzerin durch den Raum. Anthony nippt mechanisch an seinem Glas. Gäste haben ihn wieder in Beschlag genommen.

Dann ein ungehörter Schrei aus dem Jenseits. Ein Mann mit einem üblen Dämon im Nacken bewegt sich durch die schillernde Gesellschaft. Der Schreck steht in Melissas feinstoffliches Antlitz geschrieben. Doch niemand bemerkt, was Melissa fühlt. Nur die Dämonen sind Zeugen dieses unsichtbaren Geschehens auf der anderen Seite des Lebens.

Diesen Mann kennt sie, es ist Gustav. Sie wird mit ihm wieder konfrontiert. Fremd und unheimlich ist er ihr geworden. Gerade hat er Anthony die Hand gedrückt und ihn in ein Gespräch verwickelt. Es ist, als würde der Dämon ihm die Worte einflüstern. Wie mit Engelszungen spricht er redegewandt, was Anthony sichtlich nervös macht. Gustav spürt die Veränderung. Ein boshaftes Lächeln huscht über seine schönen, männlichen Gesichtszüge. Er wippt fast triumphierend mit dem Fuß. Eine kühle Freundlichkeit geht von ihm aus. Unsichtbar schlängeln mehrere widerliche, kleine Dämonen als schwarze Schatten durch die Gästeschar. Gustav zieht sie magnetisch an und wird von ihnen in böser Absicht eingenebelt. Dieses dumpfe Leuchten hat etwas Böses. Es ist, als wären diese Wesen direkt aus der Hölle entstiegen.

Voll unfassbarem Entsetzen beobachtet Melissa das unheimliche Spektakel. Sie schaut in die Abgründe. Die für das irdische Auge unsichtbar sind. Schlagartig kann sie sich wieder an die genaueren Details erinnern. Gustav muss in diesem Schicksalsspiel eine Schlüsselrolle spielen. Hat Gustav sie in diese Situation hineinmanövriert? Bruchstückartig kommen die Erinnerungen zurück. Es besteht kein Zweifel mehr, dass Gustav ihr einstiger Lebenspartner gewesen ist, bevor sie sich Anthony zugewandt hat.

In der jetzigen Situation hat sie die Fähigkeit, in den Gedanken der Lebenden zu lesen. Gustav treibt ein falsches Spiel, um von sich abzulenken. Immer noch ist er ein amüsanter Redner, ein sehr attraktiver Mann und in der Gesellschaft daher sehr beliebt. Plötzlich spürt Gustav eine unsichtbare, eiskalte Berührung. Der Dämon hat sich in seine Aura geschlichen. Es ist, als schnüre ihm das unerwünschte Schreckgespenst die Luft ab. Gustav lacht gedämpft, ja, fast verzweifelt, um seine Verlegenheit zu überspielen. Er fühlt ein unbekanntes, unheimliches Grauen. Sein Gesicht ist gezeichnet von innerer Spannung und unterschwelliger Frucht. Sein unangenehmes Lächeln verwandelt sich in aggressive Provokation.

»Ach, wie ist es doch traurig, dass die wunderbare Melissa nicht mehr unter uns ist!«

In diesem Moment könnte Anthony ihn ohrfeigen, dass er dieses Thema überhaupt anschneidet. Die Aufmerksamkeit der Gäste ist Gustav sicher. Plötzlich herrscht Totenstille. Die Temperatur im Salon scheint merklich anzusteigen. Gustav presst die Lippen fest aufeinander und fährt mit zynischer Ironie fort.

»Wer von uns hätte erahnen können, dass unsere wunderbare Melissa Selbstmord begeht. Was für eine hervorragende Schauspielerin sie doch war! Wir wissen nicht, welche seltsamen, mysteriösen Kräfte angerufen wurden. Sie hat sich von uns entfernt und sich der Esoterik zugewandt. Dieser dubiose Einfluss hat ihr den Boden unter den Füßen weggezogen. Das Unheil rollte ungebremst auf sie zu! Von ihrem alten Leben hat sie einfach Abschied genommen und ließ ihre Freunde einfach im Regen stehen.«

»Das ist höchst interessant! Aus diesem Blickwinkel habe ich die Geschichte noch gar nie betrachtet!«, tuschelt ein Gast.

Den Kampf in Gustavs Seele verrät nur ein nervöses Zucken seiner Mundwinkel. Anthony starrt ihn sekundenlang an. Eine Welle des Zorns läuft über sein Gesicht. Durchdringend und in vollem Bewusstsein schaut er Gustav in die Augen. Dieser wendet den Blick nervös zur Seite.

»Deine bösartigen Verleumdungen sind unerträglich. Bist du von Sinnen, solche ungehörigen Behauptungen überhaupt auszusprechen!«, braust Anthony auf. Sein Herz klopft in der Kehle. »Niemals werde ich glauben, dass Melissa Suizid begangen haben soll! Niemals! Wieso sollte sie das auch getan haben? Es gab überhaupt keinen Grund dazu. Genau das Gegenteil war der Fall! Sie liebte das Leben. Wer Melissa gekannt hat, der weiß, dass sie nie Depressionen hatte. Sie war eine Wahrheitssuchende nach dem verlorenen Glück. Ihr Interesse galt, wie jeder weiß, der Mystik. Spiritualität ist ein wichtiger Bestandteil des Lebens geworden. Sie hatte ihr eigenes Gottesbild, versuchte sich die Frage nach dem Ursprung des Menschen im Kosmos zu beantworten. Der Durchbruch zur inneren Schau muss teilweise gelungen sein. Wie hat sie doch noch kurz vor unserer Trennung voll Begeisterung gesagt: ›Alles, was ich bis dahin erlebt habe, war nur Stroh.‹ Das Leben hatte für sie neue Töne angeschlagen. Die Idee der Wiederverkörperung, der Reinkarnation, hat sie sehr fasziniert. Niemals hätte sie dieses unwiederholbare Leben, einfach fortgeworfen.«

Dann herrscht bedrückendes Schweigen. Die Stille im Salon ist fast mit den Händen zu greifen. Es ist, als hätte Anthony als Sprachrohr der Verstorbenen gesprochen.

Plötzlich klirren die Gläser auf dem Tisch, als ob ein Mensch in Trance aufschreien würde. Die unheimliche Stille löst sich auf. In Anthonys Augen zeigen sich Hass und Verachtung für Gustav. Wie ein diffuser Nebel schwebt Unausgesprochenes im Raum. Anthonys Ärger ist ein Brüllen, das die Welt erfüllt. Wie ein Löwe schreitet er durch den Raum.

Gustav wirft ihm einen verächtlichen, provozierenden Blick zu und hüstelt. »So ein Blödsinn, du glaubst doch nicht im Ernst, dass man dir diesen Mist abkauft, den du uns auftischst!« Ein triumphierendes Lächeln zeigt sich kurz auf Gustavs Gesicht. Er hat wieder Oberhand bekommen.

Das verwirrt Anthony. Mit Donnerstimme fährt er fort: »Ihre Seele war erwacht. Sie war gläubige Christin, nur mit der Wiedergeburt hatte sie im überlieferten Sinne Probleme, das so anzunehmen. Es wäre für Melissa ungerecht gewesen, wenn ein Mensch nur ein Erdenleben haben würde. Aufhorchen ließ sie die Tatsache, dass die römisch-katholische Kirche am Konzil von Konstantinopel im Jahr 553 mit einem Beschluss die Wiedergeburt aus der Christlichen Lehre gestrichen hat. Dieses Faktum war wie eine Offenbarung. Das hat die ganze christliche Lehre in ein anderes Licht gesetzt. Wahrheiten können nicht auf die Dauer verstummen, auch wenn die Kirche immer wieder rechtgläubige Menschen zum Staatsfeind erklärt, sie verfolgt und unter Strafe setzt! Ein Mensch mit einem solchen Wahrheitsempfinden bringt sich nicht einfach leichtfertig um!«

Dabei schaut er Gustav so durchdringend in die Augen, dass dieser dem Blick nicht standhalten kann. Etwas Röte schleicht sich über sein Gesicht. Anthony untermauert seine Erinnerungen nochmals. »Ein Selbstmord wäre für Melissa etwa so gewesen, als ob sie ein Geschenk des Himmels fortgeworfen hätte.«

Gustav rafft seine verwirrten Sinne zusammen, sein Herz rast. Er bemerkt, wie weit entfernt er von Melissa gewesen ist.

Alle Gäste starren ihn an. Die Musik hat aufgehört zu spielen. Die bedrückende Stille ist fast unerträglich. Er muss in sich gehen, wie die Frommen sagen. Anfänglich wirkt er wie ein verzweifelter Verbrecher, der in die Enge getrieben worden ist.

In diesem Augenblick vibriert die Luft im Raum mit einer kaum merklichen Dissonanz. Gustav wirkt bleich und etwas verstört, denn er weiß nicht, was Melissa während seiner Abwesenheit mit Anthony besprochen hat. Ein furchtbares, hilfloses Gefühl, als bewege er sich in der selbst erschaffenen Hölle. Er kneift die Augen zusammen, blickt wild um sich und holt mithilfe eines Dämons zum Gegenschlag aus. Seine einzige Waffe ist, seine Lügen möglichst plausibel aufzutischen.

Der Dämon ernährt sich vorzüglich von Gustavs Lügen. Seine Verstandeskräfte arbeiten wieder. In diesem Moment ist sein Gesichtsausdruck absolut böse. Das Verächtliche in seiner Stimme ist unüberhörbar, eisig und abgestumpft, als er sich wiederholt: »Ach, da kann man sich gewaltig irren. Man denke an die vielen Tabletten, die man neben der Leiche gefunden hat. Sie war bestimmt medikamentensüchtig.«

Heftig fällt ihm Anthony ins Wort: »Melissa hat nie Tabletten genommen, das ist völliger Unsinn.«

Gustav lächelt in sich hinein. Es ist ihm gelungen, Anthony aus der Fassung zu bringen. Allerdings braucht es noch weitere Überzeugungsarbeit, um die Gäste auf seine Seite zu ziehen.

»Dieser neue Zeitvertreib, diese Mystik, hat ihr den klaren Verstand geraubt. So naiv zu glauben, dass ein Mensch sich mehrmals inkarnieren muss bis zur Vervollkommnung! Ich hatte sie vor den Gefahren und den Abgründen gewarnt.

Jeder in diesem Raum weiß, dass sie sich in ihre undurchsichtige Welt zurückgezogen hatte!«

Manch einer bejaht nickend Gustavs Aussage. Er fühlt sich dadurch gestärkt und es gibt ihm weiteren Aufschwung. Anthony hört kaum mehr zu. Dieser schmerzliche Verlust, den er erlitten hat, zählt nichts im Vergleich zu den inneren seelischen Qualen, die er jetzt gerade empfindet.

Der Dialog wird noch aggressiver. Mit harten Worten duellieren sich die beiden Rivalen messerscharf. Anthony ist entsetzt und wütend. Seine Hände ballen sich zu Fäusten. Doch er hält seinen Zorn im Griff. Wäre er nicht Gastgeber, hätte er sich spätestens jetzt mit Gustav geschlagen.

Doch Gustav lässt nicht locker und provoziert weiter. »Du bist doch der alleinige Erbe. Das Kind hat sie mit in den Tod genommen. Nur du kannst an ihrem frühen Tod ein Interesse gehabt haben!«, giftet Gustav spöttisch.

Diese Worte treffen Anthony wie Giftpfeile. Er macht einen Schritt nach vorn. Mit aller Kraft gelingt es ihm, sich zu beherrschen. Er könnte Gustav erwürgen. Doch er zieht es vor, ihn einfach stehen zu lassen. Anthony dreht sich und bemerkt, dass sich alle Augen auf ihn richten. Er muss sich rechtfertigen.

Die Wut überkommt ihn, er holt tief Luft und schreit mit ohrenbetäubender Stimme: »Warum zum Teufel bist du zurückgekommen? Niemand wusste, dass Melissa zu meinen Gunsten ein Testament gemacht hatte. Alle glaubten, dass du, Gustav, der einzige Erbe sein würdest! Hast etwa du Melissa umgebracht? Du spielsüchtiger, arroganter Taugenichts! Und wieso weißt du, dass sie schwanger war?«

Gustav erschrickt selbst, dass er dieses unglückliche Thema mit so heftig provozierenden Worten in die Runde geworfen hat. Das Finstere in ihm ist durchgebrochen wie ein wild gewordener Gaul. Er muss wieder Herr über die Lage werden.

Heller Zorn übermannt Anthony. Er hat ein reines Gewissen, niemand hat das Recht, so mit ihm zu reden. Wutentbrannt packt er Gustav am Kragen! Elena kann sich gerade noch rechtzeitig zwischen die beiden Streithähne schieben. Mit Mühe und Not gelingt es, die aufgebrachten Gemüter zu beruhigen.

Die festliche Stimmung ist auf dem Tiefpunkt angelangt. Kurz darauf hört man die Haustür knallen. Gustav hat das Haus beleidigt verlassen. Die Schwärze seiner Verruchtheit steht ihm auf die Stirn geschrieben. Er grinst vor sich hin. Innerlich jubelt er und mit ihm die Dämonen. Sein erstes Ziel ist erreicht. Nämlich von sich abzulenken und Anthony als Schuldigen darzustellen. Viel wird über Melissas seltsamen Tod spekuliert. Niemand glaubt wirklich an einen Selbstmord.

Anthony bewegt sich wie in Trance zum Kamin. Melissa steht wesenhaft vor ihm. Mit Inbrunst ruft er sie in Gedanken an, aber sie löst sich bald schwebend in Wehmut auf. Er fühlt sich nach diesem entsetzlichen Ereignis nahe einer Ohnmacht. Unbeholfen stochert er mit dem Feuerhaken in der Glut. Luft und Feuerdämonen zischen in wirbelnden Kreisen um ihn. Auch wenn er unschuldig an Melissas Tod ist, hat Gustav doch erreicht, dass etwas von dieser Anschuldigung an ihm wie ein Makel hängen bleibt.

Die Musik spielt wieder. Elena fordert Anthony zum Tanze auf. Widerwillig nimmt er die Aufforderung an. Die Gäste haben sich wieder hingesetzt, werfen sich Seitenblicke zu, wagen aber nicht, etwas über das Erlebte zu sagen. Die erregte Atmosphäre hat sich abgeschwächt. Sogar der Mond schaut traurig. Langsam wird er von dunklen Wolken verdeckt.

Die Tote hat sich von dem exzentrischen Partyrummel zurückgezogen. Gar nichts empfindet sie mehr, was alles hat sie wohl noch vergessen? Sie steht auf der Terrasse, fühlt sich elender denn je und schaut Gustav nach, wie er in seiner Kutsche das Grundstück verlässt. Eine gewittrige Nacht zieht auf. Es donnert, blitzt, Wolkenberge rollen übereinander, ein anschwellendes Heulen.

Gustav schaut durch das Kutschenfenster den Naturgewalten zu. Große Regentropfen kullern an der Scheibe hinunter. Manchmal schlängeln sich zwei ineinander, als würden sie sich lieben. Ist diese bedrohliche Stimmung am Nachthimmel eine mahnende Botschaft des Übersinnlichen, dass er den Bogen überspannt hat? Doch so schnell, wie dieser reumütige Gedanke gekommen ist, schiebt er ihn auch wieder zur Seite. Der Wagen rumpelt über die gepflasterte Straße. Ein Blitz erschrickt die Pferde, die sich heftig aufbäumen. Der Kutscher kann sie jedoch noch rechtzeitig zurückreißen. Gustav fühlt sich unwohl. Ein Funken Gewissen lodert noch in seiner Seele. Ist er einen Komplott mit den Geistern der Finsternis eingegangen?

Melissa versucht sich angestrengt zu erinnern. Hat Gustav sie wirklich ermordet? Es scheint, dass diese Beziehung ganz tiefe Risse bekommen hat. Aber wieso?

Ihre letzten physischen Stunden nimmt sie plötzlich als Panoramabild wahr. Damals war das Haus ohne Gäste. Gustav hatte an diesem Abend sogar das ganze Personal aus dem Haus geschickt. Wieder einmal hatte er über ihren Kopf hinweg entschieden. Melissa spielte auf der Harfe. Sie war eine begabte Harfenspielerin. Doch nur wenige auserlesene Gäste sind in den Genuss ihres Harfenspiels gekommen. Sie war wirklich eine schöne Frau und hatte viele Verehrer.

Nachträglich denkt sie, dass es vielleicht zu viele gewesen sind. Bei Gustav war immer diese Eifersucht im Spiel, der sie aber keine große Beachtung geschenkt hat. Wie es schien, ist dies ein gravierender Fehler gewesen. Mit aller Kraft konzentriert sie sich auf diese Augenblicke ihres einstigen Lebens. Was hat sich da in ihrer Villa abgespielt? Und endlich gelingt es, die quälenden Fragen zu beantworten.

10. Der Mord

Der Fokus richtet sich auf den Salon. Es ist wirklich ein vornehmer Raum mit hoher Decke und hohen Fenstern, die sich zur Veranda hin öffnen lassen. Von den rötlichen Tapeten heben sich verschnörkelte, goldene Ornamente ab. Über den Querleisten der Fenster im Salon sind reich geraffte Rüschen aus Goldbrokat angebracht, unter denen zu beiden Seiten schwere Vorhänge herunterfallen, die tagsüber von goldenen Kordeln zusammengehalten werden.

Die vergoldete Harfe, am Kopf kunstvoll verziert, steht auf dem Fußboden. Melissa sitzt auf dem Schemel. Gekonnt zupfen ihre Hände die Saiten. Sie trägt ein wunderbares, langes, lilafarbenes Seidenkleid mit Spitzen und einem aufregenden Ausschnitt. Ihr Gesicht ist von einer faszinierenden Schönheit. Tiefliegende, funkelnde graugrüne Augen unter langen Wimpern. Eine hell leuchtende Haut unter dunklen Haaren. Ihr Mund sinnlich, lachlustig, im nächsten Moment streng.

Lässig steht Gustav mit zwei Gläsern Champagner daneben und lobt überschwänglich ihr erfrischendes Spiel. Auf den ersten Blick ein verliebtes Paar in einer harmonischen Atmosphäre. An diesem Tag gebraucht er besonders viele Worte des Lobes, was sie eigentlich hätte stutzig machen müssen.

Leidenschaftlich schwört er ihr seine Liebe. »Es tut mir leid, dass du keine bessere Gesellschaft hast als die meine!«, fügt er stockend hinzu.

Für einen Augenblick tut es Melissa fast leid, dass sie sich von ihm getrennt hat. Doch plötzlich bemerkt sie an seinem Unterton, dass alles nur zynisch gemeint ist und sich seine verletzte Eitelkeit in den Vordergrund schiebt. Gustav nimmt ihre Hand. Was Melissa sehr unangenehm ist.

»Du siehst wirklich entzückend aus!«

Eigentlich sonnt sie sich fast wieder ein bisschen in seinem Lob und übersieht das Unheil, das unaufhaltsam auf sie zu rollt. Sie befindet sich in einem Wechselbad der Gefühle.

Eine Weile starrt er sie einfach nur an. Er zieht Melissa näher zu sich und mit heiser Stimme redet er weiter: »Aber du wirst nie lernen, dass es unausgesprochene Gesetze gibt. Man hat mir nämlich Unschönes von dir erzählt, meine Liebe! So einfach lasse ich mich nicht auf ein Abstellgleis schieben.«

Melissa fühlt ein gefährliches Unbehagen in sich hochsteigen. Die Sache wird dadurch verschlimmert, dass es für diese Beziehung kein Zurück mehr gibt und sie sich nun alleine mit ihm in der Villa aufhält. Plötzlich verschließt sich sein Gesicht zu einer undurchdringlichen Maske. Sie getraut sich nicht, ihm endgültig den Laufpass zu geben. Versucht aber, die Hand aus seinem Griff zu lösen, was auch gelingt. Eifersucht und Neid haben seine Seele vergiftet. Er hat seine grausige Tat bereits bis ins Detail geplant, von der er nicht mehr abweichen will. Sie nimmt nichts ahnend das Glas, das er ihr charmant zum Anstoßen entgegenhält.

»Trinken wir wenigstens auf unsere ewige Freundschaft, meine Liebe!«

Der Champagner ist mit vielen kleinen Eiswürfeln gekühlt. Etwas irritiert über die vielen Eiswürfel trinkt sie langsam aus. Anfänglich passiert gar nichts. Gustav tauscht plötzlich seine einschmeichelnde Lobrede gegen eine noch nie erlebte, kaltschnäuzige Boshaftigkeit aus. Das Böse hängt zum Greifen nah in der Luft.

Ihre Augen fangen an zu brennen, aber Tränen kommen keine. Auf der Zunge schmeckt es eigenartig nach Eisen. Plötzlich fühlt sie sich schwindlig, torkelt, kann sich in letzter Sekunde noch knapp am Tisch festhalten. Eine unangenehme Übelkeit breitet sich im ganzen Körper aus. Gustav hat sie tatsächlich mitsamt dem ungeborenen Kind vergiftet. Mit weit aufgerissen, gläsernen Augen starrt sie ihn an. Er senkt seinen Blick. Sein Gesicht wird unter dem Druck seiner Tat faltig und klein. Schweißtropfen perlen auf seiner Stirn.

Er stottert: »Unsere Liebe war wie Nadelspitzen im schwarzen Samt. Aufregend, erotisch, prickelnd und atemlos! Du warst meine Hohepriesterin der Lust. Wenn ich dich nicht mehr haben kann, soll auch kein anderer in den Genuss dieser köstlichen Sexualität kommen!«

Das Gift schleicht sich ungebremst wie ein Feind durch Melissas ganzen Körper. Sie kann kaum mehr die Füße heben. Ihr Atem pfeift. Sie bemerkt, dass sie dieses Gift nicht mehr loswerden kann. Wieder torkelt sie und fällt gegen den Stuhl. Sie ringt nach Luft, taumelt.

In tiefer Verzweiflung stammelt sie ihre letzten Worte: »Um Himmelwillen, was hast du getan, Gustav!«

Das Herz rast zum Zerspringen. Sie fällt, schlägt sich das Gesicht auf. Blutüberströmt liegt sie hilflos auf dem Boden. Ihr Körper zittert, bäumt sich nochmals auf. Der Todeskampf ist in vollem Gange. Die Welt wird schwarz, taub und leer. Gustav rauft sich die Haare, läuft wie ein Tiger im Käfig hin und her. Die Verzweiflung über seinen Mordanschlag steht ihm ins Gesicht geschrieben.

Dann lacht er leise und hässlich. Die Kerzen flackern ängstlich. Das Schicksal nimmt seinen Lauf. Seine bösartige Tat ist nicht mehr zu korrigieren. Noch eine Weile ist Melissa mit einem silbernen Faden, einer Art Nabelschnur, mit dem sterbenden Körper verbunden. Schließlich reißt die Bindung zur physischen Hülle ganz. Letzte quälende Atemzüge, dann verlässt die Ermordete endgültig den unbewohnbaren Körper und mit ihr die Kinderseele. Ihre Augen, weit aufgerissen, werden glasig und leer der Blick. Das Licht in den Augen erlischt endgültig. Sie sieht sich über der Leiche schweben, ähnlich einem Schmetterling, welcher der Larve entrückt ist. Der durchsichtige Astralkörper – Geistkörper – ist eine genaue Nachbildung des physischen Körpers.

Fast professionell beseitigt Gustav alle Spuren, die auf die Anwesenheit einer zweiten Person schließen lassen könnten. Zusätzlich legt er in einer absoluten Niederträchtigkeit Tabletten neben die Leiche. Er blickt sich absichernd um. Gottlob kennt er sich bestens aus. Er geht zum Safe, öffnet ihn mit dem Schlüssel aus dem Versteck und nimmt fast den ganzen Inhalt an sich. Nur der kostbare Schmuck fehlt. Fluchend durchsucht er jeden Winkel, doch er wird nicht fündig.

Plötzlich fährt ein eiskalter Hauch über ihn hinweg. Erschrocken schaut er sich um. Seine um sich greifende Angst wird von aufsteigendem Groll vertrieben. Es ärgert ihn, dass er sich verängstigen lässt wie ein altes Weib. Mit übermenschlicher Willensanstrengung gelingt es ihm, seine überspannten Nerven wieder zu beruhigen.

Höhnisch murmelt er vor sich hin: »Ich musste so handeln, meine Liebe! So einfach lasse ich mich nicht abservieren. Das Leben geht weiter und ich bin mittendrin, auch ohne dich!«

Ein fast unhörbares Geräusch! Mit einem erstickten Aufschrei schwebt Melissa auf die Harfe zu. Es gelingt ihr, dem Instrument einen Ton zu entlocken. Die Saiten geben einen wimmernden Laut von sich, der langsam verhallt. Gustav steht gerade auf der Schwelle, um den Salon zu verlassen. Erschrocken prallt er zurück. Sein Gesicht wird kreidebleich. Schweißperlen treiben aus allen Poren. Die Furcht frisst sich tief in seine Seele ein. Er will nur noch flüchten.

Als er sich nochmals umdreht, scheint das Zimmer dunkel geworden zu sein. Ein Schatten huscht durch den Salon und die kunstvolle Pendüle auf dem Kaminsims schlägt mit feinen, silberhellen Schlägen Mitternacht. Wie ein Dieb macht er sich aus dem Staub. Ein paar Minuten später schließt er die Tür mit einem kaum hörbaren knackenden Geräusch zu. Es wurmt ihn in seiner Seele, den wertvollen Schmuck zurücklassen zu müssen.

Melissa, als stumme Beobachterin, ist entsetzt über die Durchtriebenheit des einstigen Lebensgefährten. Aus dem Blickwinkel der anderen Seite des Lebens wird Melissa bewusst, dass auch sie nicht ganz unschuldig an dieser Tragödie ist. Sie hat es genossen, wenn die Männerwelt ihr zu Füßen lag. Es war ein unbewusstes Spiel der Emotionen. Nun ist sie alleine. Ein ungehörtes Wehklagen, eine Flut von unsichtbaren Tränen durchzittern die Gemäuer des Herrschaftshauses.

Ein Zurück ins Leben gibt es nicht mehr, ein Vorwärts ins himmlische Licht auch nicht. Ihre Zeit zum Übertritt ins Himmelreich ist noch nicht gekommen. Ihr Lebensweg wurde bösartig durchkreuzt. Von nun an ist Melissa gefangen im Reich der Schatten. Aber warum kann sie nicht weiterschreiten?

Bei einem natürlichen Tod infolge Erschöpfung der Organe verlässt der Mensch das Leben, ohne es überhaupt zu merken. Vergleichbar mit einer Lampe, die aus Mangel an Öl langsam verlöscht. Doch Melissas Geist leidet unter der

Ohnmacht, der Unmöglichkeit, die Bande zu zerreißen, die sie im Schattenreich festhalten. In dieser düsteren Stimmung ist ihr ungeborenes Kind ein heller, leuchtender Stern in dunkler Nacht.

Die Kinderseele schwebt neben ihr. Wie ein wunderbarer Engel ist es in der geistigen Welt. Noch bevor das ungeborene Lichtwesen seinen Erdenantritt beginnen konnte, ist es brutal zurückbefördert worden. Gemeinsam, in einem kurzen Glücksgefühl schwebt Melissa mit dem wunderbaren Kinderengel in seinem lichtdurchfluteten Kleid. Die beglückende Seligkeit des gemeinsamen Schwebens hält Tage an. Das Karma der kindlichen Seele scheint ein anderes zu sein. Ohnmächtig wird Melissa bewusst, dass eine Trennung vorbereitet wird.

»Bin ich denn zum Leiden auserkoren!«, sagen die stummen Schreie von Melissa. Auf keinen Fall möchte sie ihre Tochter loslassen.

Langsam wird diese von ihrem Schutzengel von der Mutter losgelöst. Das ungeborene Kind kann weiterziehen. Wohin und in welche Sphären das Kind als Geistwesen geführt werden wird, entzieht sich Melissas geistigen Augen. Sie selbst kann nicht weiter! Durch ihr Weggehen geht ihr ganzes Glück verloren. Sie muss bleiben, als Gefangene im Schattenreich! Ein unbeschreiblicher Schmerz für die zurückgebliebene Mutter. Was sie nicht ahnt, ist, dass sie sich in einer vorübergehenden Unterjochung aufhält, um schneller ans Ziel in der geistigen Welt zu kommen. Diesen Zustand empfindet sie einfach nur als Hölle.

Diese Vision löst sich nach einem zeitlosen Moment der Ewigkeit auf. Melissa ist zurück im heutigen Leben als Sandra.

Eine verzweifelte Traurigkeit fühlt sie bis tief in die Seele, als wäre es erst gerade geschehen.

»Ermordet, unschuldig ermordet! Für heute ist es genug, das muss ich zuerst verdauen!«, stottert sie. Diese Vision hat sie sichtlich verstört.

Doch der Stein ist ins Rollen gekommen. Weitere Ereignisse aus der dumpfen Psyche werden ins Bewusstsein gehoben. Das Verbindende aus zwei Inkarnationen fließt ineinander. Es sind einprägende Momente, an die sie sich wieder erinnern kann. Wie in einem Film, in dem sie die Hauptdarstellerin ist, sieht sie sich in weiteren inneren Bildern. Was für Gründe haben Gustav dazu bewegt, sie zu ermorden? Sandra kehrt wieder zurück in ihr einstiges Leben in der Villa und bekommt zusätzliche Informationen zur Klärung des Mordes.

Melissa läuft aufgeregt von Zimmer zu Zimmer und immer wieder ruft sie nach Anthony. Ein inneres Bild, das sie bereits gesehen hat. Agnes steckt den Kopf aus der Küche und wundert sich über das eigenartige Benehmen. Doch als Hausangestellte ist sie es gewohnt, nicht allzu viele Fragen zu stellen.

Melissa süßes Geheimnis ist, von Anthony schwanger zu sein. Als der Arzt die Schwangerschaft bestätigt hat, hätte niemand überraschter sein können als sie selbst. Obwohl kein Kind geplant war, ist es eine überaus fröhliche Angelegenheit. Ihre Freude wird nur dadurch getrübt, dass Anthony verschwunden ist. Im Stillen ist die große Hoffnung da, dass er eines Tages wieder zurückkehren wird.

Das ist also der Grund, wieso sie Anthony und ihrem noch ungeborenen Kind ihren ganzen Besitz testamentarisch vermacht hat. Zuvor war nämlich Gustav im Notariat als alleiniger Erbe eingetragen. Sie hat ihn tatsächlich enterbt. Es scheint, dass sie gute Gründe gehabt hat, Gustav diese Tatsache vorzuenthalten. Durch die bildhaften Erinnerungen fällt es ihr wie Schuppen von den Augen. Gustav wollte unbedingt den Platz an ihrer Seite zurückhaben, nicht aus Liebe, sondern aus wirtschaftlichen Gründen. Gustav war ein Spieler, eine Geldvernichtungsmaschine. Tage zuvor hatte sie ihn im heftigen Streit weggeschickt mit der Aufforderung, die Villa nie wieder zu betreten. Endgültig satt hatte sie es, seine Spielsucht weiter zu finanzieren. Wutentbrannt hatte er die Villa verlassen. Ihr Erstaunen war groß gewesen, als er schon bald wieder zurückgekehrt war. Wie gewohnt, als wäre nichts gewesen, hatte er in einer arroganten Selbstverständlichkeit wieder nach Geld verlangt. Sie hatte sich nicht erweichen lassen, endgültig genug hatte sie von diesem Spieler, dem ewigen Verlierer. Seine Versprechungen der Besserung hatten sich stets in Luft aufgelöst.

Nun schaut Gustav Melissa direkt in die Augen, sie sind mit Hass erfüllt. Am liebsten würde er handgreiflich werden, kann sich aber nochmals beherrschen. Melissa legt ihm ihre schlanke, weiße Hand auf den Arm, als möchte sie dadurch die Situation beruhigen. Die Emotionen schaukeln sich weiter hoch. Dann entgleitet ihr die freudige Nachricht von der Schwangerschaft dummerweise. Das Tüpfelchen auf dem »i« ist, dass nicht Gustav, sondern Anthony der Kindsvater ist. Gustav starrt sie unversöhnlich an und schluckt. Er fühlt sich als Verlierer, was ihn zur absoluten Weißglut treibt. In seinen Augen ist tiefer Hass abzulesen. Melissa schaudert vor ihm. Eine ungeheure Spannung liegt in der Luft. Wie gedankenlos ist es gewesen, ihm die Schwangerschaft so leichtsinnig zu verraten. Sie könnte sich ohrfeigen. Über die bereits erfolgte Testamentsänderung zieht sie es vor zu schweigen.

Anstelle einer Antwort fängt Gustav heftig an zu husten. In seiner Verlegenheit will er ihr einen Kuss geben, doch sie wendet sich vor ihm ab. Seine Gedanken spielen verrückt. Zutiefst verletzt ist sein Ego. Er ist rasend vor Eifersucht und möchte am liebsten alles kurz und klein schlagen. Der Dämon Geld hat ihn verhext. Das bedeutet praktisch eine unausgesprochene Kampfansage, seine Geldquelle ins Jenseits zu befördern, bevor diese endgültig für ihn versiegt. Daraufhin verlässt er die Villa.

Über mehrere Tage lässt der teuflische Gedanke ihn nicht mehr los. Er ist bereit, diesen Gedanken in die Tat umzusetzen.

Unter dem Vorwand, sich entschuldigen zu wollen und wenigstens gute Freunde zu bleiben, ist er mit einem grandiosen Blumenstrauß zurückgekehrt. Mit einer überschwänglichen Liebeserklärung versucht er, wieder Boden unter den Füßen zu gewinnen. Wie naiv sie doch war! Alle Register zieht er nochmals, um zum angestrebten Ziel zu gelangen. Doch seine Versuche verlaufen im Sande. Seiner Spielsucht auf Ehrenwort entsagt zu haben, ist sein letzter Versuch, um Melissa umzustimmen. Doch auch mit diesem Argument kann er nicht punkten. In Wirklichkeit ist alles eine eiskalte Lüge. Sie sagt es ihm ins Gesicht. Sein Gesicht läuft bei dieser Antwort hochrot an. Er fühlt sich wie ein Schuljunge, der beim Lügen ertappt worden ist. Seine Spielschulden haben ein beängstigendes Ausmaß erreicht. Er muss dringendst zu Geld kommen. Die Geldeintreiber sitzen ihm schon gefährlich im Nacken. Sein Misserfolg ist unabwendbar. Gustav blickt Melissa forschend an und streicht eine Haarsträhne aus seinem erhitzten Gesicht. »Als alleiniger Erbe wären alle meine Probleme gelöst. Es bleibt mir nichts anderes übrig, als zu handeln!«, denkt er.

Voller Entsetzen denkt Melissa an den Rest der Geschichte und dass sie von diesem Mann ermordet worden ist.

Agnes, die herzensgute Hauswirtschafterin, findet Melissa am folgenden Morgen leblos auf dem kalten Boden. Die Totenstarre ist bereits eingetreten. Der Schrecken steht der Armen ins Gesicht geschrieben. Zutiefst schockiert wendet sie sich von der Toten ab. Wie in Trance geht sie in die Eingangshalle zurück. Sie versucht zu telefonieren – hoffnungslos. Der Schock ist so tief, als dass ein klares Denken möglich wäre. Sie fängt an zu zittern. Ein unbeherrschtes Schluchzen erfüllt den Raum. Dann packt Agnes den Mantel, rennt den Kiesweg hinunter in die Stadt, um Hilfe zu holen.

Alle kommen: der Arzt, der Gerichtsmediziner, der Polizist und die Kutsche mit den Sargträgern. Der Polizist sichert die Spuren im ganzen Haus. Gerade betritt er wieder den Salon, tauscht fragende Blicke mit dem Gerichtsmediziner aus. Dieser murmelt etwas Unverständliches. Er winkt den Sargträgern mit der Aufforderung, die Leiche mitzunehmen und in die Pathologie zu bringen. Mit einem unbehaglichen Gefühl entschließt er sich, die These vom Suizid als die wahrscheinlichste anzunehmen. Dann senkt er den Blick, wischt sich eine Schweißperle von der Stirn – diese spiegelt sein schlechtes Gewissen – und tritt erleichtert ins Freie. Er als angesehener Mann hat ein dunkles Geheimnis. Wie Gustav ist auch er ein heimlicher Spieler und dadurch erpressbar. Tatsache ist, dass er in aller Früh von Gustav Besuch bekommen hat. Mit seiner schleimigen Höflichkeit hat er unmissverständlich gefordert, im gegenseitigen Interesse keine unnötigen Skandale auszulösen. In knappen Sätzen fügte er hinzu, dass Melissa Selbstmord begangen hat.

Die Spurensicherung dauert eine Ewigkeit. Hauswirtschafterin Agnes, die Hausmädchen, der Gärtner; alle werden über jedes kleinste Detail ausgefragt. Alles wird protokolliert. Um keine Spuren zu verwischen, werden alle nach der Aussage weggeschickt, außer Agnes. Fassungslos schaut sie zu, wie alles umgestülpt wird. Es ist bereits am Dämmern, als Agnes aufgefordert wird, einen Stapel Leintücher zu holen. Sie nickt, ihre Stimme versagt immer noch. Mit dick geschwollenen und verweinten Augen holt sie die gewünschten Leintücher aus den Schränken und deckt damit das wertvolle Mobiliar zu. Kurz darauf werden die Vorhänge zugezogen. Das Nötigste noch aufgeräumt und oberflächlich gereinigt.

Agnes tritt in die Diele und wartet. Sie fühlt sich völlig hilflos. Von der Turmuhr schlägt es 20 Uhr. Die Villa soll bis zur Testamentseröffnung versiegelt werden. Sie ist verzweifelt. Einen Moment wird sie von dem Polizisten abgelenkt, der noch die letzten Befehle erteilt. Plötzlich dreht sie sich erschrocken um, sie hat das Gefühl, die Umrisse der Hausherrin Melissa gesehen zu haben, als möchte diese ihr etwas mitteilen. Agnes hastet durch den halbdunklen Gang, das zerknüllte Taschentuch in der Hand. Die Trauer schnürt ihr die Kehle zu. Ist da nicht etwas Unbeschreibliches vorbeigehuscht? Spukt etwa wirklich Melissa durch die Räume? Agnes fängt an, leise schluchzend mit der Verstorbenen zu sprechen. Ihr Gefühl hat sie nicht getäuscht. Sie bekommt in Gedanken Antworten aus dem Jenseits. Für sie ist der Fall klar: Melissa ist eines unnatürlichen Todes gestorben. Darüber zu sprechen, getraut sie sich nicht. Man würde sie sowieso nur als Spinnerin auslachen.

Melissa ist nun eine Gefangene zwischen zwei Welten. Gustavs Grausamkeit hat ihr blühendes Leben zerstört. Eine unbeschreibliche Unruhe überkommt sie. Könnte man sie in diesem Zustand mit physischen Augen sehen, würde man sie verärgert durchs Haus laufen und die Türen zuknallen sehen. Doch sie ist tot, niemand kann sie wahrnehmen. Oder doch! Aber nur als Spukgeist! Zwar hat Melissa keinen physischen Körper mehr, doch sie kann als Schattengestalt alles wahrnehmen, was um sie herum geschieht.

Bald darauf wird die Villa versiegelt. Inzwischen steht der Mond halbhoch am Himmel. Mit zwei Koffern und ein paar Taschen steht Agnes verstört vor der Villa. Sie ist aus der Villa hinausgeworfen worden. Heilfroh ist sie, dass sie wenigstens eine gute Freundin hat, bei der sie vorübergehend Unterschlupf findet. Langsam, mit schweren Schritten, läuft sie den Kiesweg hinunter. Ihre Schritte verlangsamen sich, sie dreht sich nochmals um, auf der Terrasse sieht sie die Umrisse von Melissa. Die Tränen kullern unaufhörlich über ihre Wangen. In den Augen der Haushälterin stehen Furcht, Verzweiflung und tiefe Trauer. Da fliegt aus dem dunklen Himmel ein schwarzer Vogel direkt auf sie zu. Der Vogel bestätigt Agnes eigentlich nur die schlimmste Annahme eines Mordes. »Wäre ich doch in dieser Nacht nur nicht weggegangen.« Sie stolpert über ihr vieles Gepäck, kann sich aber in letzter Sekunde auffangen.

Verzweifelt schreit sie zum Himmel: »Oh Gott, Melissa, was hat man dir angetan? Warum nur? Warum nur diese Tragödie? Warum, warum?«

Ihre Stimme wird schwach und dünn. Sie zittert. Sogar die Bäume scheinen zu schwanken und in das Klagelied mit einzustimmen. Der goldene Vollmond wirft lange Schatten. Über dem Herrschaftshaus flammen in sanfter Glut unzählige Sterne. Es ist eine glasklare Nacht.

Für Melissa gibt es keinen Weg mehr, der zurück in die irdische Welt führen könnte. Mit jedem Tag, der nach ihrem Tod vergeht, sehnt sie sich mehr und mehr danach, in die unendlichen Weiten des Himmels einzutreten. Doch Melissa wird für lange Zeit als Gefangene im Schattenreich verharren müssen.

Von nun an liegt das herrschaftliche Haus über lange Zeit im Dornröschenschlaf. Der Testamentsvollstrecker kann den Erben, Anthony Böhm, nicht ausfindig machen. Dieser befindet sich noch für lange Zeit als Handelsreisender im Ausland. So werden mehr als zwei Jahre vergehen.

Die kleine Stadt hat einen Skandal mit viel Gesprächsstoff. Die Kirche platzte aus allen Nähten, als die Totenfeier der verstorbenen Adelsdame beginnt.

Mit gesenkten Häuptern hören die Trauernden dem Pfarrer zu, der mit den Worten beginnt: »Heute beklagen wir einen fürchterlichen Verlust ...!«

Mit einfühlsamen Worten bemüht er sich, Trost zu spenden. Haushälterin Agnes stöhnt und ringt mit geschlossenen Augen nach Fassung.

»Großer Gott, so eine Tragödie!«, wimmert sie vor sich hin.

In einem schönen Sarg, der im Kirchenschiff steht, liegt der materielle Körper. Melissa kommt sich vor wie in einem bösen Traum. Tiefste Traurigkeit und absolute Hilflosigkeit überkommen sie und die zurückgeschickte Kinderseele. Ihre Gefühle kreisen wirr durcheinander. Sie können fühlen, dass die Trauer bei manch einem in der Trauergemeinde echt empfunden ist. Für die Großzügigkeiten gegenüber der Gemeinde wird Melissa gewürdigt. Ob die Todesursache Mord, Selbstmord oder einfach ein Unfall ist, bleibt jedoch für jeden ein unbeantwortetes Rätsel.

Nach der Abdankung bewegt sich der ganze Trauerzug über den Friedhof. Die Sargträger bringen den schwarzen Sarg ans offene Grab. Es liegt in der hintersten Ecke vom Friedhof. Langsam wird der Sarg hinuntergelassen. Melissa und ihr Kind schweben über dem ausgeschaufelten Grab. Der Pfarrer spricht das letzte Gebet, die Trauenden werfen die Blumen ins offene Grab, danach löst sich die Trauergemeinde langsam auf. Die Bäume stehen wie stumme Zeugen da. Die Menschen werden zu grauen Schatten, die sich im Nebel auflösen. Danach schaufeln die Friedhofsgärtner das offene Grab zu. Nur Gustav hat gefehlt, was für neuen Gesprächsstoff sorgt.

Doch Gustav hat die Stadt noch in der gleichen Nacht früh morgens, bevor der Tag erwacht, verlassen. Mit dem gestohlenen Geld kann er den größten Teil seiner Spielschulden begleichen. Dass seine Schulden ein so hohes Ausmaß angenommen haben, erstaunt ihn selbst. Über den plötzlichen Geldsegen wundern sich auch die Geldeintreiber. Doch schlussendlich ist in diesen Kreisen die Herkunft von Geld, um Spielschulden zu begleichen, unwichtig. Hauptsache, das geschuldete Spielgeld ist eingetrieben. Nur keine unnötige Aufmerksamkeit heraufbeschwören, da sich sowieso alles im illegalen Bereich bewegt.

Der Rest von Gustavs Eitelkeit schlägt nach kurzer Zeit in Verzweiflung um. Hier liegt die ganze Quintessenz seiner menschlichen Bosheit vor ihm. Die Dämonen sind ihm absolut keine Hilfe. Die Hoffnungslosigkeit seines Lebens scheint plötzlich mit aller Macht über ihn hereinzubrechen. Die Einsamkeit, die innere Ruhelosigkeit und die schlechten Träume drücken ihn fast zu Boden.

Anthony ahnt von all dem Geschehenen nichts. Die Liebe zu Melissa ist auf seinen langen Reisen nie erloschen. Er kann sie nicht vergessen. Ein erfolgreicher Geschäftsmann ist er geworden. Nach gut zwei Jahren befriedigt er sein inneres Bedürfnis, wieder in seine Heimat zurückzukehren. Heimlich hofft er, die Gunst von Melissa zurückgewinnen zu können, obwohl nun Elena an seiner Seite ist. Seine Gedanken der Liebe jagen wie bei einem Fußballmatch hin und her. Was wird ihn wohl erwarten? Mit Elena bezieht er einige Zeit später das eleganteste Hotel in der Stadt. Jeder soll wissen, dass er erfolgreich geworden und nicht auf das Geld von Melissa angewiesen ist.

Als er hungrig in einer Schenke nahe Melissas Villa einkehrt, wird am Stammtisch wieder ausgiebig über das geheimnisvolle Leben der wunderschönen Besitzerin diskutiert. Beim Eintreten hat Anthony das Gefühl, dass der geheimnisvolle Tagelöhner, der ihm vor seiner Abfahrt begegnet ist, gerade seinen Weg gekreuzt hat und die Kneipe verlässt. Anthony beachtet die Begegnung nicht wirklich und setzt sich kurz darauf an den einzig freien Tisch am Fenster. Eine leere Kaffeetasse steht noch da. Er schaut aus dem Fenster und fixiert den Mann mit dem langen, braunen Mantel. Als ob dieser seine beobachtenden Blicke spüren könnte, dreht er sich nochmals um und nickt ihm zu. Es ist wirklich der seltsame Mann von einst mit den funkelnden Augen.

Der Lärmpegel in der Kneipe ist hoch. Klatsch und Tratsch haben hier, bei den Stammgästen, reichhaltigen Nährboden gefunden und Melissas Tod ist immer noch ein beliebtes Thema. Niemand erkennt Anthony. Er wird hellhörig. Ihm wird immer bewusster, dass über Melissa gesprochen wird. Kein Zweifel besteht mehr, dass die Stammgäste über die gesellschaftlichen Anlässe in der Villa reden. Jeder weiß etwas darüber zu erzählen, obwohl kein einziger der Anwesenden jemals dabei gewesen ist. Dann wechseln sie das Thema. Es wird darüber spekuliert, ob die Tote schwanger gewesen ist oder nicht. Und ob der plötzliche Tod Selbstmord oder etwa doch ein Mord gewesen ist?

Anthony als heimlicher Zuhörer glaubt, jemand durchbohre mit einer Lanze sein Herz. Seine Gesichtszüge zucken. Es kann kein Missverständnis sein, der Stammtisch redet über seine Melissa. Die Ohnmacht der Verzweiflung krallt sich mit Bärentatzen an ihm fest. Wie ätzende Säure steigen ihm die Tränen in die Augen. Er fürchtet, in ein heftiges Weinen auszubrechen. Zitternd packt er seine Tasche und stürzt ins Freie. Miserabel fühlt er sich. Sein Herz schreit vor Schmerz, er ringt nach Atem. Die Zunge klebt am Gaumen, er sieht Feuer und Funken in seinem Kopf sprühen. Er torkelt und fühlt, wie langsam der Boden unter seinen Füßen weggezogen wird.

Er setzt sich rettend auf die untersten Treppenstufen, die zur Kirche führen. Die Tränen rollen in einer Sturzflut über seine Wangen. Eine schreckliche Verzweiflung packt ihn. Als ungläubigen Hilfeschrei richtet er seinen tränenerfüllten Blick in die Weite des Himmels. Ein Fieber tiefster Verzweiflung brennt in seiner Seele, viel schlimmer, als körperliches Fieber je sein könnte.

Nach einer Weile steht er als gebrochener Mann auf und läuft ziellos durch die schmalen Gassen. Die Erinnerung an die wunderbare Zeit mit Melissa und die Bilder der Sehnsucht beschwingen seinen Geist. Das Verlorene verfolgt ihn in einem berauschenden Wachtraum. Er muss die ganze Wahrheit erfahren. So nimmt er den Weg zurück ins alte Leben in Angriff. Die erste Adresse, die er aufsucht, ist die des vertrauten Notars, der Melissas finanzielle Angelegenheiten regelt. Der Notar erwartet ihn bereits sehnlichst.

11. Sehnsuchtsschrei

»Wer ist diese verstorbene Melissa wirklich?«, fragt sich Sandra. Sie schließt die Augen und legt den Kopf auf den Sessel und erinnert sich. Nochmals schlüpft sie in die Seelenhülle von Melissa. In einer inneren Rückschau durchlebt sie weitere Teile des einstigen Lebens. Sie spürt wieder diesen Sehnsuchtsschrei nach dem Geist, als wäre keine Zeit vergangen. Da steht sie nochmals als Melissa in ihrer Villa, schaut aus dem Fenster und denkt nach.

Es ist Frühling, draußen blüht der Kirschbaum. Ihr Leben läuft wie ein Film vorbei. Ihr Anwalt ist gerade zu Besuch in der Villa. Er zeigt ihr die Bilanz! Nachdenklich macht ihn die Verschwendungssucht von Gustav. Sein Rat an Melissa ist, sich von ihm zu trennen. Sie nimmt es zur Kenntnis. Neben den finanziellen Geschäften überbringt er etwas besorgt den neusten Tratsch über sie. Melissa ist erschüttert, fühlt aber nicht, dass sie über ihr Verhalten irgend jemandem Rechenschaft ablegen sollte.

Zu der damaligen Zeit bewegte sie sich erfolgreich als Suchende auf den verschlungenen Pfaden des Lebens. Aus der Distanz erkennt sie nun, dass sie für viele ihrer Freunde wie ein Januskopf war, der die Fähigkeit hat, in zwei Welten hineinzublicken, von Ewigkeit zu Ewigkeit. Das weckt unbemerkt viele Neider.

Nicht die übliche Frömmigkeit ist es, nach der sie sucht, wie es in kirchlichen Kreisen üblich ist. Vielmehr gilt es, die Sprechfähigkeit des eigenen Herzens zu schulen mit dem Ziel, langsam die Schwere im eigenen Leib umzuwandeln. Mit der inneren brennenden Sehnsucht zu Erkenntnissen der höheren geistigen Welt zu gelangen.

»Ganz gleich, was die Gesellschaft von mir denkt, ich muss meinem Leben eine Wende geben! Viele halten meinen Sinneswandel für eine oberflächliche Schwärmerei. Obwohl auf dem Gebiet der Spiritualität meine sogenannten Freunde und Freundinnen nicht die geringsten Erkenntnisse haben und keineswegs berechtigt sind, irgendein Urteil abzugeben, hat doch jeder das Gefühl, ungefragt seine Meinung dazu preiszugeben!«, gibt sie zur Antwort.

Ein seltsames Lächeln huscht über das Gesicht des Anwalts, er sucht nach Worten. Noch bevor er antworten kann, spricht sie weiter: »Machen Sie sich kein Kopfzerbrechen über meinen Ruf! Doch ich werde noch mehr bemüht sein, darauf zu achten, was ich rede. Meinen Blick versuche ich nach oben zu richten, dorthin, wo Licht, Weisheit und Schönheit sind. Sicher werde ich zu Unrecht kritisiert und beschimpft, doch es bringt mich nicht weiter, deswegen unglücklich zu sein. Wer sich von der Masse abhebt, wandelt immer auf einsamen Pfaden! Nur Anthony hat eine gewisse Entwicklungsstufe erreicht und angefangen, das innere Leben zu erwecken. Er kann langsam erahnen, was die wertvolle Reichhaltigkeit des übersinnlich Erlebten bedeuten kann. Doch Anthony muss seinen Weg draußen in der großen Welt für sich suchen. Aber es wäre eine Lüge zu sagen, dass ich ihn nicht sehnlichst zurückerwarte.«

Ihre Stimme klagt dabei plötzlich melancholisch.

Agnes kommt in den Salon, bringt duftendes Gebäck und schenkt noch etwa Kaffee nach. Der Anwalt blickt einen Moment lang freundlich in Melissas Augen, schlürft seinen Kaffee und denkt: »Das Leuchten in Melissas Seele zeigt sich bereits in ihren funkelnden braungrünen Augen. Offenbar macht sie sich das innere Hören und Sehen zu Eigen. Wie kleine Tropfen wird ihre innere Schönheit umgewandelt. Abgenabelt hat sie sich von Menschen, die wie ein Schatten durch das Leben gehen, von der Wiege bis zum Grabe.«

Als Anwalt kennt er diese Sorte Mensch zur Genüge. Als wüsste sie, in welche Richtung seine Gedanken gehen, sagt sie seufzend: »Das Rätsel Mensch ist bis heute unbeantwortet. Was vor einem Erdenantritt ist, interessiert viele Menschen nicht, was nachher kommt, bleibt genauso unbeantwortet. Viele halten an dem Glauben fest, es gäbe ewiges Leben, so wie ihn die Kirche vermittelt. Beweise dafür liegen keine vor. Beweise für außerkörperliche Erfahrungen muss jeder persönlich erringen, damals wie heute.

Viele meiner Freunde sind Menschen, welche die größte Befriedigung daran haben, möglichst viele andere prominente Menschen zu kennen. Sie sind jedoch nicht in der Lage, einen Funken Begeisterung für neue Ideen aufbringen. Es ist alles nur Fassade. Keine ehrliche Sache, nur weißes Rauschen. So bleibt nur der eine Weg: an sich selbst das Unbekannte aufzudecken. Die Erlebnisse der anderen sind für den eigenen Weg unwichtig. Der Sinn des irdischen Lebens ist ein undurchschaubarer Schleifprozess, um es vom ungeschliffenen Edelstein zu einem Brillanten zu schaffen. Das Bewusstsein reicht nicht aus, um das Himmlische zu denken. Trotzdem muss man sich bemühen, in glänzende, lichtvolle Regionen vorzudringen. Diese Gottgläubigkeit im üblichen Sinne ist eher störend, weil man sich ein Bild vorgibt, wie es sein müsste. Die strahlenden Lichterfüllungen geistiger Geschehnisse sind nur aus der eigenen Quelle zu erleben.

Gift und Honig sind in der gleichen Blüte vorhanden. Wo sich geistiges Wissen auftut, lässt es sich leider auch nicht vermeiden, missverstanden zu werden oder dass es sogar auf teuflische Art missbraucht werden kann!«

»Vieles ist auch für mich neu! Ich werde noch viel an mir arbeiten müssen, um mit der himmlischen Welt im Einklang zu stehen. Melissa, das macht Sie so geheimnisvoll. Für einige sogar unheimlich. Einige Menschen um Sie herum sind Meister der Lügen. Viele ihrer Bekannten ziehen die belanglose Oberflächlichkeit vor. Das Nichtssagende, gerade in ihren sogenannten besseren Kreisen, breitet es sich wie Unkraut aus, welchem der Kampf angesagt werden muss. Sie sind offenbar nicht mehr gewillt, auf dieser Theaterbühne mitzuspielen. Sehr zum Ärger vieler schmarotzender Freunde.«

Melissa bejaht seine Worte. »Jedes Ding hat seine Zeit. Die Wahrheit ist gleich dem Lichte, man muss sich zuerst daran gewöhnen, sonst blendet sie. Man kann universelle Liebe nicht auf einem Lügennetz aufbauen. Zu allen Zeiten wird es Menschen geben, die im Besitze des heiligen Wissens sind, das von den profanen Menschen geheim gehalten wird.«

Der Anwalt schaut auf die Uhr, die Zeit drängt aufzubrechen. Er bedankt sich für das interessante Gespräch. Draußen regt sich ein feines Lüftchen. Er schaut zum alten Kirschbaum, der in voller Blüte steht. Und plötzlich hat er den Eindruck, dass sich Unheil anbahnt. Erregt hämmert ein Herz.

»So etwas, was soll das!«, stößt er hervor. Etwas verlegen zupft er an seiner Krawatte, als brauche er frische Luft, und steigt in die Kutsche. Dass es eine Vorahnung ist, kann er nicht ahnen.

Kaum ist der Anwalt gegangen, bekommt Melissa Besuch von Gustav. Eine unausgesprochene Spannung liegt zwischen ihnen. Die verblassten Traumbilder tanzen wieder in ihrem Kopf.

»Was willst du?« Gustav kommt ihr vor wie ein Verdursteter, der in eine Edelsteinhöhle getrampelt ist.

»Glück!«, ist die knappe Antwort und dabei verfinstert sich seine Miene.

»Glück kann dir niemand geben, das musst du dir selber erschaffen.«

»Meine Liebe, du hältst dich für unendlich klug!«, tönt es bissig. Ein scheuer Blick von Agnes durch die offene Tür mildert die Spannung zwischen ihnen.

Fast unhörbar murmelt Gustav: »Ich kann es nicht ertragen, dass du dich einem jungen Mann an den Hals wirfst und dich unglücklich machst. Du siehst so schrecklich blass aus. Diesen Esoteriker möchte ich mir am liebsten vorknöpfen! Sage mir, dass alles nur ein böser Traum ist und du nur mich liebst!«

Er streicht sich verlegen übers Haar. Die süße Frau verwirrt ihn. Sie schaut ihm in die Augen und zynisch gibt sie zur Antwort: »Das ist ja nett, dass du dir solche Sorgen machst, doch sie sind unberechtigt! Der Traum zwischen uns ist endgültig ausgeträumt.«

»Was habe ich dir getan, dass du mich so gemein behandelst?« Dann kniet er vor ihr nieder und liebkost ihre Hände. »Komm zu mir zurück, ich zeige dir, was wirkliches Leben ist!«

Sie antwortet nicht, versucht nur, die Hände aus seiner Umklammerung zu lösen. Einen winzigen Augenblick hat sie gezögert. »Nein, es gibt keinen Neuanfang mehr.«

Wie von einer Wespe gestochen schnellt Gustav auf. Aus seiner angespannten Haltung spricht Zorn und Verachtung. Fluchend verlässt er die Villa. Knallt hinter sich die Türe zu. Seine Schritte verhallen auf dem Kiesweg.

Gustav fühlt sich ausgebootet, ist verwirrt und aufgewühlt. »Sie verachtet mich! Ich Blödmann habe mich hinreißen lassen und ihr meine Leidenschaft erklärt! Aber das dumme Huhn ist besessen von Anthony und ihrer Esoterik.«

Gustav ist gespalten, verzweifelt und verstört. Doch kurz darauf ist er wieder in Kampfstimmung. »Oder verbirgt sie mehr in sich, als auf den ersten Blick zu erkennen ist? Hat sie etwa das Geheimnis zum Absoluten gefunden und will es nicht mit mir teilen? Wenn dieses Luder glaubt, mich einfach so loszuwerden, dann täuscht sie sich. Ich erkläre ihr den Krieg!«

Der Anfang der ganzen tragischen Geschichte war also, dass Gustav Melissa auch geistig nicht mehr folgen konnte, das hat ihn rasend eifersüchtig gemacht. Es war, als spräche sie eine andere Sprache, zu der er noch keinen Zugang hatte. Sie bewegte sich auf einer höheren Ebene. Das beleidigte ihn in seinem Stolz, machte ihn unberechenbar.

Dann tauchte wie aus dem Nichts auch noch der jüngere Anthony auf. Gustav wurde immer mehr an die Wand gedrückt. Es war unübersehbar, dass seine Gunst bei Melissa wie ein Eiswürfel an der Sonne schmolz und zusehends Anthony seinen Platz einnahm.

Gustav sieht jetzt, dass sein Rivale unbestreitbar etwas Liebliches, Charismatisches hat, das ihm fehlt. Anthony hat zu Melissas Welt Zugang, die seinen Neidern verschlossen ist. Melissa redet von Unsterblichkeit. Gustav kann nicht verstehen, was sie damit meint. Es ist die Unsterblichkeit der Seele gemeint. Die Seele und die Hülle bilden ein Ganzes unter dem Namen des Geistes wie Keim und Keimhülle unter dem Namen der Frucht.

Um möglichst schnell Kenntnisse des Übersinnlichen zu erlangen und mit Anthony gleichzuziehen, sucht er schwarzmagische Zirkel auf. Seine Hintergedanken sind es, Anthony mit einem bösen Zauberspruch zum Teufel zu jagen. In diesen Kreisen verliert er schnell jedwede Schuldgefühle. Bald ist er wieder in Hochstimmung.

»Ihre Schönheit ist ein Werk des Teufels!«, wird ihm suggeriert. Das gibt ihm den Mut, das zu tun, was er glaubt, tun zu müssen. Irgendetwas riecht hier nach teuflischen Machenschaften. Nach einer zerstörerischen Energie. Gustavs Blickwinkel verschiebt sich zusehends, bis er glaubt, dass es sein Recht ist zu morden.

Melissa sieht sich wieder als Geist, wie sie durch die Villa schwebt. Immerhin hat sie wieder ein vergessenes Stück von ihrer Lebensgeschichte aufgerollt. Ein Unwetter zieht auf. Genauso fühlt sich Melissas Seelenstimmung an. Wie ein tobendes Unwetter.

Kurz darauf trommelt Hagelschlag an die Fensterscheiben, begleitet von einem furchtbaren Donnerschlag. Die Scheiben klirren, die ganze Villa wird dadurch erschüttert. Eigentlich ist es gar nicht die Jahreszeit für ein solches Unwetter. Es ist wie ein Hilferuf von ihr als Tote.

Plötzlich besucht sie eine leuchtende Gestalt, die lautlos mit ihr durch das Haus schwebt. Es ist ihr Schutzengel, der das Bedrückende wegnimmt. Niemand sonst hat es wahrgenommen. So schnell, wie das Unwetter gekommen ist, so schnell hat es sich auch wieder verzogen. Schon bald lächelt die Sonne durch die letzten Wolkenschleier. Ein strahlender

Regenbogen verschönert die erfrischte Natur. Das Licht des Engels hat sie berührt und für einen Augenblick eine Brücke ins Licht geschlagen. Sie fühlt sich, wie die erfrischte Natur, von der Schönheit des Engels berührt. Also wäre sie von der geistigen Welt doch nicht vergessen worden.

12. Neues Leben im Schattenhaus

Anthony wohnt nun also mit Elena als Ehepaar in der herrschaftlichen Villa. Die beiden sehen es aus der materiellen Perspektive als Glücksfall an. Immerhin ist der Zustand glücklich zu preisen, dass sie nun die Besitzer des größten Teils des Erbes geworden sind. Nur ein kleiner Teil wurde der Wohlfahrt zugesprochen.

Großzügig hat Anthony Gustav eine höhere Summe zugewiesen. Er weiß ja nicht, dass er Melissa ermordet und beraubt hat. Anthony kann durchaus nachvollziehen, was es für Gustav bedeutet hat, vom Thron gestoßen worden zu sein. Quasi vom König zum Bettler. Oder hat er sich zu etwas hinreißen lassen, weil er ein guter Mensch ist? Ganz wohl ist ihm dabei nicht. Bei der Testamentsvollstreckung hatte er vom Anwalt einiges Interessantes über Gustav erfahren. Seine ungebrochen große Beliebtheit in der Oberschicht hat einen plausiblen Grund: Gustav ist bei den gesellschaftlichen Anlässen nicht nur ein charmanter Unterhalter, er ist auch der einzig erfolgreiche Geldanlagespezialist. Für jedermann hat er die richtigen Tipps, wie Geld gewinnbringend angelegt werden kann. Von seinen Ratschlägen machten bisher viele Persönlichkeiten in der ganzen Stadt Gebrauch, auch Melissa. Seine guten Tipps ließ er sich allerdings auch vergolden. Eigentlich hätte er mit seinen Fähigkeiten ein sorgloses Leben führen können. Doch seine Spielsucht wurde zum gefräßigen

Dämon. In der Bilanz, welche der Anwalt Anthony überreicht, ist ersichtlich geworden, was für gigantische Summen Gustavs Spielsucht von Melissas Vermögen verschlungen hat. Der Anwalt hatte darauf Melissa geraten, sich schleunigst von Gustav zu trennen. Wegen des gut gemeinten Rates, welcher den Stein des Ungeheuren ins Rollen brachte, plagen ihn heute heftige Gewissensbisse. Unausgesprochen hat der Anwalt das Gefühl, dass Gustav aus Habgier zum Mörder geworden ist. Diese Vermutung bleibt unangetastet im Raume stehen. Die Befürchtungen, in einem gefährlichen Wespennest herumzustochern, veranlassen ihn zu schweigen. Ungeahntes könnte ausbrechen, dessen Verstrickungen bis in die oberste Schicht der Gesellschaft führen würden. Die Spekulationen über Gustavs angebliche Spielschulden lassen nicht nach. Hat er doch die Hände im Spiel? Doch diese Frage bleibt unbeantwortet im Raume stehen.

Elena fühlt sich wie ein in einem Paradies geborenes Kind. Kommt sie doch aus einfacheren Verhältnissen. Eine gewisse Arroganz ist unübersehbar. Trotzdem hat sie eine anständige Haltung den Bediensteten gegenüber. Anfänglich ist sie auch froh, auf die Erfahrungen des Personals, gerade was gesellschaftliche Einladungen betrifft, zurückgreifen zu können. Für Elena scheut Anthony keine Ausgaben, manchmal will er damit einfach auch das schlechte Gewissen überspielen, weil er Melissa innerlich noch nicht loslassen kann. Gemeinsam leben sie ein herrschaftliches Leben mit allen Annehmlichkeiten. Es ist nicht zu vermeiden, dass sich auch Neider um sie herum scharen und viel Unerfreuliches geredet wird.

Eine unausgesprochene Rivalität zwischen der Verstorbenen und Elena kann nicht übersehen werden. Elena versucht ihre gesellschaftlichen Einladungen mit einer pompösen

Großartigkeit zu übertreffen und damit das Traditionelle in den Hintergrund zu drängen. Nur die Gäste sind fast alle dieselben geblieben. Diese wirklich zu beeindrucken, gelingt ihr nicht. Immer mehr fühlt sich Elena als Schatten von Melissa. Was sie immer öfter in eine launenhafte Stimmung versetzt. Etwas Unbeschreibliches zwischen den Zeilen des Lebens macht sich breit, das sie nicht loswerden kann. Die Gäste lassen Elena auch oft spüren, dass die Verstorbene doch eine edlere Persönlichkeit gewesen ist. Und zu deren Lebzeiten alles ein bisschen besser und vornehmer war.

Die Eifersucht gegenüber Anthony und Melissa wird immer stärker, was aber in Bezug auf Anthony nicht gerechtfertigt ist. In der Eifersüchtigen tummeln sich tausend Vermutungen und Wahrscheinlichkeiten. Sie hat absolut kein Verständnis dafür, dass Anthony sich immer wieder in das für sie unzugängliche verschlossene Schlafzimmer zurückzieht. Dahinter muss sich doch ein Geheimnis verstecken, das ihr verborgen bleibt und sie deshalb rasend macht. Ihr Misstrauen schaukelt sich zusehends immer höher auf. Zunehmend überkommt sie eine Melancholie. Ist sie echt oder gespielt? Anthony lässt diese Stimmungsschwankungen unbeachtet vorüberziehen.

Für Anthony werden diese Momente, in denen er nur an Melissa denkt, fast zur Meditation. Anfänglich hat er noch darüber geredet, dass er von der Verstorbenen Botschaften bekommt, die sich im Gefühlsbereich bemerkbar machen. Allerdings zieht er es nun vor, darüber zu schweigen. Es ist ihm bewusst, dass er von allen nur belächelt und für einen Fantasten gehalten wird, der seine einstige Liebe nicht loslassen kann. Das macht ihn mehr und mehr zum Einsiedler.

Mit den Toten in Kontakt sein, ist für viele Menschen unheimlich, ja sogar verwerflich. Diese Menschen bemerken nicht, dass sie sich mit ihren verachtenden Vorurteilen selber blockieren. Lebende und Tote gehen Hand in Hand, davon ist er immer überzeugt. Das Energiefeld eines Menschen wird niemals zerstört, es wird nur transformiert. Wer sich im Saal des Wissens aufhält, stirbt nie. Anthony kann immer besser nachfühlen, mit welchen Anfeindungen sich Melissa auseinandergesetzt haben muss. Wie eine Gebetsmühle richten sich seine Gedanken immer wieder auf die gemeinsame Verwandlung. Zugegebenermaßen war sie ihm ein paar Schritte voraus. Bei solchen Gedanken kommt er immer wieder an den Punkt des Unverständnisses der sinnlosen Trennung.

Viele Diskussionen über Gott und die Welt, Lebende und Verstorbene entstehen immer wieder bei den Einladungen im Herrschaftshaus. Solche Einladungen macht er nur Elena zuliebe. Eigentlich mag er gar nicht darüber reden. Aber es ist wie verhext: Die Menschen halten ihn für kompetent und schneiden dieses Thema immer wieder an. Über Visionen hat jeder seine eigene Meinung, doch noch keiner hat persönlich eine erlebt. Aber wenn es darum geht, für geistiges Wissen auch etwas zu tun, wird schnell vom Thema abgelenkt. Die Menschen müssten die Sinne meistern, welche die Aufmerksamkeit nur auf die äußere Welt lenken. Das bedeutet, sich selbst zu hinterfragen, was durchaus anstrengend sein kann. Die universelle Liebe wohnt in allen Herzen. Es ist eine Intelligenz, das Eins, das wie der elektrische Strom in und durch den Menschen fließt. Wie stark sich das bewusste Sein entwickeln kann, hängt davon ab, wie viel Spirituelles zugelassen wird und welche Hindernisse aus früheren Leben im Wege stehen. Es gibt kein Lebewesen, das den Funken der Liebe nicht in sich trägt.

Anthony genießt die Momente der Stille, des in sich Hineinfühlens. In diesen Momenten der erhöhten Aufnahmefähigkeit hat er immer schönere Visionen. Die Fähigkeit des inneren Sehens wird stets größer. Den Schleier zu zerreißen, welcher die geistige von der irdischen Welt trennt, ist eine fortwährende innere Anstrengung.

Anthony macht große Fortschritte und vergisst dabei Elena. Er fühlt, wie Melissas Seele lautlos durch den Raum schweift. In diesen Augenblicken sind sie sich ganz nah und doch so unendlich weit voneinander entfernt.

Wieder einmal hat es sich in seinen Meditationsraum zurückgezogen. Elena klopft ärgerlich an die Tür. Anthony schüttelt benommen den Kopf, als wäre er von einer langen Traumreise wieder auf die Erde zurückgekehrt. Etwas betrübt und beunruhigt verlässt er das Zimmer und schließt hinter sich die Tür zu. Niemandem weiht er ein, was er in diesen Momenten erlebt. Dieses sich Verschließen war der Anfang einer gewissen Entfremdung zu Elena. Die Gefahr, dass er sich ganz in seiner eigenen Gedankenwelt verliert, wäre bestimmt vorhanden gewesen, hätte er nicht seine Frau, für die er sorgen muss. Elena holt ihn auch immer wieder aus seinen Wachträumen zurück, sie fühlt sich immer mehr als Schatten neben ihm.

Doch sie hat keine Lust, seine lebende Schattenfrau zu sein. Heute steht sie missgelaunt am Treppenabsatz. Würde er sie richtig beachten, wäre ihm der Ärger in ihrem Gesichtsausdruck nicht verborgen geblieben. Doch Anthony achtet wie immer nicht wirklich auf Elena. Plötzlich, wie aus heiterem Himmel, schreit sie los und tobt, macht ihm eine hässliche Szene in einer Hysterie, wie er es noch nie erlebt hat. Dass er einer Toten mehr Gehör verschafft als ihr, treibt sie zur Weißglut.

Anthony muss eingestehen, dass Elena nicht im Unrecht ist. Wie nur kann er es schaffen, wieder in die reale Welt zurückzukehren? Einfach vergessen, was geschehen ist, kann er auf keinen Fall. Vor allem sind die verschwiegenen Momente, bei denen er nur an Melissa denkt, zur lieben Gewohnheit geworden. Zweifellos ist es richtig, dass er sich um sein eigenes Seelenheil kümmert. Doch Elenas Behauptungen sind auch wahr, dass Anthony sie zum Teil aus seinem Leben ausschließt. Die Balance müsste er finden, um allen gerecht zu werden.

Für einen Bruchteil von Sekunden starren sie sich einfach nur an. Schließlich bricht Elena das unbehagliche Schweigen.

Sie holt tief Luft und mit zittriger, fast bittender Stimme sagt sie: »Ich bin schwanger! Ich brauche dich jetzt auch, Anthony! Lass diese tote Melissa endlich los!«

Anthony ist zunächst fassungslos und findet keine Antwort. Dann nimmt er seine Frau zärtlich in den Arm. Streicht ihr liebevoll eine Strähne aus dem Gesicht. In diesem Augenblick wird ihm klar, dass er über das traumatische Erlebnis hinwegkommen muss. Elena braucht ihn jetzt wirklich. Er darf sie nicht länger aus seinem Leben ausschließen. Von nun an konzentriert er sich auf die Zukunft. Er hat ein Leben mit Verantwortung, für Elena und das zu erwartende Kind. Zeit heilt viele Wunden. Die Karten werden neu gemischt. Zugunsten von Elena.

Für Melissa werden die Gefühle von Anthony dunkler und dunkler. Allmählich gerät sie ins Vergessen. Ein düsteres Schweigen breitet sich über die Tragödie aus.

Gedanken und Gebete der Liebe wären für die Ermordete für ein Weiterkommen ins Licht wichtig gewesen. Doch es wird immer düsterer. Für sie gibt es kein Entrinnen aus dieser beklagenswerten Verlassenheit. Der alte Leib ist vernichtet und mit dem neuen kann sie nicht weiter ins Licht vordringen. Ihre Seele bleibt gefangen hinter Schloss und Riegel. Ihr Geist sehnt sich nach Befreiung. Je größer die Hürden werden, desto sehnlicher wird der Wunsch.

13. Gustav

Gustav hat nach dem Zwist mit Anthony das Herrschaftshaus unter zermürbenden Qualen hinter sich gelassen. Er fühlt sich als Verlierer, als Ausgestoßener. Auch wenn er sich einbildet, mit seiner Wortgewandtheit einen Sieg über Anthony erzielt zu haben, indem er ihn bösartig als Schuldigen bezeichnet hat, fühlt er sich völlig einsam. Das schlechte Gewissen quält ihn bei Tag und bei Nacht immer mehr. Ein unheimliches Aufschrecken in seiner Seele lässt ihn nie mehr zur Ruhe kommen. Die Spuren von Glanz und Pracht verblassen. Das Böse demütigt ihn und er kann es nicht mehr loswerden.

Für lange Zeit will er aus der Stadt verschwinden, um sich neu zu finden. Alles in seinem Leben ist schiefgegangen. Geknickt geht er mit seinem Koffer über den Bürgersteig zum Bahnhof. Er mischt sich unter die wenigen Leute, die auf dem Bahnsteig auf den Zug warten. Kein Mensch scheint irgendwie Notiz von ihm zu nehmen.

Der Zug fährt ein. Gustav macht einen Schritt zurück. Bevor er einsteigt, schaut er um sich, als würde er jemanden erwarten, der ihn von seinem Tun abhält. Er ist den Tränen nahe. Seine Gemütsverfassung ist auf dem Nullpunkt angelangt. Verloren wie ein heimatloses Kind fühlt er sich. In seinem ganzen Leben ist er noch nie in einer solch hilflosen Situation gewesen. Er setzt sich in ein freies Abteil ans Fenster und starrt hinaus. So einen Mord steckt man nicht einfach weg.

Immer wieder kommen in ihm die Bilder von Melissas Ableben hoch.

Ein Fremder setzt sich zu ihm. Es scheint ein finsterer Geselle zu sein. Sein Schnurrbart ist sorgfältig gezwirbelt und hängt an den Enden lang herunter. Seine Augen sind mongolisch geformt. Etwas Dämonenhaftes strahlt er aus. Eine Weile stiert er vor sich hin. Dann schaut er Gustav durchdringend an.

Plötzlich beginnt er zu lachen: »Du schaust aus, als hättest du jemand umgebracht!«

Gustav erschrickt zutiefst. »Was soll diese Frage!«

Die Augen des Fremden glitzern unheimlich. Gustav hat das Gefühl, dass jemand hinter dem Fremden steht, jemand, der ihn über dessen Schulter hinweg beobachtet.

»*Werde ich langsam verrückt?*«, denkt sich Gustav. Er verspürt einen Kloß in seiner Kehle, der sich nicht hinunterschlucken lässt. Der Ominöse streckt Gustav eine dickbauchige, altmodische Flasche hin. Zerstreut nimmt Gustav ohne Zögern einen kräftigen Schluck, noch einen und noch einen. Der Alkohol fährt ihm in die Glieder.

Gustavs Gedanken bewegen sich im Kreis. Immer mehr fühlt er sich zu dem Fremden hingezogen. Dieser Fremde hat eine unheimliche Macht über ihn. Sind da übersinnliche Kräfte im Spiel? Spannung lastet auf den beiden Menschen. Die Minuten schleichen träge dahin. Der Schnurrbärtige schaut ihn durchdringend an, mit einem siegessicheren Schmunzeln und einem absonderlichen Zucken im Gesicht. Dieser Mann hat eine unfassbare Macht, welcher Gustav nicht gewachsen ist. Er ist in seinen Gedanken versunken und wenn der Fremde ihn anspricht, reagiert er kaum.

Doch mit der Zeit erreicht der Fremde, Gustav in ein Gespräch zu verwickeln. Sein Auftreten ist sehr selbstsicher, in seiner Stimme schwingt Autorität. Gustav fasst Vertrauen zu ihm. Manchmal schleicht sich ein spöttisches Grinsen auf das dämonische Gesicht, dabei rollt er seine Oberlippe nach oben und seine überkronten Metallzähne werden sichtbar. Dann schleicht sich ein unbehagliches Gefühl dazwischen. Gustav kann in diesem Augenblick die Sympathie für sein eigenartiges Gegenüber nicht verstehen, der wahre Grund bleibt im Verborgenen. Er lächelnd müde, weil ihm die passenden Worte fehlen. Eigentlich ist Gustav nur froh über die willkommene Ablenkung.

Nach einer langen Zugfahrt erreichen sie die Hafenstadt im Norden, die Gustav nicht unbekannt ist. Von hier aus führen viele Wege in die weite Welt hinaus. Europa zu verlassen, wäre nicht die schlechteste Option. Sein Verstand arbeitet wieder klar. Er fühlt sich bedeutend besser. Gemeinsam verlassen die Herren den Zug und gehen Richtung Zentrum. Die Sonne neigt sich Richtung Horizont. Ein eisiger Wind weht ihnen entgegen. Sie kommen zum Hafen, folgen den geschwungenen Uferlinien des Wassers und erreichen ein altes Gasthaus, das sich auch als Spielhaus auszeichnet. Ein seltsamer Duft schlägt ihnen entgegen.

Gustav ist in diesem Augenblick klar, dass man sich hier alles Illegale beschaffen kann. Wochen wird sich Gustav hier aufhalten, in den dubiosen Kreisen dieses eigenartigen Unbekannten.

Der Fremde ist das personifizierte Böse und genießt seine Überlegenheit. Gleichzeitig entsteht eine magische Brücke hin zur schwarzen Magie. Gustav ist endgültig in den Klauen der dunklen Mächte, die ihn nicht so schnell loslassen werden.

So fließen die Tage dahin wie ein stilles Gewässer. Gustav ist bald wieder bekannt als der Spezialist mit den besten Tipps für Börsengeschäfte. Doch die schrecklichen Gedanken an seinen Mord lassen nicht nach. Es ist wie ein böser Geist, den er nicht loswerden kann. Und so beschließt Gustav nach Wochen, wieder in seine Heimat zurückzureisen. Aber niemand soll sein Verschwinden schon am gleichen Tag bemerken.

Heimlich kommt Gustav in die Stadt zurück in der Absicht, sich bei Anthony zu entschuldigen. Schritt für Schritt läuft er über den Kiesweg, der Villa entgegen. Mit tränenden Augen denkt er an sein vergangenes, luxuriöses Leben zurück, an die schönen, unvergesslichen Stunden mit Melissa. Bei dem Gedanken an die Geliebte fühlt er wieder diese unbeschreibliche Leidenschaft, die seinen Körper erregt. Seine Hände zittern vor Verlangen, ihren Körper zu fühlen. Seine Lippen sind glühend heiß und möchten küssen. Seine Haut prickelt, wie mit Nadeln übersät. Bei der Gewissheit, dass alles nur noch ein Wunschtraum ist, überkommt ihn eine tiefe Ohnmacht. Der Strudel des Finsteren hat ihn in die Tiefe gerissen. Dort zappelt er als Gefangener wie ein Fisch im Netz und sieht keinen Ausweg mehr. Doch manchmal schimmert ein Funken Licht durch die Finsternis, der ihm Hoffnung gibt, den Rest seines Lebens nicht in der Hölle schmoren zu müssen.

Er nimmt die letzten Schritte über die Veranda und schaut durch das Fenster in den Salon. Niemand ist zu sehen. Er schließt kurz die Augen, als wolle er den feuchten Schimmer in seinen Augen verheimlichen. Die Spannung in seinem Körper wird sichtbar, er zittert.

Agnes tritt in den Salon und legt die Gedecke auf. Gustav muss sich eingestehen, dass er sie eigentlich auch liebt. Sie ist wirklich eine außergewöhnliche, liebenswerte Frau. Es ist ein machtvolles Gefühl nach Liebe, Harmonie und Frieden, das er aber sogleich mit seiner Vernunft unterdrückt, doch nichts mit einer Hausangestellten anfangen zu können. Seine Arroganz ist wieder Herr über ihn.

Wie ein Dieb schleicht er sich um das Haus herum, darauf bedacht, ja keine Geräusche zu machen. Seine melancholische Stimmung schlägt wieder schlagartig in Hass um. Das alles hätte ihm gehören können. Plötzlich sieht er durch das Fenster einen weißen, verschwommenen Schatten, der im Salon herum schwebt. Er erkennt die klaren, unvergesslichen Umrisse von Melissa. Sein Geist ist in diesem Moment außerordentlich klar. Obwohl er sich durch diese Vision total berauscht fühlt.

Voller Trauer jammert er philosophisch vor sich hin: »Ach, Melissa, unsere beiden Lebensströme waren doch wie zwei quellende Bäche, die ineinandergeflossen sind! Wir haben vor Lebensfreude getanzt und gelacht, die Liebe hatte einen festen Platz in unserem Leben. Alle Genüsse des Lebens konnten wir hier auskosten. Man schätzte meine Reden, meinen Schalk und meine persönlichen Ratschläge! Und jetzt stehe ich, abgewiesen wie ein Hund, vor deiner Villa.« Ohnmächtig, aber auch wütend denkt er an ihren Herzschlag, ihren Atem, die Sehnsucht nach ihr ist wieder da. »Wieso nur wurdest du dieses herrlichen, pulsierenden Lebens überdrüssig! Für deine Geist- und Jenseitsforschung hast du unser herrliches Leben einfach fortgeworfen!«

Ein Strom von schreiendem Schmerz durchzuckt ihn bei diesen Gedanken. Die Realität über seine Verschwendungssucht, die Jahr für Jahr größer geworden ist, weist er von sich. Und dann steigen wieder die Gedanken des Hasses in ihm hoch. Er ist physisch und psychisch völlig ausgelaugt. Sein Leben ist ein Trümmerhaufen.

Gerade will er an der Haustür anklopfen, als ihn sein Mut verlässt. Seine Seelenstimmungen sind ein Wechselbad. Gibt es überhaupt ein Argument, sich bei Anthony zu entschuldigen? Diesem Erbschleicher, der ihm eigentlich alles gestohlen hat. Und der ihm, um sich ein reines Gewissen zu verschaffen, noch ein paar Kröten vererbt hat.

»Nein, so tief bin ich doch noch nicht gefallen, dass ich mich bei diesem scheinheiligen Lügner entschuldige!«, murmelt er.

Er dreht sich um, schaut, ob jemand ihn gesehen hat. Doch niemand scheint ihn bemerkt zu haben. Das schmiedeeiserne Tor steht noch offen und er schreitet schnellen Schrittes auf die Stadt zu. Nur herrenlose Katzen trollen sich durch die menschenleere Vorstadt.

Verschwommene Bilder ziehen in seinem Geiste vorbei. Seine Augen brennen vor Übermüdung, weil er in letzter Zeit nicht mehr schlafen konnte. Bei der Kirche macht er Halt und zündet eine Kerze für seinen Seelenfrieden an. Er tritt ins Freie, nimmt etwas Weihwasser in die Hand, sucht nach Melissas Grab. In der hintersten Ecke des Friedhofs findet er es.

Mit einer lockeren Handbewegung wirft er das Weihwasser darüber. Das letzte Mondlicht zieht sich sanft zurück. Wundersame Stille liegt über dem Friedhof. Sein Blut rauscht schwer. Dumpf pocht sein kummervolles Herz. Ein sanfter Luftzug, wie ein Hauch aus einer anderen Welt, berührt ihn sachte.

Am Morgen verlässt er die Stadt bereits wieder, um zu vergessen. Er stürzt sich kopfüber ins pulsierende Leben. Tag für Tag betrinkt er sich sinnlos in den Schenken, doch vom Glücksspiel lässt er die Finger. Sobald er wieder nüchtern ist, kann er hinter Allem das Böse erkennen, das nach ihm greift und ihn versklavt. Der Stachel der Eifersucht hat ihn geblendet und zum Täter gemacht. Er hört die Prediger von Gerechtigkeit, von Höllenquallen und von ewiger Verdammnis sprechen. Er wandert im Sumpf des Lebens, fühlt sich als Knecht des Bösen, das seine Arme nach ihm ausstreckt. Und er selbst ist dem inneren Ruf gefolgt, Melissa zu töten. Er sieht sich für den Rest seines Lebens als Einsiedler. Werfen sich die Frauen um seinen Hals, stößt er sie von sich.

Ach, könnte er die Uhr noch mal zurückdrehen, dann wären wenigstens all die Seelenqualen weg. Das Finstere, das seine Dämonen wie Fliegenschwärme aussendet, ist bei ihm fündig geworden. So verrinnt die Zeit.

Gustav bleibt lange Zeit wie vom Erdboden verschluckt. Auch in seinen Spielerkreisen hat er sich wirklich nie mehr blicken lassen. Die Spekulationen jedoch, dass doch er der Mörder von Melissa sein könnte, lassen nicht nach. Melissas Tod bleibt ein ungelöstes Geheimnis. Wie ein roter Faden begleitet das schlechte Gewissen Gustav als stetig wiederkehrender Hinweis auf seine schreckliche Tat. Hätte er diese unnachgiebigen Seelenqualen geahnt, würde Melissa noch leben.

Der Dämon der Spielsucht hat sich an seine Seele geklammert und ihn in den Abgrund gerissen. Nie wieder will er sich in diese Spielerkreise begeben. Doch seine einsichtige Reue kommt zu spät. Trotzdem liegt es ihm fern, sich zu seinem Verbrechen zu bekennen. Auch wenn er in einer kalten Gefängniszelle schmoren würde, bliebe sein Verbrechen ungesühnt. Das ist seine Begründung. Diese Tat des Entsetzens soll sein Geheimnis bleiben. Die riesenhafte dämonische Macht, die seine Sinne vernebelt hat, zerquetscht sein Leben planmäßig. Vergiftete Pfeile, einer nach dem andern, treffen ihn bei jeder Gelegenheit, bis er unrettbar dahinsiecht. Die letzten

Fasern seines Selbstvertrauens verdorren. Hinter seiner Maske bilden sich so unbarmherzige Qualen, dass er nachts ohnmächtig und wehrlos zusammenbricht. Wie hungrige Ratten nagt das schlechte Gewissen in einsamen Nächten an ihm, bis er sich als Gejagter ins Freie stürzen muss, nach frischer Luft schnappend wie ein Fisch. Sein Leben ist ein in tausend Scherben zerbrochenes Glas.

14. Odilia

Auf der anderen Seite des Lebens wartet ein Himmelskind auf seinen Erdenantritt. Es steht bei der silbernen Brücke und schaut zurück. Der Blick in die Himmelwelt verdunkelt sich. Von den Engeln wird es über die Brücke geführt, der Weg geht hinunter auf die Erde. Die Engel leuchten ihm den Weg.

Heute, an einem Tag im späten Frühling, ist es soweit. Die himmlischen Augen sind dem Erdenankömmling zugefallen. Langsam öffnen sich die Augen für die irdische Welt. Ein neuer Tag bricht an. Die Vögel sind kaum erwacht und haben ins morgendliche Pfeifkonzert eingestimmt. Draußen blüht der alte Kirschbaum in seiner ganzen Pracht. In der Villa vernimmt man das Weinen eines Kindes. Die Sonne begrüßt mit goldenen Strahlen das Menschenkind.

Anthonys Gefühle sind in Aufruhr. Lautstark meldet das Kind seine Ankunft auf dieser Welt an. Ein kleines Erdenkind ist aus der herrlichen, strahlenden Sternenwelt auf die Erde gekommen. Es herrscht helle Freude. Elena hat Anthony eine Tochter geschenkt. Auf den Namen Odilia wird sie einige Tage später getauft.

Was niemand erahnen kann, ist, dass es die gleiche Seele ist, die sich schon bei Melissa inkarnieren wollte. Durch den Mord musste sie aber ungewollt wieder in die geistige Welt zurückkehren und hat sich nun bei einer Ersatzmutter inkarniert. So hat das Kind eigentlich zwei Mütter, die über es wachen. Elena, die irdische Mutter, und Melissa, die Übersinnliche. Melissa wünscht sich, sie könnte das Kind mit physischen Augen betrachten und es wie Elena in die Arme nehmen. Doch die Fäden zur irdischen Welt sind durchtrennt. Ihr Bewusstsein bewegt sich in einer anderen Sphäre. Sie ist ein feinstoffliches, schattenhaftes Wesen, das an dieses Haus gefesselt ist. Doch die Liebe zu diesem Kind ist genau so groß wie bei Elena und sie wird es aus der geistigen Welt genauso liebevoll beschützen.

In Gedanken fährt Melissa die Erinnerungen zurück zu dem Moment der Freude, als der Arzt die Schwangerschaft bei ihr bestätigte. Bei diesen Rückerinnerungen durchbohren unsägliche Phantomschmerzen ihre gefangene Seele. Sie waren damals als Mutter und Kind vereint in der universellen Liebe, die über das Sterbliche hinausgeht. Die universelle Liebe auf der höchsten Ebene bleibt unauslöschlich. Wichtig ist nur noch das Licht der Liebe, das erstrahlt und weit über den Tod hinaus leuchtet.

Aus der feinstofflichen Welt beschützt Melissa mit viel Liebe, die als Lichtstrahlen wahrzunehmen sind, die kleine Odilia. Mit den Augen der geistigen Welt wird für Melissa ersichtlich, wieso es eine Notwendigkeit war, dass die Seele dieses Kindes nach der Rückkehr in die geistige Welt von ihr losgelöst worden ist. Die Seele von Odilia hat einen Erdenauftrag, dem sie sich nicht entziehen kann.

Eine Zeit lang geht alles gut. Jeden Tag, jede Stunde, jeden Augenblick genießt Elena mit ihrem kleinen Mädchen. Elena liebt die bezaubernde Odilia abgöttisch. Die Atmosphäre im Haus wird von diesem kleinen Kind aufgewärmt. Da Mütter sensibler sind, wenn es um die Kinder geht, spürt sie auch die

Anwesenheit der Verstorbenen. Das Haus hat einen speziellen Charakter, der von Melissa geprägt wurde. Elena fühlt sich immer fremder in dieser Villa.

Elena trinkt im Salon einen Kaffee und hat das Gefühl, die tote Melissa stehe neben der Harfe. Vor Schreck lässt sie die Tasse fallen. Durch das Zerschlagen der Tasse betritt Agnes fragend und aufgeschreckt den Salon. Sie betrachtet die junge Mutter einen Augenblick lang mit Falten auf der Stirn. Elena fühlt, wie es ihr die Kehle zuschnürt. Sie schluckt mehrmals. Panik überkommt sie. Sie stürzt die Treppe hoch, nimmt zwei Stufen auf einmal und betritt das Kinderzimmer.

Plötzlich verspürt sie einen kalten Luftzug, sie dreht sich erschrocken um, macht ein paar Schritte zur Tür und späht ängstlich den dunklen Korridor entlang. Am hinteren Ende des Korridors flackern zwei große Kerzen. Einen Augenblick lang ist es Elena, als müsste sie in Tränen ausbrechen. Die Schweißtropfen der Angst lassen ihr Gesicht glitzern. Elena hat das Gefühl, dass eine unsichtbare Gestalt schwebend auf sie zukommt. Sie beißt sich die Lippen zusammen. Doch dann ertönt ein Schrei, ein furchtbarer Schrei.

Die tote Melissa hat nichts mit diesem Spuk zu tun. Sie kann sich diese Hysterie nicht erklären. Anthony stürzt die Treppe hinauf, gefolgt von Agnes. Völlig verstört hält Elena die kleine Odilia in den Armen und drückt sie krampfhaft an sich. Mit weit aufgerissen Augen starrt sie Anthony an.

Noch bevor er nach dem Grund des Schreis fragen kann, flüstert Elena ganz leise: »Deine Melissa spukt durch dieses Haus! Ich habe sie deutlich wahrgenommen! Das ist ein Gespensterhaus!«

Ihre Augen sind entsetzlich weit aufgerissen. Sie atmet laut. Elena spürt die Anwesenheit von etwas Unerklärlichem, das Angst bereitet. Anthony steht hilflos da, die Hände hinter dem Rücken gefaltet. Ein verlegenes Lächeln huscht über sein Gesicht. Elena empfindet es als hochmütige, arrogante Verhöhnung. Ihr junges Gesicht scheint zu Stein geworden zu sein. Aus ihren Augen funkeln Misstrauen und Verbitterung. Anthony dreht verlegen seinen Kopf und schaut hilfesuchend zu Agnes und presst die Lippen zusammen.

Agnes bleibt stumm und blickt außer Atem die kleine Familie an. Sie ist gespannt, wie Anthony die unglückliche Situation retten wird. Anthony zieht geheimnisvoll die Augenbrauen hoch und schaut aus den Augenwinkeln wieder zu Elena hinüber. Er sieht niedergedrückt aus. Auf allen Gesichtern liegt tiefer Schmerz. Das Glück auf der einen Seite, das Unglück auf der anderen.

Während Elena aufgelöst erzählt, muss Agnes immer an Melissa denken. Sie schüttelt den Kopf, wendet sich ab und geht zurück in die Küche. Sie ist in dieser Situation schlichtweg überfordert, die passenden Worte zu finden. Doch sie kann und will nicht glauben, dass Melissa ein böser Spukgeist ist.

Anthony schiebt Elena die wenigen Schritte zurück und setzt sich zu ihr und dem Kind auf das kleine Sofa. Er hat das Gefühl von innerer Zerrissenheit. Er küsst seine Frau auf die Wange. Für Augenblicke ist alles ganz ruhig und friedlich wie die Ruhe vor dem Sturm. Elena holt tief Luft und dann schreit sie wieder los, als hätte sie endgültig die Kontrolle über sich verloren. Sie schreit in einer Hysterie, als wenn sie vom Teufel gejagt werden würde. Anthony versucht seine Frau zu beruhigen, um die Wogen zu glätten. Vergebens! Erst als das Kind verängstigt mitbrüllt, kommt Elena wieder zu Sinnen.

»Ich will hier weg! Einfach nur weg! Dieses Haus muss abgerissen werden!«

Darauf folgt ein beklemmendes Schweigen. Die Angespanntheit hängt fast greifbar in der Luft. Anthony erschauert bei diesem Gedanken. Wenn es ihm nicht gelingt, Elenas Vertrauen zurückzugewinnen, ist die Chance für eine Zukunft in der Villa vertan. Sofort verdrängt er diesen Gedanken wieder. Als erlösende Rettung in diesem unangenehmen Moment kommt Agnes in den Raum und bringt frischen Tee. Sie starrt Anthony, aschfahl vor Entsetzen, fragend an. Keiner von ihnen hat mit einer derart niederschmetternden Forderung gerechnet.

Elena sitzt regungslos da und starrt Anthony und Agnes ungläubig an. Ihr ist, als hätte alles Blut ihren Körper verlassen. Dann reißt sie sich zusammen, steht auf und legt die kleine Odilia ins Bettchen. Mit zitternder Stimme und Tränen in den Augen wendet sie sich an Anthony: »Du hast mir noch keine Antwort gegeben!«

Anthony windet sich, bringt die passenden Worte kaum heraus. Erstaunt und gekränkt schaut ihn Elena durchdringend an. Unerwartet fängt sie an zu lachen. Dieses Lachen verwandelt sich zu einem spöttischen Gelächter. Schlagartig hört sie wieder auf und wirft Anthony einen vorwurfsvollen, ärgerlichen Blick zu. Ihre Psyche ist eine Achterbahn. Daraufhin breitet sich düsteres Schweigen im Zimmer aus.

Elena lässt nach diesem Zwischenfall der Entschluss, die herrschaftliche Villa zu verlassen, nicht mehr los.

Melissa ist gleichermaßen verzweifelt. Selbstlose Liebe ist hier im Spiel. Doch für niemanden ist es ersichtlich. Sie fühlt sich wie ein durchlöcherter Engel, der alles falsch macht. Das Schlimmste ist die Hoffnungslosigkeit. Sie ist ein herumirrender Geist, der nach seiner Bestimmung sucht. Nie würde sie dem Kind und auch Elena etwas Unrechtes antun. Odilia braucht ihre leibliche Mutter. Melissa fühlt sich auch mit Elena liebevoll verbunden. Aus geistiger Sicht hat sie sich als Verstorbene in das Energiefeld von Mutter Elena und Odilia hinein verwoben. Und so das Gleichgewicht von der leiblichen Mutter und dem Kind etwas gestört. Ohne ausgesprochene Worte hat sie auf das Verständnis von Elena gehofft. Wäre sie eines natürlichen Todes gestorben, würde sich die Liebe als reines Licht ausdrücken. So bewegt sich ein Teil ihres Geistkörpers noch im Stofflichen, was Elena instinktiv als Gefahr empfindet.

Die tote Melissa ist in etwas hineingeschlüpft, dessen schwerwiegende Folgen sie nicht erahnen konnte. Sie bewegt sich ja nicht im üblichen Rahmen im Totenreich. Sie kann den himmlischen Pfad noch nicht betreten. Der Funke, der den Weg erleuchten soll, liegt verborgen hinter einem Schleier. Sie ist nicht wirklich gestorben, doch lebendig ist sie auch nicht. Zwischen Leben und Tod hängt ihre Seele fest. Diese Tatsache schlägt in diesen Augenblicken wie ein Fausthieb auf ihre gequälte Seele ein. Melissa will der kleinen, feinen durchgeistigten Seele doch nur ihre ganze Liebe schenken. Der Grund als zurückversetzte Mutter mag verständlich sein. Doch sie muss es als Prüfung ansehen, das Liebste loszulassen und seiner irdischen Bestimmung zu übergeben. Übersinnliche Lichtengel sind mit dem Kind und allen Lebewesen eine universelle Einheit der Liebe. Besteht ein Band der selbstlosen Liebe, besteht keine räumliche Trennung mehr.

Durch Odilias kindliche Aura ist es geistig heller geworden in der Villa, im ganzen Umfeld. Das erlaubt Melissa vermehrt, einen Engel an ihrer Seite zu sehen. Er ist wie ein flackerndes Licht, zuckt unruhvoll wie ein schlagendes Herz. Dann erlischt das Licht wieder. Doch es gibt ihr die Sicherheit, dass sie nicht vergessen worden ist.

»Was für eine Bürde muss ich wohl tragen?«, fragt sich Melissa immer wieder. Viel gäbe sie dafür, ihre gefangene Seele zu erwecken. Sie steht im Kampf zwischen Gut und Böse. Das irdische Leben ging ganz andere Wege, als sie es sich erhofft hatte. Viele große Lebensziele hat sie gehabt. Nun hängt sie mit unverbrauchten Lebenskräften im Schattenreich fest. Nur die maßlose Enttäuschung ist geblieben. Sie wandert in einer Wüste, dürstet und findet keine Quelle, die den Durst ihrer gequälten Seele hätte stillen können. Ihre Seele weint fassungslos. Das irdische Leben wurde brutal ausgelöscht, der Weg verschüttet, die Wahrheit vergessen. Bitternis ist rings herum verstreut.

Da taucht das Bild des gekreuzigten Jesus auf und sie fühlt auf geheimnisvolle Weise, dass sie eine Gemeinschaft mit ihm verbindet. Leise vernimmt sie die tröstenden Worte.

»Wenn niemand deine wehklagenden Rufe hört, geh allein, geh allein. Du bist nie allein, auch wenn du es so fühlst!«

Das gibt Melissa so viel innere Kraft, dass sie ihr Schicksal besser annehmen kann. Es ist wie ein Flüstern, das das Gute und das Böse hören können. Das Echo wird hinausgetragen und hängt sich an die Wolken. Schwebend tragen sie das Flüstern in die ganze Welt hinaus. Ein Wetterleuchten durchzuckt den Himmel. Leise öffnet sich, von niemandem bemerkt, einen spaltbreit die Tür.

15. Auszug aus der Villa

Spitze Pappeln und Laubbäume säumen den Kiesweg. Ein Regenschauer prasselt unbarmherzig auf Anthony nieder. Tropfenglitzer hängt an den Blättern und spiegelt sich im Licht. Doch er sieht nichts, was um ihn herum geschieht. Wie gelähmt steht er vor der Villa und wartet auf die Möbelpacker. Elena hat ihren Willen durchgesetzt und die Drohung, das Haus zu verlassen, wahr gemacht.

Ein zerstörender Schmerz bäumt sich in ihm auf. Dann sieht er vor seinem inneren Auge Melissa, wie sie damals an einem Frühlingsabend ihm in ihrem weißen Kleid entgegenkam. Er umarmte sie und küsste sie auf beide Wangen. Sie redete weich und geheimnisvoll wie das erste Licht am Morgen, das lieblich das Singen der Vögel begrüßt. Es war ein verzauberter unvergesslicher Augenblick. Ein Augenblick, der wertvoller war als alles, was er bis dahin erlebt hatte. Sie hatte eine unbeschreibliche Leidenschaft in ihm entbrannt.

Mit unverkennbarer Glückseligkeit erinnert er sich nochmals an jene wunderbare Stunde. Ihren sanften Blick, ihr geheimnisvolles Lächeln, den flüchtigen Kuss, dann das leise Kichern, den Händedruck, diese überschäumende Leidenschaft. Für einen Augenblick lässt er diese Gefühle zu. Bei diesen Gedanken scheint etwas Einmaliges in ihm zu strahlen. Noch einmal erfasst ihn brennende Sehnsucht nach ihr und dann wieder diese Verlorenheit in diesem Tod.

Doch er muss diese Gefühle sofort wieder verdrängen und fühlt sich dabei wie ein halber Mensch. Sein Lebensgeist erschlafft, er ist trübe gestimmt. Einsamkeit macht sich in ihm breit. Er blickt starr vor sich hin und wirkt kraftlos und sehr blass.

Mit einem Zauberbesen möchte er wegfliegen, dabei den Vollmond und die Sterne genießen. Einen Looping hinlegen, einen coolen Achter hinterher. Doch sein Kopf brummt wie ein Wespennest. Er muss Lösungen für seine emotionalen Verwirrungen finden. Sein Herz braucht eine Laterne, um klarer zu sehen. Ein Licht, das ihm den Weg leuchtet als Schutz vor den Hindernissen auf seinem Weg. Es ist nicht die Zukunft, die ihm Angst macht, es ist die Vergangenheit, die ihn nicht loslässt.

Er schaut zum Kirschbaum. Unermüdlich ziehen Krähen ihre Kreise. Er fragt sich, warum sie solche Kapriolen machen. Warum führen sie gerade heute diesen seltsamen Tanz auf? Sind sie auch von untröstlicher Trauer erfüllt? Von Weitem hört er eine Kutsche kommen. Er lässt seine Finger durch sein kurz geschnittenes Haar gleiten, eine Geste, die sein Unbehagen signalisiert. Gezogen von zwei kräftigen Pferden, hält die bestellte Kutsche vor dem Haus und holt ihn in die Realität zurück. Anthony nickt zur Begrüßung mit dem Kopf und winkt die kräftigen Männer ins Haus.

Agnes gibt Anweisungen für den Abtransport. Das weiße Taschentuch ist heute ihr ständiger Begleiter, um die Tränen zu trocken und die tropfende Nase zu schnäuzen. Zwar hat sie von Anthony den Auftrag, das Haus auf unbestimmte Zeit in Ordnung zu halten, doch das tröstet sie nur wenig. Nur zu genau weiß sie, dass ein unbewohntes Haus eine trostlose Angelegenheit ist.

Schon bald schleppen die Möbelpacker mit Gepolter den halben Hausrat auf den Wagen. Ein großer Teil des Mobiliars soll in der Villa zurückbleiben. Das Ganze betrübt Anthony, Agnes und das Personal. Nur Elena ist in bester Stimmung. Anthony steht wie angewurzelt da, neigt den Kopf zur Seite, heiße Tränen kullern über seine Wangen.

»Was für eine schreckliche Tragödie«, murmelt er vor sich hin. »Das alles hätte einfach nicht passieren dürfen! Wie konnte es nur so weit kommen!«, murmelt er unaufhörlich ihn sich hinein.

Er hat sich doch in den letzten Monaten so sehr bemüht, sich dem Leben zuzuwenden und Elena und dem Kind seine Liebe zu geben. Dieses Heim ist seine Heimat geworden. Zumindest ist er froh, dass damit wenigstens Elena geholfen ist. Er tröstet sich damit, dass es für sein kleines Mädchen so besser sein mag.

»Kleine Kinder haben noch das Vermögen, in die andere Welt zu blicken!«, hatte Elena gemeint. Endlich einen Schlussstrich unter die alte Geschichte zu ziehen, forderte sie von ihm.

Vielleicht ist es wirklich das Beste. Diese Traurigkeit, die über dem Schattenhaus liegt, ist wirklich keine aufbauende Stimmung für ein heranwachsendes Kind. Wehmütig muss er sich diese Tatsache eingestehen. Es ist, als ob ein Leichentuch die Villa langsam einhüllt und ein kalter Trauerschleier über den Himmel bis in die Sterne hinausgetragen würde.

Auf der anderen Seite des Lebens teilt er diese Traurigkeit mit Melissa. Seine Gedanken kreisen wieder ständig im Jenseits, in der Geistwelt, bei der Toten. Er trägt das schmerzliche Erlebnis in sich und weiß noch nicht, wie er loslassen kann. Noch immer ist er nicht imstande, sich selbst zu begreifen. Sein Leben hat viele Gesichter und nicht alle sagen ihm zu.

Die Anwesenheit der jungen Familie ist Melissa so vertraut geworden. Und nun fühlt sie, wie sehr Anthony leidet. Im Innern des Hauses ist es kühler geworden, obwohl die Sonne wärmend durch die offene Tür scheint. Melissa hat keine irdische Sprache mehr, um sich mitzuteilen, um Elena zu sagen, dass sie sich in etwas hineingesteigert hat, das nicht den Tatsachen entspricht.

»Wieso haben Menschen nur eine solche Angst vor uns Verstorbenen. Dabei sind wir Toten doch auf die Liebe sowie auf selbstlose Gedanken der Lebenden angewiesen. Doch die Menschen wälzen sich lieber in Selbstmitleid über das Verlorene. Verloren ist nichts, nur für das menschliche Auge unsichtbar geworden! Energie wird niemals zerstört, sie wird nur transformiert. Aus den Lichtgebilden dieser positiven Gedanken und den daraus entstehenden Blüten des Lichtes können unsichtbare Kränze geflochten werden, die den Lebenden und den Toten erleichtern würden, die Türen auf dem Weg zur Herrlichkeit zu öffnen!«, schreit sie. Allerdings von den Lebenden ungehört.

Die Berührung mit dem Lichtschimmer von Jesus hat ihr die nötige innere Hoffnung gegeben. Diese Erscheinung vermittelt die Ahnung von der reinen Kraft der himmlischen Welt. Melissa fängt nach diesem tief greifenden Erlebnis an, ihrem Dasein einen Sinn zu geben. Um aus dieser momentanen Aussichtslosigkeit das Positivste herauszuarbeiten. Noch nie ist ihr bewusster gewesen als in diesem Augenblick, dass Anthony und sie sich gegenseitig nicht helfen können. Auch wenn er denkt, dass er sie selbstlos liebt, von Ewigkeit zu Ewigkeit, ist es ein Irrtum.

Unbemerkt hat er sich so sehr in sein eigenes Selbstmitleid verstrickt, dass er darin völlig gefangen ist. Eine Trennung wird nötig, damit Anthony nicht geistig stehen bleibt. Bei seinem Gedankendurcheinander ist es nicht möglich, klare Gedanken zu schaffen. Für Melissa bedeutet dies, Geduld mit dem Geplagten zu haben. Nur im Loslassen liegt der Sieg. Doch wie dieser Sieg aussehen könnte, kann sie sich auch nicht vorstellen. Es ist einfach ein Gefühl, das ihr sagt, dass es die einzige Möglichkeit ist, eines Tages in der anderen Welt weiterkommen zu können. Dort, wo alles Licht ist. Doch momentan kann sie sich nichts Schlimmeres vorstellen, als allein in der Villa zurückgelassen zu werden. Aber sie muss stark sein. Darf sich nicht vom Finsteren in den Abgrund ziehen lassen. Und doch fühlt sie sich wie im Fegefeuer, wo die Dämonen lauern, um sie zu umgarnen, und ihr den Stempel des Finsteren aufdrücken möchten. In der irdischen Welt wäre es ein böser Albtraum, aus dem man sofort aufwachen will.

Anthony geht die Treppe hinauf, klaubt den Schlüssel aus seinem Sakko, schaut sich kurz um, schließt die Tür auf und zieht sich in sein unantastbares Reich zurück. Auf dem Flur hört er Elenas Schritte. Er getraut sich fast nicht mehr zu atmen. Doch die Schritte verhallen und so kann er sich noch einmal ungestört seinem Schmerz hingeben. Das Zimmer ist eingerichtet wie ein kleiner Altar. Erinnerungsstücke von Melissa zieren den Raum.

Vom wertvollen silbernen Kerzenleuchter flackert Kerzenlicht. Und dann ist es ihm, als ob Melissas Schatten wieder durchs Zimmer schweben würde. Er fühlt sich ihr in seiner Seele unendlich nah. Diese mystischen Augenblicke: Er möchte sie für immer festhalten. Doch sie zerrinnen wie Sand in seinen Händen.

Nach einer halben Stunde, die ihm wie eine Ewigkeit vorkommt, hört er wieder Elenas Schritte. Ärgerlich klopft sie an die verschlossene Tür. Sein Herz hämmert. Er fühlt sich wieder ertappt. Er bläst die Kerzen aus und verabschiedet sich gedanklich von Melissa. Kopfschüttelnd, in einer Atmosphäre von Nervosität und Angespanntheit, steht Elena mit durchdringendem Blick vor der Tür. Tiefes Misstrauen durchzieht ihr schönes Gesicht. Er fühlt sich wie ein Schuljunge, der Süßigkeiten gestohlen hat und auf frischer Tat ertappt worden ist. Doch eine Rechtfertigung scheint ihm nicht angebracht. Stattdessen nimmt er Elena wortlos in den Arm. Völlig bewusst ist ihm, dass er das alte Bedrückende endgültig loslassen muss. Seine Augen füllen sich mit Tränen und er drückt Elena noch stärker an sich. Er fühlt sich mies, als könnte er nie wieder froh sein. Sein Leben ist ein ruheloser Ozean. Im Strudel von Leidenschaften.

Die Verstorbene empfindet mit. Wie ein ausrangierter Eisenbahnwagen steht sie auf dem Abstellgleis und sieht das pulsierende Leben an sich vorbeiziehen. Sie geht mit Tränen durch Wolken und Nebel. Doch das muss sich ändern. Ihr Daseinszustand muss von Melissa als Prüfung der Seele verstanden werden, damit sie eines Tages auferstehen kann – ins Licht.

Sie liest in Anthonys Innerem, dass auch er stetig bei unbeantworteten Fragen nach Antworten sucht. Doch zuerst muss er wieder die innere Mitte finden, wo er den inneren Frieden fühlen kann. Auch er muss das Leben als Lernprozess betrachten. Anthony fesselt mit seiner Trauer Melissa zu stark an sich. Es ist ein gegenseitiges Klammern, das beide in ihren Welten blockiert. Melissa ist immer noch seine geheime Begleiterin, wachend über ihn und seine Familie. Auch sie muss ihn loslassen, darf ihm keine Steine in den Weg legen. Sie waren früher in der irdischen Welt eins, doch nun gehört

Anthony zu Elena, als Mann an ihrer Seite. Melissa muss Anthony ziehen lassen, damit die Ehe zwischen den beiden Lebenden überhaupt eine Chance hat. Sie darf nicht mehr wie ein blutsaugender Vampir Anthonys Seele aussaugen. Ein Hauch von einem Flügelschlag bekräftigt ihren Entschluss. Die Gedanken der Ohnmacht muss sie lernen loszulassen. Wann endlich wird ihr die Gnade zuteilwerden, die Sternenwelt zu durchwandern, die Sonnensysteme zu überblicken und Werden und Vergehen zu verstehen? Was hält sie gefangen, dass sie nicht weitergehen kann? Wann würde das Ewige aus der Erinnerung erwachen und die himmlische Welt anfangen, spürbar zu sein? Sie muss den Kampf mit sich selbst im Reich der Schatten aufnehmen. Ihr Selbstmitleid bringt auch sie keinen Schritt weiter.

Wegleugnen lässt sich diese Stimmung der Verlassenheit, des Stillstandes nicht. Auch nicht, dass ihre Seele schluchzt wie ein verlassenes Kind. Wer? Wer kann ihr helfen aus diesem Jammertal auszubrechen? Sie muss Hilfe aus der geistigen Welt bekommen. Etwas Neues muss geschehen, sonst ist sie verloren.

Ach, was gäbe sie dafür, aufatmen zu können und in der anderen Welt aufzuwachen. Diese bedrückende Enge, die sie fast erstickt, möchte sie loswerden. Hat das neue Wissen sie stolz und überheblich gemacht und sie deshalb wieder in die Dunkelheit zurückgestoßen? Oder hat sie sogar geistige Gesetze überschritten und ist deshalb gestraft worden?

Doch es ist von allem nichts der Fall. Sie ist auf dem Weg zur Einweihung und muss durchleben, was es bedeutet, eine gefangene Seele zu sein. Nur ihre Seele weiß nicht, dass sie geprüft wird. Aufmachen muss sie sich, in kleinen Schritten, um zu suchen, zu kämpfen und zu finden.

Da wird Melissa bewusst, dass sie sich genauso in Selbstmitleid verstrickt hat wie Anthony auf der anderen Seite des Lebens. Und dann passiert es bei dieser Erkenntnis, dass ein kleines Türchen aufgeht und der Hoffnung einen kleinen Sieg verschafft. Ein Licht der Liebe erfasst sie für einen kurzen Augenblick und gibt zu verstehen, dass sie ausharren muss und sich auf gar keinen Fall den Dämonen anschließen darf.

Geist, Seele, Körper und Leben und Tod sind stets unsichtbar miteinander verbunden. Der sichtbare Körper, aus materieller Substanz, ist nur die Hülle für das Unsichtbare. Wer nur mit intellektuellem Denken versucht zu begreifen, legt sich Stolpersteine hin auf dem Weg zur Erfahrung des Übersinnlichen. Wer in seinem Stolz gefangen ist, kann durch seine Fehler nicht geistig erwachen.

Dabei drängt sich der Vergleich mit der Ostergeschichte auf: Als Maria an Ostern am Grab von Jesus erschien, war die Grabstätte leer.

Wer geistig begreifen will, muss die materielle Ebene verlassen und die Organe ausbilden, um Geistiges zu sehen und zu verstehen. Bezeichnend ist, dass ausgerechnet eine Frau die erste Sehende im Christentum geworden ist. Wer Botschaften aus dem Himmel bekommt, ist allem Überlegen. Doch nur geläuterten Seelen wird Einblick gewährt. Kein Mensch hat die Macht zu entscheiden, wann sich der Himmel für jemanden öffnen darf und will.

Melissa glaubte, auf dem richtigen Weg gewesen zu sein, und doch ist sie nun gefangen auf dem Abstellgleis im Schattenreich. Ihr wird es nicht erspart, durch die Dämonenwelt zu gehen. Was der Sinn davon sein mag, bleibt vorerst unbeantwortet.

16. Gustav und Anthony

Anthony ist mit seiner Familie auf die andere Stadtseite gezogen. Die kleine Odilia macht ihren Eltern viel Freude und lernt zu deren Erstaunen schon sehr früh das Harfenspiel, obwohl Elena ein anderes Instrument vorgezogen hätte. Anfänglich will sie nichts zulassen, was Odilia mit Melissa in irgendwelcher Art in Verbindung bringen könnte. Doch das Kind zeigt sich so bockig und unnachgiebig, dass Elena schließlich widerwillig Odilias Wunsch nachgibt, das Harfenspiel zu lernen.

Odilia ist musikalisch sehr begabt und eine äußert fleißige Schülerin. Das muss sich auch Elena eingestehen. Odilias begnadetes Harfenspiel hat bald etwas Magisches und erhellt die Sinne der Zuhörer. Dass die kleine Odilia mit Melissa seelenverwandt ist, bleibt jedoch ein Geheimnis der übersinnlichen Welt.

Anthony ist in Zwischenzeit ein noch erfolgreicherer Kaufmann geworden und kann seine guten Geschäftsbeziehungen weiter geschickt ausbauen. Sein berufliches Leben erfordert seine volle Präsenz. Die Gedanken an Melissa werden immer weniger. Ab und zu trifft er sich nach der Arbeit mit seinen Freunden in einer vornehmen Bar, redet über Gott und die Welt und natürlich über Geschäfte. Der Alltag hat ihn wieder voll im Griff.

Wenn er dann anschließend, leicht alkoholisiert, nach Hause kommt, hat Elena manchmal Mühe, ihn wiederzuerkennen. Im Geheimen sehnt sie sich nach dem Mann, der einst mit Melissa nach geistigen Zielen strebte. Sie hat gelernt, dass alles Tun und Denken Spuren hinterlässt. Sie hört in sich hinein und hört das Flüstern der Seele. Etwas hat ihr Herz berührt. Damals konnte sie bei Anthony den Hang zum Spirituellen nicht ganz nachvollziehen. Inzwischen ist sie diejenige, welche Fortschritte macht, was man von Anthony nicht unbedingt behaupten kann. Die geheimnisvolle Leuchtkraft in seiner Aura, die ihn umhüllt, ist langsam am Erlöschen. Im Gegensatz zu Elena. Heimlich hat sie viele Bücher von Melissa mitgenommen und viele Weisheiten daraus gelernt. Heute empfindet sie Melissa nicht mehr als Rivalin, sondern eher als eine interessante Person, mit der sie gerne Gedanken austauschen würde. Sie schließt die Verstorbene in ihre Gebete ein. Dadurch werden Schatten, die das Tragische umgeben, erleuchtet.

Und irgendwo läuft Gustav einsam durch die Nacht. Sein Haar ist ein bisschen zerzaust. Sein Gesicht zeigt Spuren von Schlaflosigkeit. Er raucht eine Zigarette und schaut zum Mond. Alles ringsherum ist dunkel und still. Im Winde sieht er die Tannen wiegen. Wo einst die Liebe ihm in seinem Leben Halt gab, weht heute ein rauer, kalter Wind.

»Wo ist sie geblieben die Liebe?«, seufzt er. »Ich träume dich zu mir, Melissa, ganz nah an mich heran, ganz tief in mich hinein. Der Hunger meines Begehrens ist noch nicht gestillt. Ein Funken Hoffnung ist mir geblieben für ein Aufbrechen, einen neuen Anfang, wenn ich die Gefängnismauern um mich herum zum Einstürzen bringen könnte. Melissa, sag mir, wenn du mir verzeihen kannst! Ich warte!«

Schon sehr früh am Morgen läuft er die Straße entlang zur Kirche. Er blickt nach oben, um das Giebelfeld zu betrachten, und sieht das schmiedeeiserne Kreuz darüber. Er wirft die kaum angezündete Zigarette zu Boden, tritt sie aus, hebt einen der schweren Vorhänge zur Seite und tritt in die Kirche ein. Es sieht mehr danach aus, als wolle er die Kirche besichtigen und nicht beten. Seine Hand taucht er nicht ins Weihwasserbecken, sondern geht gleich einige Schritte Richtung Kirchenschiff. In der Stille hört man nur seine Schritte. Er setzt sich in die vorderste Reihe und betrachtet den Altar, die gekalkten Wände und die Pfeiler aus falschem Marmor. Dann bleibt sein Blick an einer Madonna mit Kind hängen.

Plötzlich verwandelt sich das Bild und er sieht Melissa und ein Mädchen mit goldenen, lockigen Haaren. Auf der Schwelle einer Seitentür steht plötzlich ein hochgewachsener junger Priester. Mit lächelndem Gesicht schaut er ihn an. Sein Gesicht ist klar geschnitten, seine Gesichtszüge lassen einen von Grund auf guten Menschen erkennen. In diesem Augenblick erkennt Gustav wieder die hässliche Seite in sich und flüchtet aus der Kirche.

Auch in den nächsten Tagen fühlt sich Gustav wieder wie am Boden zerstört. Dazu kommt, dass auch sein Barvermögen dahinschmilzt wie Butter in der Sonne. Von der noblen Gesellschaft wird er gemieden. Gezwungenermaßen muss er für seinen Lebensunterhalt wieder eine Einnahmequelle finden. Eine Veränderung drängt sich auf.

»Meine Schuldgefühle bin ich auch in der Zurückgezogenheit nicht losgeworden. Ich muss mich damit abfinden, dass ich ein schlechter Mensch bin. Wunder gibt es nicht! Alles andere wäre unrealistisch zu denken!«

Er spürt eine Spannung in sich, die in ihm Aggressionen wachruft. Er hasst sich und die Welt, fühlt sich armselig und klein. In diesem Moment denkt er an Selbstmord. Weist aber den Gedanken sofort wieder von sich. Er muss in seinem Leben wieder Oberhand gewinnen, egal wie.

Noch am gleichen Tag packt er seine Habseligkeiten in seinen Koffer, an dem man erkennen kann, dass dessen Besitzer schon bessere Zeiten erlebt haben muss. Bei Nacht und Nebel macht er sich auf den Weg, zurück in seine alte Heimat. Die offenen Mietschulden bleibt er dem Vermieter schuldig.

Gustav ist zu Ohren gekommen, dass die Villa seit Anthonys Auszug leer steht. So kommt die Idee auf, Anthony zu überzeugen, in der Villa spiritistische Sitzungen zu veranstalten. Dass das kein einfaches Unterfangen ist, Anthony ins Boot zu holen, dessen ist sich Gustav bewusst. Wo ein Wille ist, ist auch ein Weg. In einem etwas verlotterten Haus findet er fürs Erste eine billige Bleibe.

Wie ein Detektiv macht er sich auf den Weg, Anthonys Gewohnheiten auszuspionieren. Schon bald hat er die passende Gelegenheit gefunden, Anthony per Zufall über den Weg zulaufen. Es ist bereits am Dämmern, als Gustav die hölzerne Treppe seines Wohnhauses hinuntersteigt. Er stellt den Mantelkragen hoch und zieht den Hut tiefer ins Gesicht, um nicht erkannt zu werden. Mit schnellen Schritten macht er sich auf den Weg. Sein Ziel kennt er, es ist die Bar, in der Anthony verkehrt.

Mit einem süßen Lächeln betritt er das verrauchte Lokal, in dem er einst ein beliebter Gast war. Seine Blicke überfliegen die momentane Situation. Dann bleiben sie an Anthony hängen. Dieser ist, laut referierend, in bester Stimmung.

Plötzlich runzelt Anthony ärgerlich die Stirn. Ein leiser werdendes Murmeln ertönt, dann wird es ganz ruhig. Alle starren auf Gustav. Totenstille umgibt ihn.

Dann ruft einer dazwischen: »Gustav, du lebst noch?« Ein Hauch eines erfreuten Lächelns gleitet dabei über seine Lippen.

Von Hass und Schrecken erfüllt, starrt Anthony Gustav an und verspürt ein starkes Unbehagen. Dann wechselt der Blick in die Gesichter seiner Tischgenossen. Als möchte er sie zurate ziehen. Er versucht Gustav anfänglich zu ignorieren, doch seine Kumpels haben ihn bereits erfreut angesprochen, als wäre nichts gewesen. Früher war er in vielerlei Hinsicht ein gern gesehener Kerl. Da Gustav auf der Bühne seines einstigen Lebens wieder sein Gastspiel startet, ist bei manch einem ein unausgesprochenes Jauchzen zu hören. Gustav hat sich offenbar als Anlageberater unersetzbar gemacht. Nach seinen Ratschlägen zur optimalen Geldvermehrung wird geradezu gelechzt.

Ein flüchtiges Lächeln huscht über Gustavs Gesicht. Er tritt ein paar Schritte näher und nimmt die Aufforderung gerne wahr, am Stammtisch Platz zu nehmen. Die Wut auf Anthony hat wieder ihren Platz. Für Gustav gilt sein Rivale als der Verantwortliche, der die wunderbaren gesellschaftlichen Anlässe in der Villa zugrunde gerichtet hat. Es muss ihm gelingen, seinem Leben wieder eine Wende zu geben. Er hat sich nun lange genug mit seinen betrübten Seelenstimmungen herumgequält.

Die Dinge laufen zur vollsten Zufriedenheit. Keinen Moment zweifelt er daran, sein Vorhaben in die Tat umsetzen zu können. Er muss nur klug handeln und den richtigen Zeitpunkt abwarten, um sein Vorhaben anzubringen. Immer noch ist er ein geschickter Redner und so dauert es nicht lange, bis er seinen stillen Applaus erhält.

Anthony sitzt mit starrem, grimmigem Blick daneben, ein leichtes Frösteln läuft über seinen Rücken. Es wird reichlich getrunken und Gustav fühlt sich wie ein gefeierter Gast, der von einer langen Reise zurückgekehrt ist. Als amüsanter Unterhalter ist er in voller Fahrt. Der Jubel um seine Person ist ihm sicher. Diese aufgebrachte Stimmung scheint Gustav passend zu sein und so macht er den Vorschlag, die fast leerstehende Villa dazu zu benutzen, spiritistische Sitzungen abzuhalten.

Anthony schreit zutiefst geschockt: »Nein! Nein! Nein! Niemals!«

Die Tischrunde wirft ihm durchdringende Blicke zu und manch einer lächelt mit zusammengekniffenen Augen. Gustavs Vorhaben erscheint Anthony ungeheuerlich. Der Schatten der Vergangenheit würde wieder neu aufgewühlt werden. Eine dunkle Angelegenheit, vor der er seine Freunde warnen muss. Seine Mundwinkel zucken vor innerer Erregung. Ein spöttisches Lächeln zeichnet sich auf Gustavs Gesicht ab.

Geschickt versucht er, die anderen in sein Boot zu holen: »Hast du Angst, die Tote könnte die Wahrheit sprechen?«

Wieder diese unhaltbaren Anspielungen. Dazu dieses unheimliche Lächeln auf seinem Gesicht. Sein Erfolg ist zum Greifen nah, das spürt Gustav. Den Köder haben alle mitsamt dem Haken geschluckt. Er hat erwartet, dass es schwieriger sein würde, seinem Vorschlag Gehör zu verschaffen. Aber dies ist keineswegs der Fall. Der Beifall der Anwesenden überschlug sich förmlich vor Begeisterung mit einem Hauch von Nervenkitzeln. Geistige Kenntnisse zu diesem Anschauungsunterricht hat keiner.

Anthony seufzt, er fühlt sich unwohl bei der Sache. Gustav hat es geschafft, ihn in die Enge zu treiben. Er fühlt sich völlig überrumpelt. Die Situation entgleitet ihm. Es ist, als würden ihm die Energie aus dem Leib gezogen und zum Aufbegehren die nötige Kraft fehlen.

Siegessicher schlägt Gustav eine Abstimmung vor. Er kann am Mienenspiel seiner Zuhörer ablesen, dass alle von der Richtigkeit seines Vorhabens überzeugt sind. Der schlagende Beweis dafür ist das Resultat der Abstimmung: zwölf zu eins. Seine Kumpel haben gesiegt. Die Triumphierenden können kaum erwarten, bis die erste Sitzung losgeht.

Anthony begehrt nochmals auf, etwas Unerträgliches ist im Raum, das ihn verwirrt.

Gustav drückt zornig die Zigarette aus und antwortet ihm mit bitterböser Stimme, die keine Widerrede zulässt: »Du bist ein Wurm, ein widerlicher, kleiner Wurm, das bist du! Ein vom Schicksal Verdammter! Ich biete dir die Gelegenheit, den Spuk aus der Villa zu vertreiben! Mit einem jämmerlichen Angsthasen haben wir es hier zu tun. Nur derjenige, der ein schlechtes Gewissen hat, muss sich fürchten!«

Die Lügengeister haben sich bereits in Gustavs Sinne eingeschlichen. Verstört starren ihn die Verbündeten an, wagen aber nicht zu widersprechen. Mit fast beleidigter Stimme fährt er fort: »Anthony, du bist mir gegenüber einfach voreingenommen!«

Mit seiner Mitleid erweckenden Art kann er blitzartig wieder alle Zweifel beseitigen. Details werden besprochen. Anthony hört sie nicht. Er versucht den inneren Schauer, der ihn soeben geschüttelt hat, abzuwenden. Wortlos, feige bleibt er im Hintergrund. Von der Mehrheit hat er sich überrumpeln lassen. Wie von einer dunklen Macht gesteuert, der er nicht mehr Herr werden kann, fühlt es sich an.

Dann ein innerer Aufschrei: »Hat er dem Teufel die Hand gereicht?« Plötzlich sieht er Melissa im Geiste vor sich. Was für eine einzigartig schöne Frau sie doch gewesen ist! Doch in seiner Vision spürt er Augenblicke des Unbehagens, Gefühle der Entrüstung, die ihm entgegenschlagen.

Plötzlich reißt lautes Gelächter ihn wieder aus seiner Versenkung. Sein Gesichtsausdruck ist schmerzlich. Wie eine leergepresste Zitrone fühlt er sich. Die Sache ist inzwischen endgültig besiegelt und wird im Detail besprochen. Ein spiritistischer Zirkel nur für die dreizehn Auserwählten wird in diesem Augenblick in der Kneipe gegründet. Das mit diesen Jenseitskontakten nicht zu spaßen ist, wird nicht einmal in Betracht gezogen. Gerade solch selbst ernannten Gurus wie Gustav, die behaupten, einen direkten Draht zur Jenseitswelt zu haben, fallen meistens auf niedere Geister herein. Die Gedanken an Kontakte aus dem Jenseits sind für die Anwesenden zu verlockend, als dass sie auf die warnenden Worte von Anthony hören würden. Der innere Niedergang hat begonnen, ohne dass es jemandem klar geworden ist.

Melissa hatte zu Lebzeiten immer das Gefühl, etwas Unangenehmes umarme sie mit, wenn sie mit Gustav zusammen war. Nun kann sie ihn sehen, diesen widerlichen Dämon, mit Armen wie die Tentakeln der Tintenfische. Wegen Gustavs Naivität hat das scheußliche Wesen auch Macht über Anthony und die ganze Runde erlangt, was ihr aus dem Totenreich unbeschreiblich große Sorgen macht.

Zu Lebzeiten hat sie nicht erahnt, dass Gustav bereits an schwarzmagischen spiritistischen Sitzungen teilgenommen und sich dabei den Dämon an Land gezogen hat, der ihn von da an wie ein unsichtbares Kleid an seinem Körper verfolgt und sich an ihn klammert. Gustav konnte es in seiner Arroganz nicht ertragen, dass Melissa zu geistigem Wissen Zugang hatte, das ihm verwehrt war. So entschied er sich, den von ihm geglaubten schnellsten Weg mit Drogen und unseriösen schwarzmagischen Beschwörungen in die unsichtbaren Gefilde zu gehen.

Genau diese dämonische Welt verhindert jetzt, dass Melissa in der übersinnlichen Welt weitergehen kann. Das Finstere hat sie wie ein Spinnennetz umgarnt. Gustav könnte den Knoten durch Selbstlosigkeit lösen, doch er ahnt von nichts. Verfallen ist er dem Größenwahn von dieser Gruppe.

Der Ursprung des Dunklen, das Melissa umklammert, greift noch in ein weiteres, noch früheres Leben zurück. Damals war sie eine reiche Adlige, für ihr Seelenheil war ein vertrauter, persönlicher Geistlicher zuständig. Nur: Dieser Beichtvater war nicht von reinem Herzen. Um seine persönliche Macht auszubauen, missbrauchte er seine Vertrauensstellung. Er umgab sich unbewusst mit dunklen Kräften. Im persönlichen Gebet legte er einen dunklen Mantel um die leichtgläubige Adlige. Sie vermachte Gut und Geld der Kirche mit der Aufforderung, etwas Positives für die Ärmsten zu bewirken. Stattdessen verbrauchte der Geistliche das anvertraute Erbe für seine persönliche Machtstellung. Sie verstarb damals sehr jung. Diese Geschichte wird sie später erzählen.

Jetzt, aus Sicht von der anderen Welt, kann sie erkennen, dass sie auch damals langsam durch den Beichtvater vergiftet worden ist, bis schlussendlich ihr junges Herz versagte. Dieser ehemalige Geistliche ist in diesem Leben ein Verbündeter von Gustav. Beide sind es nicht gewohnt zu arbeiten, die Gier nach Reichtum ist auch in diesem Leben unersättlich geblieben.

Unter dem Deckmantel der Religion wurden damals die Grenzen des moralischen Handelns aufgeweicht. Gespaltene Persönlichkeiten sind sie geblieben. Um ihre damaligen abgrundtief böse Taten zu rechtfertigen, suchten sie ihre Opfer gezielt aus. Während der Inquisition konnte das abscheulich Böse Fuß fassen. Beide sind Werkzeuge von finsteren Mächten geworden, die verhindern, dass Melissa und auch andere gute Menschen in höhere Welten aufsteigen können. Der Kampf zwischen den dunklen und den hellen Kräften ist ins Rollen gekommen. Die finsteren Mächte, die gerufen wurden, werden ihren Platz nicht ohne Kampf räumen.

Und dann ist er wieder da, dieser Lichtstrahl, begleitet von einer lieblichen Stimme, die mit Melissa redet.

»Das Licht wurde durch die reinsten der Reinen auf die Erde gebracht. Doch viele Menschen haben das Finstere immer noch lieber. Denn die Werke, die sie tun, sind immer noch abgrundtief böse. Jeder, der Böses tut, hasst das Licht und kommt auch nicht zum Licht. Damit seine dunklen Taten nicht zutage treten und erkannt werden, verstricken sie sich in Lügen, als wären sie die Wahrheit. Wer aber den Weg der Wahrheit geht, kommt immer zum Licht!«

Jetzt kann sich Melissa wieder erinnern, dass Gustav und ihr einstiger Beichtvater nachts nicht schlafen konnten und dafür den halben Tag verschliefen. Denn nachts werden sie von Albträumen geplagt. Diese Dämonen schleichen sich in ihre schlafenden Körper ein und benehmen sich, als wäre es ihr eigener.

17. Dornröschenschlaf

Das Herrschaftshaus liegt seit dem Auszug von Anthonys kleiner Familie wie in einem Dornröschenschlaf. Wilde Rosen schlängeln sich an der Fassade hoch. Verschwunden ist der Geist des Lebens. Unter dem Himmel spürt man die ungeheure Verlassenheit um die herrschaftliche Villa.

Agnes kommt gelegentlich vorbei, lüftet das Haus, wischt den Staub weg und sorgt dafür, dass das Haus nicht ganz verlottert. Jedes Mal zündet sie eine Kerze an und denkt ein paar liebe Gedanken in Richtung der Verstorbenen. Das erhellt das Finstere, indem sich Melissa bewegt, für kurze Momente, und gibt Hoffnung auf Erlösung.

Es ist schon längst Nacht. Agnes hat alles pflichtbewusst erledigt und die Villa vor der Dämmerung verlassen. Die Turmuhr schlägt Mitternacht. Totenstille liegt über dem Haus. Die Tote steht wie üblich auf der Veranda und lässt sich vom Mond erleuchten. Sein weißes Licht breitet ein silbernes Leuchten über dem Haus aus. Durch die Schwärze des Himmels funkeln Millionen von Sternen.

Melissas Aufmerksamkeit richtet sich zum verschlossenen Tor. Jemand versucht mit Gewalt das Vorhängeschloss zu öffnen. Dann werden Schritte auf dem Kiesweg hörbar. Im Dunkeln zeichnet sich die Gestalt von Gustav ab. Melissa hat ein ungutes Gefühl, kann nicht einordnen, ob seine Rückkehr zum Guten sein soll oder nicht. Sie schwebt durch das Haus zum Eingang.

Gustav dreht den Schlüssel, den er immer noch in seinem Besitz hat, und tritt ein. Mit seiner glimmenden Karbidlampe tappt er mit mulmigem Gefühl durch die finsteren Räume. Natürlich würde er niemals seine Angst eingestehen, doch das schlechte Gewissen ergreift ihn ungewollt. Flüchtig schaut er um sich. Bleibt stehen und horcht. Ein Schatten huscht an ihm vorbei. Für einen winzigen Sekundenbruchteil erschrickt Gustav zutiefst und wird leichenblass. Sein Herz schlägt bis zum Hals und sein Magen verkrampft sich. Tappend durchquert er den dunklen Raum.

Erlösend zieht er die schweren Vorhänge auf. Der Vollmond erleuchtet den Salon und gibt zusätzlich etwas Licht. Die vergoldeten Stühle sind leer. Doch für einen Augenblick hat Gustav das Gefühl, dass die Ermordete darauf sitzt. Auf seiner Stirn glänzen Schweißperlen.

Melissa kann seine Angst spüren. Sie geht zur Harfe und es gelingt ihr wieder, einen Ton erklingen zu lassen. Erschrocken dreht sich Gustav um. Es ist ihm, als ob er Melissas Umrisse verschwommen sieht. Über dem kostbaren Kristall, den Melissa so gerne mochte, huscht wieder ein Schatten vorbei.

»Melissa, bist du noch da?«, fragt er zaghaft. Dann fasst er sich wieder. »Es sind fürchterliche Minuten gewesen, als Zeuge deines tragischen Ablebens dabei zu sein. Ich bin zurückgekommen, um Kontakt mit dir aufzunehmen. Du kannst mir von deinem Königreich, in dem du dich jetzt bewegst, berichten! Gerne wüsste ich, wo du deinen wertvollen Schmuck versteckt hast. Ich werde keine Ruhe geben, bis ich das Versteck herausgefunden habe«, murmelt er zynisch.

»Ach, Gustav, wenn du nur sehen könntest, in was für eine missliche Lage du uns gebracht hast. Du bist wie ein verirrtes

Schaf, das schwer gesündigt hat. In die übersinnliche Welt willst du eintreten und nichts dafür tun. Könntest du dich aus Sicht der geistigen Welt sehen, würdest du freiwillig an deinen unvollkommenen Charaktereigenschaften arbeiten! Du bist ein Strolch, der im Begriff ist, auf schurkenhafte Weise andere Mitmenschen ins Finstere herabzuziehen. Dein Geistkörper ist übersät mit dunklen Flecken, die wie Pech und Schwefel daran kleben!«

Gustav ist zu verblendet, er kann die Warnung aus dem Jenseits nicht hören. Seine erste Priorität ist, den Schmuck zu finden, er muss zu Geld kommen. Eine unheimliche Stille greift um sich. Gustav kann sein eigenes Herz schlagen hören. Es ist, als würden Melissas unsichtbare Augen ein Loch in sein Herz brennen. Von dieser Stimmung überrascht, setzt er sich in den Sessel, um sich etwas von dem inneren Stress zu erholen, und zündet eine Zigarette an. Er muss sich von diesen seltsamen Stimmungsschwankungen erholen. Während des Rauchens überschlagen sich seine Gedanken wieder.

»Ich vermisse dich, mein Liebling! Vielleicht wartet dort drüben eines Tages die Hölle auf mich?«, murmelt er mit seiner rauchigen Stimme vor sich hin.

Dann zittert er am ganzen Leib und Tränen treten in seine Augen. In dieser aufgelösten Seelenverfassung kennt er sich selbst nicht mehr. Mit seinen strapazierten Nerven ist er völlig am Ende. Melissa steht im Raum wie ein ungebetener Gast. Irgendwie tut ihr Gustav fast leid. Alle in diese Geschichte involvierten Personen sind Verlierer. Es gibt keine Gewinner. Gustav drückt seine Zigarette aus, seine Hände zittern. Verwirrt starrt er um sich, als ob jemand ihn beobachten würde. Sein verschwommener Blick bleibt an Melissas Porträt im Salon hängen. Mit leeren Augen schaut er es eine ganze Weile forschend an. Wie müde und leer fühlt er sich in diesem Augenblick. In dieser absoluten Stille ertönt ein Knacken. Er zuckt zusammen und schaut in die Richtung, aus der das Geräusch gekommen ist. Dann erfolgt ein hämisches Lachen.

»Melissa, du treibst ein Spiel mit mir? Das ist gut so, es erheitert mich! Ich habe dir auch etwas Erfreuliches mitzuteilen. In zwei Tagen kannst du mit mir aus dem Totenreich kommunizieren, dann starte ich mit einer Gruppe Gleichgesinnter eine erste spiritistische Sitzung. Ich will dir beweisen, dass ich geistige Macht erlangen kann. Sie werden mich als Herrscher lieben. Die Macht über deinen Anthony, diesem Weichei, habe ich bereits ausgespielt! Was die anderen noch nicht wissen: Ich habe zusätzlich den dunklen Baron eingeladen! Er soll große Erfahrung haben, um die Tiefen der Seelen zu ergründen. Angsthasen sagen über ihn, er habe einen Pakt mit dem Teufel geschlossen! Doch das ist doch völliger Unsinn!«, erklingt seine Mitteilung spöttisch.

Melissa könnte sich ohrfeigen. Noch vor wenigen Minuten hat er ihr Mitleid erweckt und jetzt ist er wieder der alte arrogante Gustav. Von den widerlichen Dämonen, die um ihn herumschleichen, hat er keine Ahnung. Die schädlichen, üblen Geschöpfe müssen sich ernähren. Grelle Schreie des Jubelns, gierige Begeisterung hallen von dem Lebenden ungehört durch das Totenreich. Wie Irrlichter tanzen die Dämonen den Tanz des Schauderns. Dunkle Wolken verbreiten sich in der Villa. Melissa schaudert. Sorgenvolle Gedanken dehnen sich aus. Dass Gustav mit dem dunklen Baron, der einst ihr Beichtvater war, ein Spukhaus aus ihrer Villa machen will, beängstigt sie. Der Stein des Finsteren ist ins Rollen gekommen. Melissa in der Totenwelt ist machtlos dagegen. Nur die Lebenden könnten das Ungeheuerliche ausbremsen.

Doch keiner ist sich des Schreckens bewusst, der sich bald in der Villa ausbreiten wird.

18. Das Spukhaus

Am übernächsten Abend bevölkert sich die Villa, wie es Gustav mitgeteilt hat. Wie ein übermütiger Prophet des Finsteren empfängt er die Geladenen zum Zirkel. Alle sind wie naive Schulknaben gekommen, die sich auf ein harmloses Abenteuer freuen. Anthony fühlt sich machtlos in die Ecke gedrängt. Es ist ein düsterer Irrsinn, der sich bald über die ahnungslosen Seelen ausbreiten wird.

Agnes ist in die einstige Tätigkeit als Hauswirtschafterin für diesen Abend zurückgeholt worden. Gustav lässt bei ihr seinen unwiderstehlichen Charme spielen und Agnes genießt sichtlich seine schmeichelnden Gesten, allerdings mit schlechtem Gewissen. Zum ersten Mal sieht er Agnes als attraktive, herzliche Person, was ihn zugleich etwas irritiert. Obwohl Agnes mit dem Hässlichen, das bald geboten werden wird, überhaupt nicht einverstanden ist, himmelt sie Gustav an. Liebe ist immer etwas verrückt und unergründlich. Agnes fühlt ihre Verliebtheit zu Gustav stärker denn je. Denn nun steht nichts mehr zwischen ihnen.

Ein hell beleuchteter Salon, ein belebtes Esszimmer, Gespräche aus allen Ecken, erwartungsvolle Spannung liegt in der Luft, die von den geladenen Herren, die an ihren Champagnergläsern nippen und Agnes' bereitgestellte Köstlichkeiten genießen, ausgeht. Gustav wippt nervös mit dem Fuß.

Draußen fährt eine Kutsche vor. Alle Augen richten sich gespannt auf den Eingang. Wer da wohl noch so spät kommen mag? Eigentlich ist die Runde vollzählig.

Agnes öffnet die Tür. Sekundenlang steht sie wie gelähmt vor Entsetzen da. Es ist ein instinktives Gefühl des Widerwillens gegen diesen Mann. Aber dann gibt ihr etwas Unbeschreibliches neue Kraft. Ein Raunen geht durch den Salon, als der dunkle Baron den Raum betritt, gefolgt von einer kalten, unbeschreiblichen Brise Luft. Sein Wuchs ist hoch und sein Leib mager. Sein Gesicht wirkt ausgetrocknet mit einer riesigen Stirn, scharfer Nase und eingefallen Wangenknochen. Gustav zieht seelenruhig an seiner Zigarette und beobachtet die Anwesenden haarscharf. Er fixiert Anthony. Ein grübelnder Ausdruck entsteht auf dessen Gesicht, doch er vermag sich nicht gegen den Einfluss von Gustav zur Wehr zu setzen. Eine teuflische Macht scheint zu lauern. Der Baron zieht hörbar den Atem durch die Nase ein und reibt sich die Hände. Dazu wiegt er überheblich den Kopf. Dabei fixieren seine stechenden Augen Melissas Porträt. Er ist Gustavs Einladung gerne gefolgt. Niemand weiß, woher er gekommen ist und womit er sein Geld verdient.

Eines Tages bewohnte er plötzlich das seit längerer Zeit freistehende Reihenhaus mitten in der Stadt, über das einiges Mysteriöses gemunkelt wird. Die Botschaften sind nie erfreulich über ihn. Nachts in der Stille hört man Stimmen, unheimliches Gepolter. Eine unheimliche Macht soll dorthin Menschenseelen zu willenlosen Sklaven verbannt haben. Doch Genaueres liegt auch hier im Dunkeln.

Die stechenden Augen des Barons fixieren das Porträt von Melissa weiter, dann schweifen sie musternd über die Schar der Anwesenden. Gustav wirft ihm einen Seitenblick zu und rollt die Augen auf Anthony. Der Baron macht ein paar

Schritte auf Anthony zu, streckt ihm die Hand hin und lächelt ihn an wie eine grinsende Katze. Anthonys Miene verfinstert sich ärgerlich. Sofort zieht er die Hand wieder zurück. Gerade noch rechtzeitig, bevor sie die Hand des Barons fassen kann. Er spürt einen Zorn in sich.

»So ein Idiot! Unverfroren, respektlos und unverschämt ist dieser Anthony!«, denkt der Baron. Seine durchdringenden Augen funkeln beleidigend. Bei der gegenwärtigen peinlichen Situation will Gustav kein Risiko eingehen. Talentiert überspielt er die Ungehörigkeit. Wortgewandt ergreift er das Wort und stellt den dunklen Baron als erfahrene Person auf dem Gebiet des Spiritismus vor. Er fühlt sich als Zeremonienmeister. Dass alle auf diesem Gebiet unerfahren sind, spürt der dunkle Baron sofort. Schlagartig übernimmt er das Zepter. Gustav lässt ihn mit guter Miene zum bösen Spiel gewähren.

Der Baron ist ein Meister darin, das teuflische Spiel schmackhaft zu verkaufen. Redegewandt spricht er von einem geistigen Austausch, den man nicht irdisch definieren kann. Von einer heimlichen Bruderschaft, die hier gegründet werden soll und von der jeder ein auserwähltes Mitglied mit übersinnlichen Fähigkeiten und Talenten ist, spricht er. Mit seiner begeisterten Beredsamkeit verzaubert er die Versammlung im Sturm. Niemand hat Einwände, sie alle sind von dem Baron hingerissen. Er hat nur ein Interesse daran, die schlummernden Kräfte in diesem neu gegründeten Zirkel sich selbst zunutze zu machen. Denn jedes Mitglied, das ihm hörig wird, vermehrt seine Macht.

Die Anwesenden wissen nicht wirklich, was sie erwartet. Doch sie sind vorbehaltlos bereit, sich in ein riskantes Abenteuer zu stürzen.

Melissa ist stille Beobachterin mit ungutem Gefühl. Die angestrebten Séancen sollen die Mitglieder mit der Hilfe der Toten zur höchsten Einweihung führen. Alles gegenwärtige Gerede wird unvoreingenommen als höchstes Ideal angenommen. Zusätzlich handelt der Baron für seine angeblichen Fähigkeiten einen ansehnlichen Geldbetrag aus.

Von seiner Rede absolut überzeugt, soll nun zur Tat geschritten werden. Was sich hinter dieser Maske des Bösen verbirgt, wird sich bald in der Wirklichkeit zeigen. Der gesuchte Inhalt wird sich durch die Mitteilungen aus dem Totenreich zeigen, verspricht er. In dieser Runde fühlt sich jeder als Auserwählter. Doch nur von Gerede aus Menschenmund ist noch keiner eingeweiht worden, was hier jedoch nicht zur Diskussion steht. Auch die Konsequenzen des Handelns sind für die Anwesenden nicht absehbar. Sie haben den Pfad eines falschen Maskenspiels betreten.

Die wahre Einweihung führt durch unsichtbare Quellen. Rezepte, die man verraten oder stehlen könnte, gibt es nicht. Das Wichtigste ist, mit heiligen Gesetzen zu leben. Jeden Tag daran arbeiten, weiser, ehrlicher und großzügiger zu werden. Deshalb ist es unerlässlich, von Zeit zu Zeit innezuhalten und zu überprüfen, ob der eingeschlagene Weg der Richtige ist. Vollkommen zu werden bedeutet, lichtvoll, warmherzig und bebend wie die Sonne zu werden.

Der dunkle Baron hat durch die naive Gutgläubigkeit, ohne Anstrengung zu höchsten Zielen zu gelangen, neue Opfer gefunden. Geistige Errungenschaften sind jedoch nicht käuflich.

Melissa fühlt sich elender denn je. Der alte Leib ist vernichtet und der neue kann sich nicht ins Licht bewegen. Sie ist ein herumirrender, wandernder Geist, der sich nach seiner Bestimmung sehnt. Von dem gefährlichen Spiel, das vor dem inneren Blick in vollem Gange ist, muss sie auf der Hut sein. In den Gedanken des dunklen Barons kann sie ablesen, dass er davon Kenntnisse hat, die Lebensenergien von Menschen wie ein Vampir anzuzapfen. Er nutzt die gutgläubigen Menschen aus, die unvorbereitet Zutritt in die geistige Welt suchen. Die dafür bereit sind, alles zu tun, um mit den Toten reden zu können oder, wie sie erhoffen, in die Zukunft schauen zu können. Der Baron ist ein Anarchist, der sich die Regeln des geistigen Lebens selbst kreiert. Es herrscht eine Stimmung, in der man die Luft zerschneiden könnte. Alle naiven Anwesenden sind aus freien Stücken gekommen. Was sie aber nicht ahnen, ist, dass sie als unfreie Menschen dieses Haus verlassen werden.

In der weißen Magie wird das selbstständige Geistleben gefördert. In der schwarzen Magie, in der sich der dunkle Baron als Alleinherrscher bewegt, werden die Mitglieder zu abhängigen Sklaven gemacht.

Der Raum wird verdunkelt. Der dunkle Baron klatscht in die Hände und fordert auf, an der Tischrunde Platz zu nehmen.

»Stellen wir in Gedanken eine Verbindung mit der Hausherrin her. Es scheint, dass sie eine außergewöhnliche Hexe gewesen ist.«

Anthony legt vehement das Veto ein. »Melissa eine Hexe zu nennen, ist eine Beleidigung, Totenlästerung!«, schreit er dazwischen.

Mit einem müden Grinsen fährt der Baron fort, als hätte er den Einwand gar nicht gehört: »Lasst uns von Toten belehrt werden! Fürchtet ihr euch, ihr Unwissenden? Feiglinge können den Raum jetzt noch verlassen!«

Die letzten Wortfetzen verhallen in seinem blechernen Lachen. Natürlich will niemand ein Feigling sein und so bleiben alle, zum Teil mit mulmigem Gefühl, sitzen. Sie ahnen nicht, auf welch gefährliches Spiel sie sich einlassen. Die Luft wird stickig, kaum jemand vermag noch, richtig zu atmen.

»Gebt euch die Hände und schließt den Kreis. Ich werde jeden Einzelnen auffordern, sobald er Fragen stellen kann. Als Erstes wird die tote Hausherrin angerufen.«

Gustav denkt nur noch an den Schmuck. Mit aller Kraft konzentriert er sich darauf, der Toten das Geheimnis des Verstecks zu entlocken. Doch Melissa hat sich von der Runde entfernt. Lügengeister lauern bereits darauf, die Runde zum Narren zu halten.

Anthony spürt, wie etwas unbeschreiblich Bösartiges auf die Gruppe zukommt. Die an der Täuschung beteiligten Geister, die angerufen werden, lesen die Fragen wie Bilder eines Panoramas ab. Licht und Dunkel jagen durch den Salon. Der Kampf zwischen Gut und Böse wird ausgelöst. Der Kampf der Dämonen mit dem Guten.

Wenn ein Mensch gut ist, kann er den Beistand von guten Geistern anrufen, was auch Einigen in dieser Runde anfänglich unbemerkt gelingt. Wer aber nicht reinen Herzens ist, hat keinen Einfluss auf die guten Geister und wird Beute für die Dunkelheit. Um den dunklen Baron scharen sich Geister, welche sich Opfer aussuchen, um sie zum Bösen zu verleiten. Unvollkommene Seelen sind seine Werkzeuge. Sie lieben es, Menschen leidend zu machen, weil auch sie leiden. Man könnte gestrandeten Seelen, die zum Bösen neigen, positive Energien senden, um sie aus ihrer misslichen Lage zu befreien, doch dies ist nicht die Absicht dieses Zirkels.

Beschwörende Worte des dunklen Barons erfüllen den Raum. Seine Augen zeichnen sich durch einen eigenartigen, finsteren Blick aus. Tische und Stühle sollen gerückt werden.

Könnten die Anwesenden mit übersinnlichen Augen sehen, wären sie Zeugen eines düsteren Schauspiels. Dunkle Energien aus einem wolkenähnlichen Gebilde übergießen die Jenseitsforscher. Plötzlich erlischt eine Kerze und der Tisch wackelt. Ein Lügendämon macht sich einen Spaß daraus, die Runde zu begeistern. Manche sind darüber hell erfreut, doch Anthony wird leichenblass. Für ihn ist es eine Botschaft, mit diesem Irrsinn aufzuhören. Warnende Bedenken wirft er in die Runde. Doch er wird mürrisch überstimmt! Der Baron weist ihn zurecht, endlich den Mund zu halten und die Séance nicht zu stören. Wie bei einem Wunschzettel stellen die Anwesenden den herumirrenden Geistern Fragen. Einige Dämonen klammeren sich erfolgreich an den gierigsten Menschenseelen fest und treiben ein übles Spiel, indem sie die Fragen so beantworten, wie es gehört werden will.

Dadurch werden seelischer Hunger und Durst gestillt, die wie Feuer brennen. Es gibt sogar ganz böse Geister, welche die Gestalt von Engeln annehmen, die sogar Christus vortäuschen können, um die neugierigen Fragenden ins Verderben zu stürzen. Diese Dämonen sind Meister darin, sich hinter einer Maske zu verstecken und die Ahnungslosen schmählich zu betrügen. Sie herrschen im Königreich der Schatten. Hier wird nicht von einem sich rächenden Gott gerichtet. Es ist einfach Ursache und Wirkung. Die Ursache schafft man im Irdischen und die Wirkung durchlebt man im Geistigen.

In diesem Raum liegen die wirklichen Weisheiten des Übersinnlichen in tiefster Dunkelheit. Bei manch einem macht sich Angst breit. Schwarze Magie herrscht erfolgreich durch die Angst. Finstere Kräfte, die gegen das Licht ankämpfen, haben einen willkommenen Unterschlupf gefunden. Der dunkle Baron ist ein Gehilfe des Dunklen und ständig auf der Suche, Menschenseelen mit Dunkelheit zu füllen. Durch unsichtbare

Fesseln und Ketten sollen die Anwesenden in Abhängigkeit festgehalten werden. Der Schleier der Dunkelheit müsste aufgerissen werden. Diese schwarze Bruderschaft wirkt zerstörerisch.

Der Kampf zwischen Hell und Dunkel ist so alt wie die Menschheit selbst und in der Villa herbeigerufen worden. Wer sich mit den finsteren Kräften verbindet, ist durch die ganze Inkarnation an diese gebunden. Erst in einem weiteren Leben kann sich diese Person wieder aus dieser Verirrung befreien. Nur: Von solchen geistigen Gesetzen weiß hier niemand etwas. Eine weiße Bruderschaft hätte die Menschen aufgebaut.

Gustavs naive Absicht ist gewesen, eine Form für eine schnelle Zusammenarbeit mit der geistigen Welt zu finden. Dass der dunkle Baron Repräsentant des Finsteren ist, will er nicht wahrhaben. Die Warnungen hat er überheblich in den Wind geschlagen. Die Loge sollte aufbauend sein, doch sie hat sich durch die Naivität der Gutgläubigen auf die andere Seite geschlagen. Die angerufenen Dämonen werden sie so schnell nicht wieder los. Von nun an kämpfen sie mit seelischen Vampiren, die sich von den Seelenenergien der Anwesenden ernähren wollen.

Die Sonne geht bereits auf, als sich die Séance auflöst. Anspannung und Ungewissheit liegt in der Luft. Die Herren haben geschworen, sich in Schweigen zu hüllen. Anthony sucht etwas, dass ihn von seinem schlechten Gewissen befreien könnte. Seine Gedanken galoppieren wie ein wild gewordenes Pferd. Sein Herz schlägt schneller bei dem Gedanken daran, wie er sich aus der Schlinge ziehen könnte. Verzweifelt beißt er die Lippen zusammen. Es ist ihm bewusst, dass niemand ihm auf seine Frage eine Antwort geben kann, und Elena will er aus dieser Sache heraushalten.

In den darauffolgenden Wochen finden regelmäßig Sitzungen in der Villa statt. Einige der Beteiligten haben sogar in kurzer Zeit materiellen Wohlstand erreicht. Die Herren im Zirkel sind in die Unterwelt abgestiegen. Dass sie damit ihre Seele verkaufen, davon ahnen sie noch nichts. Eine Besessenheit macht sich breit. Es wird zur regelrechten Sucht, spiritistische Phänomene zu erleben. Es hat sich etwas Ungleichmäßiges, etwas Schwankendes breitgemacht, das die Leben aller verändert.

Doch dann werden die Informationen spärlicher, immer wertloser. Die Lügengeister haben ihren Spaß daran, die Gruppe an der Nase herumzuführen. Unzufriedenheit, gegenseitige Vorwürfe und Anschuldigungen machen sich breit. Der Trieb der heimlichen Bruderschaft nach dem Unergründlichen wird zunehmend mächtiger. Die Gruppe zerstreitet sich andauernd und doch verbindet sie etwas, dass sie nicht mehr voneinander loslässt. Sie sind in einer Sackgasse angelangt. Die Idee wird geboren, ein Medium zu holen, das für Aufschwung sorgen soll.

19. Medium Amalia

Die dunkle Bruderschaft hat voller Erwartung an der Tafelrunde Platz genommen. Gustav hat eine Überraschung versprochen. Voller Stolz präsentiert er bei der heutigen Séance Amalia, ein junges, hübsches, naives Mädchen. Wie ein Wind ist er in ihr Leben getreten. Jedes Mittel ist ihm recht, für seine Experimente ein Opfer zu finden. Alle Register hat Gustav gezogen, um Amalia für den Zirkel zu gewinnen. Mit betörenden Worten kann er Frauenherzen bezaubern. Er ist ein Meister seines Fachs.

Für Amalia gab es keinen Grund, seine Worte nicht für bare Münze zu nehmen. Doch es gibt Menschen, die spielen anderen die perfekte Show vor. Niemand kann sie durchschauen, vor allem nicht Menschen, die mit dem Herzen sehen. Sie lügen so perfekt, dass sie ihre Lügen als Realitäten darstellen. Das Schlimmste ist, dass sie nicht merken, was sie anderen antun, um ihr eigenes Ansehen nicht zu beschmutzen.

Gustav gehört ohne Zweifel zu dieser Sorte von Menschen. Immer noch klingen die Liebesbezeugungen in Amalias Seele.

»Unbeschreiblich schön bist du, ein bezauberndes Wesen. Meine Gefühle für dich lassen sich nicht beschreiben. Sie sind so intensiv, so wunderbar, wie ich es noch nie erlebt habe. Ich will mit dir Hand in Hand gehen, immer in deine schönen Augen sehen. Du hast mich völlig verzaubert. Ich hoffe, dass diese Liebe nie zu Ende geht. Wir sind füreinander bestimmt!«

Amors Pfeil hat Amalia mitten ins Herz getroffen. Mit diesen Worten hat er ihre Liebe endgültig erobert. Das Einzige, was Amalia von nun an interessiert, ist Gustav. Amalia hat eine helle, lichtvolle Aura und eine gewisse Stufe der Hellsichtigkeit erreicht. Das Einzige, was sie nicht kann, ist, sich richtig einzuschätzen. Amalia ist plötzlich sehr verspannt. Die ganze Aufmerksamkeit richtet sich auf sie. Sie fühlt sich wie ein Star auf der Bühne, welcher die zu spielende Rolle nicht kennt. Gustav spürt ihre Verwirrtheit. Charmant nimmt er die Hand von Amalia, senkt die Stimme und beschwört so Nähe zwischen ihnen herauf.

»Komm, mein Schatz, hör jetzt auf zu denken. Schließe die Augen und fang an, mich zu fühlen. Spüre das Feuer meiner Liebe in dir. Passieren kann dir nichts, ich bin bei dir. Und jetzt, meine lieben Freunde, wünsche ich euch einen zauberhaften Abend mit unserer entzückenden Amalia.«

Voller Verliebtheit lässt sie alles über sich ergehen, was der Angebetete von ihr fordert. Sie hat sich nicht auf das Gegenüber vorbereitet. Amalia bekommt einen Drogencocktail zu trinken. Das lockert den Geistkörper vom physischen Körper. Der dunkle Baron spielt wieder den Zeremonienmeister. Schutzlos ist Amalia dem dämonischen Magier ausgeliefert. Sie bewegt sich in fremden Welten, in denen keine Gesetze gelten. Der Teufel tanzt vor Freude seinen Reigen.

»Unser bezauberndes Medium ist das Tor in die andere Welt«, meint der dunkle Baron ironisch. »Gebt euch wie gewohnt die Hände und schließt den Kreis. Was auch geschieht, der Kreis muss geschlossen bleiben, sonst kann es gefährlich werden!«, warnt er.

Anspannung und freudige Erwartung liegen in der Luft. Beschwörend versetzt der dunkle Baron Amalia in eine noch tiefere Trance und ruft die Verstorbenen. Die Dämonen sind bereits in den Startlöchern, die Fragen zu beantworten. Sie sind nicht dumm, sondern sehr listig. Die verführerischen Geister gaukeln den Fragenden vor, dass jeder der Anwesenden in die himmlische Glückseligkeit kommen wird, auch wenn er auf Erden kein guter Mensch ist. Die angeblichen Kontakte mit angerufenen Verstorbenen sind so verführerisch, weil Vieles, was die Stimmen aus dem Jenseits berichten, richtig ist. Geister sehen Sachen von Menschen, die den Sterblichen verborgen bleiben. Die finsteren Kräfte sind schlaue Taktiker.

Plötzlich vernimmt die Gruppe ein geheimnisvolles Klopfen. Einer aus dem Zirkel muss heftig niesen. Es schüttelt ihn richtig durch. Er öffnet den Kreis und schnäuzt sich die Nase. Plötzlich zuckt das Medium zusammen wie unter einem harten Faustschlag. Schreckliche Bilder tanzen in Amalias Kopf. Sie erlebt einen geistigen Terror. Ihr schönes Gesicht verzerrt sich zu einer Maske. Ihre Lippen zucken.

Amalia schreit hohl und blechern mit einer irren, vollkommenen fremden Stimme: »Nein, nein!«

»Wir sind erfolgreich!«, triumphiert der schwarze Baron erbarmungslos.

Dann wird es für Sekunden still. Mit Gänsehaut, aber auch mit einer gewissen Neugier starren alle auf das Medium. Dann ein tierischer Aufschrei. Eine unheimliche Stimme spricht wirres Zeug aus ihrem Munde. Ein Dämon hat von Amalia Besitz ergriffen. Der dunkle Baron lächelt schmal. Ihr widerfährt etwas Widerwärtiges. Ein höllischer, dunkler Sturm von Dämonen fegt durch die schicksalhafte Nacht.

Kalter Schauer ergreift die inzwischen abgebrühte Runde. Die Situation ist aus dem Ruder gelaufen. Der ausgelöste Sturm tönt wie das Wehklagen eines Gefangenenchors aus dem Dämonenreich.

Furchterregende, hässliche Gestalten offenbaren sich im Jenseits. Wie schmutzige Lumpen sind sie anzusehen. Als zart schimmerndes Licht fällt Melissa auf, was das Düstere etwas erhellt. Das verleiht ihr einen gewissen Respekt bei den angerufenen Dämonen. Es sind Tote, die von der Erde nicht weggekommen sind. Sie irren nun in der geistigen Welt umher. Es sind Terroristen, Mörder, Drogenhändler, Menschen, die falsch und böse denken und andere Menschen in die Irre führten. Sie wird von ihnen nicht behelligt, weil sie nicht in ihren bescheidenen Lichtkreis eintreten können. Melissa spürt, dass sie nicht in diesen Kreis der Gestrandeten gehört und doch alles Negative aushalten muss. Es ist eine Auseinandersetzung mit dem Bösen.

Schweißtropfen perlen inzwischen auf der Stirn des dunklen Barons. Als er Amalia aus der Trance zurückholen will, gelingt es ihm nicht. Die Monstergestalt aus dem Jenseits scheint nicht auf den dunklen Baron zu hören - sie hat die Macht übernommen. Der Baron verliert sein inneres Gleichgewicht und muss seine ganze Kraft zusammennehmen, um sich nicht zu verraten. Die Situation fühlt sich an wie ein herrenlos treibendes Boot in einem gewaltigen Sturm, ohne Ruder. Die Arme ist von etwas Unheimlichem besetzt worden, das ihren ganzen Körper durchschüttelt. Die Geister, die angerufen worden sind, entwickeln eine Eigendynamik. Nahezu eine Stunde wüten die entfesselten dunklen Kräfte.

Plötzlich erlöschen die Kerzen. Ein Sturm reißt heulend die Fenster auf. Dann verstummt das Spiel des Grauens. Die Geister, die gerufen worden sind, hatten ihren Spaß. Der

Augenblick ist gekommen, dass jeder im Zirkel am liebsten nur noch flüchten möchte. Endlich kommt das Medium zur Ruhe. Doch Amalia ist auch nach der Trance kaum ansprechbar. Sie hat den Boden unter den Füßen verloren. So wird beschlossen, das Mädchen in einem Zimmer im Herrschaftshaus ausruhen zu lassen. Amalia fühlt sich schlimm, schon die Tatsache, dass sie ohnmächtig geworden ist und sich an nichts mehr erinnern kann, ist für sie sehr beunruhigend. Jemand hält ihre Seele in der Hand. Sie fühlt sich allein wie ein verlassenes Kind.

Vor dieser grauenvollen Attacke war sie wie ein sprießender Baum im Frühling, dessen Knospen gerade vor dem Durchbruch stehen. Sie ist die Einzige in der Runde, die reine, hellsichtige Fähigkeiten hat. Dieses unnötige Erlebnis wird sie tief in den Abgrund ziehen. Ihre geistige Prüfung der Standhaftigkeit wäre gewesen, den eigenen inneren Bildern zu vertrauen und trotz Verliebtheit zu dieser Séance *Nein* zu sagen. Sie hat es nicht verstanden. Unausgesprochen fühlt sie ihr Versagen.

Draußen ist die Nacht noch dunkler geworden. Sogar der Mond hat sich hinter einer dunklen Wolke versteckt. Es scheint, als würde er mit den dunklen Wolken kämpfen. Er verliert den Kampf, es wird eine stockfinstere Nacht.

Die Herren vom Zirkel haben den Heimweg angetreten. Amalia schaut mit brennenden Augen aus dem Fenster den Kutschen nach, wie eine nach der anderen das Grundstück verlässt. Bald ist draußen nichts mehr zu sehen. Der Nebel hat wie dicke Watte das Haus umhüllt. Amalia fühlt sich wie in einem falschen Film. Sie öffnet das Fenster, zieht die frische Luft ein, die die starken Kopfschmerzen etwas vertreibt. Die kahlen Zweige der Bäume schauen wie besorgt herüber. Sie zieht die schweren Brokatvorhänge wieder zu und tastet sich ins Zimmer zurück.

Kurz darauf legt sie sich ins Bett, bleibt still liegen und lauscht. Amalia wälzt sich hin und her. Sie hat Panikattacken, fühlt sich elend, verlassen und hat wieder diese unbeschreiblich starken Kopfschmerzen, die fast zum Wahnsinnigwerden sind. Endlich gelingt es, ein bisschen Schlaf zu finden. Plötzlich wacht sie schreckhaft auf und hat das Gefühl, jemand hätte ihr ins Gesicht geschlagen. Völlig verwirrt taumelt sie zum Fenster und öffnet wieder die Vorhänge. Der Mond schaut durch die Wolken und hat das Stockfinstere der Nacht etwas erhellt, was ein wenig zur Beruhigung beiträgt. Regungslos bleibt sie eine Weile zitternd stehen.

Das Zimmer hat sich merklich abgekühlt, sodass sie sich schon bald schlotternd unter die wärmende Bettdecke verzieht. Ihre Seele ist auch Stunden nach der Sitzung immer noch von ihrem Körper gelockert. Der Trancezustand hat sie an die Schwelle zur geistigen Welt gebracht, aber nicht ins Lichtreich, sondern in die Schattenwelt. Ihre Seele hat sich vom hellen, lichten Ursprung weit entfernt und findet nicht mehr zurück.

Amalias Hellsichtigkeit erlaubt es ihr, Melissa schemenhaft wahrzunehmen. Die Verstorbene ist in guter Absicht gekommen. Sie versucht, Amalia aus dem Totenreich beschützend beizustehen. Melissa will Amalia warnen, sich nicht noch ein zweites Mal als Medium zur Verfügung zu stellen. Doch die Arme kann mit ihrem ungeschulten inneren Auge nicht Gut und Böse unterscheiden. Sie fühlt sich nur noch in Todesangst gejagt.

Tatsächlich hat sich eine verirrte Seele aus dem Totenreich an dem Medium festgeklammert. Diese dämonenhafte Seele verharrt noch in ihrer Schlechtigkeit. Für ihr offenbar verwerfliches Erdenleben zeigt sie keine Reue. Über den Verlust der physischen Energie ist sie verwirrt und verärgert. In dem chaotischen, selbst geschaffenen Energiefeld ist zu spüren, dass die Spukseele jede Gelegenheit nutzt, die sich bietet, ihre schlechten Taten mit aller Macht fortzusetzen.

Amalia spürt unvermittelt, dass sie von etwas Angsteinflößendem beobachtet wird. Kaum einen Meter von ihr entfernt zeichnet sich eine unheimliche Schattengestalt ab. Etwas Eiskaltes durchströmt den Raum. Sie zieht die Bettdecke über den Kopf und wickelt sich noch stärker darin ein. Trotzdem wird sie das Zittern und Frösteln am ganzen Leib nicht los. Voller Angst bleibt sie regungslos liegen, bis die Luft knapp wird. Sachte schiebt sie die Bettdecke etwas zur Seite um sich Luft zu verschaffen, da sieht sie Augen, die mit ihr einen wilden Tanz aufführen.

»Von nun an bist du mein Werkzeug!«, glaubt sie eine höhnische Stimme zu hören.

Vor Schreck ist sie wie gelähmt, nur das Herz pocht zum Zerspringen. Schweißgebadet zieht sie die Bettdecke wieder ganz über den Kopf, um sich darunter zu verstecken.

Im Park ächzen die sturmerprobten Bäume. Der Wind pfeift, heult und rüttelt an den Fensterläden. Amalia fühlt sich furchtbar elend, verzweifelt von Gustav ausgenutzt und allein gelassen. Mitternacht mag gerade vorüber sein, als plötzlich jemand leise die Zimmertür zu Amalias Reich öffnet. Fassungslos vor Schrecken murmelt sie ein Gebet. Es hilft nichts. Die Tür geht noch weiter auf und dann steht der widerwärtige, angsteinflößende Dämon wieder direkt vor ihr. Amalia gerät in absolute Panik. Weitere Dämonen, die herumschleichen, jubeln über das Erfolgserlebnis. Ihre Kehle ist wie zugeschnürt, ihr Körper ist handlungsunfähig, sonst würde sie schreien. Sie ist gelähmt vor Angst und Schreck. Hilflos wie ein verängstigtes Kind zieht sie die Bettdecke wieder über den Kopf. In diesem Augenblick grollt ein Donner. Der Regen prasselt unerbittlich an die Fenster. Das Heulen des Sturms dauert nahezu eine Stunde.

Dann, endlich, lässt der Sturm nach und die Stille kehrt wieder ein. In tiefster Verzweiflung versucht Amalia abermals unter der Decke hervorzuschauen. Sie hält den Atem an und spürt, wie sich der Magen verkrampft. Ihre Seele ist in hellem Aufruhr. Sie spürt, dass sich etwas zusammenbraut. Die Dämonen des Finsteren lauern in den Startlöchern und nutzen den Moment, um die Verängstigte abermals heftig zu erschrecken. Mit blutroten Augen glotzen sie. Als spukende Höllenhunde blicken sie die zu Tode Erschrockene angsteinflößend an. Sie wird endgültig zum Spielball finsterer Kräfte.

Wäre ihre Seele durch die Drogen nicht in einer falschen Art und Weise gelockert worden, wäre dieser Spuk an ihr vorbeigezogen. Der dunkle Baron hat sie als Medium missbraucht und den Dämonen zum Fraß vorgeworfen. In ihrer inneren absoluten Einsamkeit verliert Amalias Seele die Verbindung zum Licht. Sie wird unendlich traurig, depressiv und hat nur noch Angst. Wie in einem Käfig, der ihre Seele gefangen hält, fühlt sich Amalia. Sie sieht keine Möglichkeit, diese Käfigstangen zu durchbrechen. Doch sie wären für Amalia nicht unzerbrechlich, sie hätte die geistige Kraft, diesem Gefängnis der Angst zu entrinnen.

Melissa steht dem Geschehen in ihrer Situation hilflos gegenüber. Ihr sind die Hände gebunden, als Tote helfend einzugreifen. Auch sie selbst muss sich kräftezehrend gegen diese Dämonen behaupten. Als ob sie nicht schon alle tief genug im Sumpf sitzen würden.

Der Fußboden knarrt. Ein Dämon bewegt sich schnell auf die Verängstigte zu. Amalia stößt einen entsetzlichen Schrei aus und rennt wie von Sinnen zur Tür. Sie strauchelt, kommt aber wieder auf die Füße. Die Tür ist verschlossen. Das irritiert sie noch mehr. Helle Panik ergreift sie. Nervös versucht sie den Schlüssel umzudrehen, was zu ihrer Erleichterung auch gelingt. Wie von Sinnen rennt sie, nur bekleidet mit einem durchsichtigen Nachthemd, das einst Melissa gehörte, die Treppe hinunter. Sie stößt die Haustür auf und stürzt ins Freie. Sie rennt über die Terrasse bis hinunter zum Tor, hinaus in die kühle, dunkle Nacht. Der Mond scheint spärlich durch die Wolken. Das Entsetzen steht der Armen ins Gesicht geschrieben. Verfolgt wird sie von den Dämonen, welche ihren Spaß daran haben, das Opfer wie ein Beutetier zu jagen.

Das Herrschaftshaus hat sie schon längst hinter sich gelassen, als sie von der Polizei angehalten wird. Schluchzend, völlig verstört stottert sie Unverständliches. Mit einer Wolldecke wird sie umhüllt und anschließend zum Doktor gebracht. Langsam erwacht sie wie aus einem bösen Traum. Das lästige Schluchzen versucht sie im Keime zu ersticken. Immer noch zittert sie am ganzen Körper. Die Details dieser schrecklichen Situation, in der sie gerade steckt, zeichnen sich immer deutlicher als klares, inneres Bild ab. Der Arzt, ein freundlicher älterer Herr, reicht ein Taschentuch, womit sie sich, um möglichst viel Zeit zum Nachdenken zu schinden, endlos lang die Nase abwischt.

»Nicht weinen, Mädchen, ich glaube, du hast mir einiges zu erzählen!«, versucht er Amalia zu beruhigen.

Die Gedanken werden immer klarer, so klar, dass sie sich wieder erinnern kann. Sie hat Hemmungen, die Wahrheit zu erzählen. Verzweiflung, Schmerz und Gewissensqualen beherrschen ihre aufgewühlten Gefühle. Sie grübelt nach passenden Worten, stößt einen kläglichen Seufzer aus. Plötzlich hat sie das Gefühl, es schwebe die Gestalt des dunklen Barons als Vision vor ihrem inneren Auge, der warnend den Finger erhebt, ja nicht über das Erlebte zu reden. Ist es Täuschung oder Wirklichkeit? Die Erlebnisse haben sie in eine Welt geführt, die sie nicht versteht, und das macht ihr abgrundtief Angst.

Der Arzt wiederholt die Frage nochmals: »Was ist geschehen? Fällt dir nicht ein, wie du in diesen verwirrten Zustand geraten bist?«

Sie blinzelt ihn an, ihre Hände sind ruhiger geworden. Seine bohrenden Fragen finden keine Erwiderung. Stillschweigen über das Erlebte scheint von Vorteil zu sein. Sie sitzt mitten in einer Falle. Mühsam sucht Amalia nach Worten. Dem Doktor tischt sie eine Lügengeschichte auf und fühlt sich dabei miserabel. Er schüttelt verständnislos den Kopf. Kein Wort glaubt er ihr! Das gibt er zu verstehen. Darauf bringt die Polizei Amalia zurück in die Villa.

Ihre Blicke schweifen durch die Parkallee. Der alte, kahle Kirschbaum steht als Bild des Jammers da. Er spiegelt Amalias Gefühlszustand, ihre momentane Lebenssituation. Nie wieder hat der alte Kirschbaum nach Melissas Tod geblüht. Doch davon weiß Amalia nichts.

Agnes Empfang ist herzlich. Sie bemüht sich, in der Verwirrung des Geschehens die passenden Worte zu finden. Auf eine Diskussion will sie sich auf keinen Fall einlassen und tut so, als wisse sie nicht, um was es wirklich geht. Trotzdem muss sie die gehässigen Bemerkungen der Polizei über sich ergehen lassen. Auch Agnes hat keine Freude an dem, was zur Zeit in der Villa geschieht. Als gute Hausangestellte hat sie gelernt zu schweigen.

Amalia steht währenddessen regungslos, schweigend und in sich gekehrt wie ein Häufchen Elend daneben. Agnes nimmt die arg Gebeutelte in den Arm und macht den Vorschlag, eine Weile hierzubleiben. Zur Entspannung schlägt Agnes vor, ein warmes Bad einlaufen zu lassen. Doch Amalia lehnt an. Am liebsten hätte sie dieses Haus nie wieder betreten. Doch sie weiß nicht, wohin sie sonst in ihrem Zustand gehen könnte.

Gustav hat sich wortlos aus dem Staub gemacht, was für Amalia eine zusätzliche Niederlage bedeutet. Somit ist Haushälterin Agnes die Einzige, der sie vertrauen kann. Sie fühlt sich als Sklavin des Bösen. In den nächsten Tagen wird ihre Seele trauriger und trauriger. In den Sinnen des Düsteren fühlt sie sich wie eine Spinne im Netz gefangen. Fühlt nur noch Trauer, Bestürzung, Unwissenheit. Sie trauert ohnmächtig den schönen mystischen Bildern hinterher, die sie als Traumreisende vor diesem schrecklichen Erlebnis als Medium erlebt hat.

Sie war schon auf der Himmelsleiter. Das innere Feuer hat sie entzündet, spürte die Wärme des himmlischen Lichtes. Ihre Seele schwebte majestätisch schwerelos durch die Lüfte. Durch ein Land aus Licht wie Kristalle, die hell funkelten im grenzenlosen Schimmer.

Nun hat sich das Blatt gewendet, sie ist von der Himmelsleiter in die Tiefe gestürzt, in eine finstere Welt eingetreten, die sie nicht versteht, und das macht ihr nur noch Angst. Ihre sehenden Augen sind verbunden worden. Stundenlang bleibt sie regungslos im Salon sitzen. Agnes bemüht sich liebevoll, Amalia aufzuheitern. Doch die Bemühungen versanden ungehört. Es ist, als ob dem liebevollen Wesen die Wurzeln ausgerissen worden sind. Ein Pflänzchen, das von Tag zu Tag mehr dahinwelkt. Ihre Seele müsste wieder zu dem inneren

Einklang finden und die lähmende Angst besiegen. Doch das traumatische Erlebnis ist stärker, es blockiert sie.

Zusätzlich hat sie sich zum Gespött der ganzen Stadt gemacht. Diese Schmach lastet außerdem bleischwer auf ihrer jungen Seele. Das Geschehene hat sich wie ein Lauffeuer verbreitet. Die Leute von der Presse lauern Amalia auf, genau wie die Dämonen es tun. In den folgenden Tagen fiebert sie und hat Halluzinationen. Agnes macht aufopfernd fiebersenkende Umschläge und kocht Tee. Es dämmert, als Agnes ein Zündholz in Brand setzt, um eine Kerze anzuzünden. Im selben Augenblick jagt ein Windstoß über das Dach des Hauses. Das leise Ächzen verwandelt sich in ein zorniges Heulen. Irgendwo klappert ein Fensterladen wie in einem Gespensterhaus. Kalter Schweiß zeichnet sich auf Amalias Stirn ab.

»Jetzt verliere ich dann doch den Verstand!«, keucht sie verzweifelt.

Kurz darauf, mit einem herzzerreißenden Schrei, poltert sie die Treppe hinunter. Agnes erschrickt durch den Lärm zutiefst. Nach einiger Zeit gelingt es ihr, die Patientin wieder zu beruhigen und ins Bett zu bringen. Dieser Zustand dauert weitere Tage an, dann zeichnet sich eine leichte Besserung ab.

Während all dieser Tage des Leidens hat das verliebte Mädchen heimlich gehofft, dass Gustav sich doch noch melden und ihr seine Liebe gestehen würde. Doch die Hoffnung bleibt vergebens. Es sind die dunkelsten Stunden, die sie in ihrem jungen Leben durchlebt hat. Der Schmerz, zum Anrufen des Bösen missbraucht worden zu sein, ist allgegenwärtig.

Klammheimlich packt sie ihre Sachen und verlässt die Villa, bevor der Tag erwacht. Gegenüber Agnes fühlt sie sich undankbar und versucht in einem Dankesbrief die Gründe plausibel zu erklären. Etwas ihn ihr ist stärker als sie. Die Dämonen lassen ihr Opfer nicht mehr aus den Augen.

Gegen den eisigen Wind kämpft sie sich vorwärts. Immer noch fiebert sie etwas. Sie fährt zusammen. Ein Dämon mit glühenden Augäpfeln kommt ihr entgegen, als wolle er sie umarmen. Amalia fühlt sich verfolgt, nicht mehr als freier Mensch. Etwas Unheimliches bewohnt ihren Körper und ihren Geist mit. Mit dem kleinen Koffer rennt sie wie von Sinnen die Straße hinunter, entlang an einer Baumallee, weiter über Felder und Wiesen, bis sie außer Atem fast zusammenbricht.

Ein Fuhrmann entdeckt schließlich die Verwirrte, die sich wie ein Häufchen Elend zusammengekauert hinter einem Heuschober versteckt hat. Er erbarmt sich des verstörten Mädchens und bringt sie ins Frauenkloster. Es liegt außerhalb der Stadt, in eine hügelige Landschaft eingebettet, in friedlicher Natur. Ist der trotzige Sturm eine Warnung des Himmels?

Amalia hat die Stirn an das kühle Kutschenfenster gepresst und schaut mit starrem Blick dem Unwetter zu. Eine halbe Stunde später erreicht die Kutsche das Ziel. Der Kutscher klopft kräftig an das Klosterportal. Kurz darauf öffnet sich das Guckloch und eine Nonne tritt ins Freie. Sie mustert die junge Frau von Kopf bis Fuß. Der Fuhrmann übergibt Amalia mit einem kurzen Kommentar.

Dann geht er zurück zur Kutsche, schaut sich nochmals um und murmelt vor sich hin: »Hoffentlich findest du hier deinen Seelenfrieden wieder, schönes Mädchen!«

Die ältere Klosterfrau nimmt Amalia in Obhut. »Die Beichte wird dir dein Gewissen erleichtern!«, entgegnet sie.

Nur Amalia ist nicht bereit, über ihre Seelenqualen zu sprechen. »*Was mache ich überhaupt in einem Kloster? Für einen Kuss, etwas Liebe von Gustav, habe ich meine Seele an den Teufel verkauft! Wie könnte diese Nonne die Liebe zu einem Mann überhaupt verstehen? Wer noch nie in einer solchen Situation war, weiß nicht, um was es wirklich geht!*«, denkt sie.

Dann überkommt sie wieder diese schreckliche Ohnmacht der Verlassenheit. Ihr Inneres schreit nach dem Geliebten. Vor Erschöpfung stützt sie sich ab, um nicht zusammenzusinken. Ein kleiner Funke Hoffnung auf ein Wiedersehen gibt ihr nochmals einen Kräfteschub.

Sie bleibt einige Tage bei den Nonnen. Aber auch die Mauern des Klosters können sie nicht von ihren Halluzinationen befreien. So, wie sie gekommen ist, verschwindet Amalia wieder und kehrt reumütig zu Agnes zurück. Anfänglich hat es den Anschein, dass sich Amalia wieder fangen kann. Ihre Seelenstimmungen sind aber wie Schneeflocken, die in ihrem Wesen herumtanzen, nicht zu fassen sind und sich jederzeit zu einem Schneesturm entwickeln können.

Amalia fühlt sie sich weiter gehetzt und gejagt. Die Angst ist der ständige Nährboden der Depressionen. Gustav hat die Arme fallen lassen wie eine heiße Kartoffel. Sie ist eine einsame Verfolgte in den Fängen von Depressionen geworden. Ihre erschreckenden Visionen werden für Amalia unerträglich. Dabei hätte sie doch wirklich hellseherische Fähigkeiten gehabt. Schon als kleines Kind konnte sie Dinge sehen, die anderen verborgen blieben. Nur nahm damals niemand von den Erwachsenen ihre Schilderungen ernst. Allzu oft wurde sie einfach nur belächelt und damit gehänselt. So schwieg sie mit jedem Jahr, das verging, mehr.

Als Gustav in ihr junges Leben trat und für ihre Visionen Worte der Begeisterung fand, fühlte sie sich zum ersten Mal im Leben ernst genommen. Kein Wunder, dass der erfahrene

Charmeur Amalias Herz im Eilzug erobert hat. Bedauerlicherweise sucht seine ungeläuterte Seele nur den schnellen Weg ins Übersinnliche. Für seinen schwarzmagischen Zirkel kam ihm die naive, unerfahrene Amalia gerade wie gerufen. Doch ein Funken schlechten Gewissens ist bei Gustav noch vorhanden. Es ist ihm bewusst, dass er Amalia ins Unglück gestoßen hat. Amalias Unschuld hätte ihm heilig sein müssen. Er hätte bemerken müssen, dass Amalias Liebe zu ihm etwas Heiliges war. So zieht er es vor abzuwarten, bis sich der Sturm, der in ihr tobt, gelegt hat. Amalia hat ihm vertraut, für ihn war es nur ein spannendes Spiel.

Die mörderische Angst durchdringt fast vollständig Amalias liebliches Wesen. Hätte sie dem Unheimlichen, dem Finsteren ernsthaft die Stirn geboten und das Ruder des Lebens wieder in die Hand genommen, wäre sie mit ihrer lichten Seele bald wieder ins Helle vorgestoßen. Doch sie lässt sich im Sturm des Lebens herrenlos treiben. Und der Sturm des Lebens zieht sie in den Abgrund. Dazu kommt die Gleichgültigkeit, mit der sie von Gustav seit Wochen behandelt wird. Sie kann diese Gleichgültigkeit nicht verdauen. Ohne ihn sieht sie keine Zukunft. Ihr kleines Herz zerbricht unter dem Gewicht des Seelenleides und des Schmerzes. Erfroren, in tausend Stücken zerschmettert, liegt es im Eis der Liebe. Sie weint bittere Tränen. Nochmals versucht sie sich aufzuraffen, um dem Leben eine neue Wende zu geben. Trotz der liebevollen Bemühungen von Agnes gelingt es nicht.

Dann kommt der endgültige Zusammenbruch. Der einzige Mensch, mit dem sie reden möchte, den sie verehrt und liebt, ist unerreichbar geworden. Sie hat einem falschen Vogel vertraut. Anstatt sie auf Flügeln zu tragen, ließ er sie abstürzen, ins Bodenlose, ins Nichts. Geblieben sind nur die schrecklichen Visionen, die aus dem Alltag nicht mehr zu vertreiben sind. In einem höllischen Hexenkessel bewegt sie sich, in dem tierähnliche Fratzen ständig ihr grässliches Unwesen treiben und sie wahnsinnig machen.

Es ist frühmorgens, als Agnes verstört aus ihrem Albtraum erwacht. Im Traumgeschehen steht sie mit Amalia an einem Bahnübergang in einer öden Landschaft ohne ein Lebewesen. Die Schranken sind gerade herunter gegangen. Gemeinsam bleiben sie dahinter stehen und warten, bis der Zug vorüber fährt. Darauf werden die Schranken wieder hochgezogen. Da wird Agnes bewusst, dass sich Amalia im Traum unter den Zug werfen wollte. Wäre Agnes nicht dabei gewesen, wäre die Verzweifelte gesprungen. Ist das eine Warnung?

Sie rennt durchs Haus, öffnet die Tür zu Amalias Zimmer. Das Bett ist leer. Eine unbeschreibliche Ohnmacht überkommt sie. Sie rennt durch die Stadt zum naheliegenden Bahnübergang. Doch sie kommt zu spät. Die Dunkelheit hat das Licht besiegt. Amalia hat tatsächlich den Freitod gewählt. Das Böse hat gewonnen.

Amalia hört, körperlos schwebend, donnerndes Jubelgeschrei, darauf schallendes, triumphierendes Lachen der Dämonen. Ihre Augen sind verschleiert, sie kann nichts sehen. Die Arme leidet schlimme Qualen. Es ist, als würde sie über glühende Kohle laufen. Sie wünschte sich, diesem Zustand der Verzweiflung ein Ende zu setzen. Ein Zurück ins Leben gibt es nicht mehr, ein vorwärts ins Licht auch nicht. Durch den Freitod hat sie eigenmächtig in ihr Erdenschicksal eingegriffen. Auf der anderen Seite des Lebens wurde sie noch nicht erwartet. Das Fest zum Eintritt in den Himmel ist nicht bereitet.

Da wird Amalia bewusst, dass die Menschen die Erde erst verlassen dürfen, wenn die Aufgaben erfüllt worden sind.

Von der Erde flüchten, auch wenn es ein Tal der Tränen ist, liegt nicht in den Kompetenzen des Menschen. Der Himmel akzeptiert keine Deserteure. Zwischen Himmel und Erde muss sich alles weiterentwickeln. Und der Mensch kann das nur auf der Erde tun. Nur die Prüfungen des Lebens zwingen, die eigenen Kraftquellen zu nutzen. Sie hätte ihre Gedanken richtig ordnen sollen, sich auf die eigenen spirituellen Kräfte verlassen sollen. Einsamkeit und Traurigkeit haben sie dazu gedrängt, in sich zu gehen und eine neue Kraftquelle zu erschließen. Sie hätte den wahren Reichtum, die wahre Kraft und den wahren Halt gefunden. Doch sie hat ein Blatt im Wind für ihr Seelenheil vorgezogen. Durch ihre Leidenschaft hat sie den richtigen Weg verlassen, ist einem Pfad gefolgt, der in eine sumpfige Gegend geführt hat, in der es von Ungeziefer und Schlangen wimmelte. Sie hätte gleich am Anfang vor dieser Bedrohung die Flucht ergreifen müssen. Durch ihre Betrübnis hat sie sich auf der Astralebene verirrt, die von Wesenheiten bevölkert ist, die stechen und beißen. Durch den Drogencocktail war sie zu lange in der Dunkelheit und wurde von ihr besiegt. Von nun an bewegt sie sich wie in einem trostlosen Wartesaal. Die Dämonen sind geblieben.

Körperlose, schattenhafte Geistwesen umflattern Amalias Geistkörper. Diese dunklen Kräfte haben sich von Amalias Angst ernährt. Von nun an auch von Amalias unverbrauchten Lebenskräften. Sie wollte vor dem Leben flüchten, ins Licht eintreten und den Frieden finden. Doch das war ein Irrtum. Im nebelhaften Zwischenreich fühlt sie noch tiefere Schmerzen und unbeschreibliche Qualen. Sie fühlt sich in den Sumpf geworfen und niemand ist da, der sie herausziehen kann. Hätte sie noch einen Körper, würde sie umkehren und die Hilfe von Agnes schätzen und würdigen. Als Selbstmörderin hat sie sich aus dem Fluss des Lebens herausgestoßen. Zurück bleibt ein unbewältigtes Schicksal. Doch sie kann nicht vorwärts und nicht zurück. Ihr physischer Körper ist unwiderruflich zerstört. Als Geistwesen sucht sie Gustav auf und hängt sich wie ein Schatten an seine Seele. Als Lebende wurde ihr die Liebe versagt. Als Tote wird sie sein anhaftender Geist, der ihn ständig verfolgt. Eine Tragödie löst die nächste ab.

Ach, hätte sie doch nur nicht eine solche Angst vor den Dämonen gehabt. Das Finstere wäre machtlos gewesen. Die Angst wurde für sie zum Nährboden des Bösen. Nur kommt diese Erkenntnis zu spät. Von nun an wandelt sie für Jahre im Dunkeln des Schattenreiches. Getötet worden ist nur der Leib, Amalias Erdenkleid. Dieses ist es aber nicht, das Leid und Schmerz empfindet. Es ist die Individualität, die darin steckt. Nur diese ist unsterblich und kann nicht getötet werden.

20. Stadtgespräch

Wie ein Lauffeuer verbreitet sich die Botschaft von Amalias Freitod. Die Presseleute klopfen schon früh morgens an Anthonys Haustür. Jeder weiß, dass er der Besitzer der Villa ist. Elena ist aufgelöst vor Ärger. Eine Welle des Zorns zeichnet sich auf ihrem schönen Gesicht ab. So eine unbeschreibliche Tragödie und das in der Villa.

Anthony weigert sich, der Presse ein Interview zu geben. Das Einzige, was jetzt zählt, ist, ruhige Nerven zu behalten. Er hofft, dass das Geschehene wie ein böser Traum an ihm vorüberzieht. Doch sein Schweigen heizt die Spekulationen noch mehr an.

Elenas scharfer Tonfall drängt Anthony in die Verteidigung. Der mitleidvolle Gesichtsausdruck von ihrem Ehemann ist ihr bekannt, wenn er sich in die Enge getrieben fühlt. Unbeholfen sucht er nach den richtigen Worten. Bis jetzt hat Elena Anthony selten widersprochen. Wie sehr hat sie gehofft, dass ihre Beziehung endlich stabil sein würde.

»Wir haben das Herrschaftshaus verlassen, damit endlich Ruhe einkehrt. Jeder Bürger in dieser Stadt weiß, dass deine einstige Geliebte tot ist. Nicht einmal die Götter können sie für dich auferstehen lassen. Und nun redet die ganze Stadt über den tragischen Tod dieses jungen Mädchens. Was für grauenhafte Szenen sich in der Villa wohl abgespielt haben müssen, dass sie dieses unschuldige Mädchen in den Freitod getrieben haben! Das macht mich fassungslos. Ich fühle mich von dir zutiefst betrogen. Jeder hat eine helle und eine dunkle Seite. Es kommt nur darauf an, welche wir für unser Handeln aussuchen. Offenbar hast du die Dunkle gewählt. Du hast erreicht, dass die Villa endgültig zum Spukhaus abgestempelt worden ist. Wie abergläubisch die Leute in dieser Stadt sind, war und ist dir bewusst. Keiner wird die Villa jemals mehr kaufen oder mieten!«

Ein wilder Zorn lodert in Anthony auf, ein Hass gegen den ganzen Zirkel. Doch er beherrscht sich. Er zuckt nur verlegen mit den Schultern. Im Geheimen weiß er, dass Elena recht hat. Das Herrschaftshaus würde unverkäuflich bleiben bei dieser furchtbaren Biografie. Das prachtvolle Haus ist plötzlich zu einem seltsamen, unheimlichen Ort geworden, zu einer Art Tempel der Finsternis, in dessen Wänden ein geheimnisvolles Grauen wohnt. Um die aggressive Stimmung nicht noch mehr anzuheizen, zieht er es vor zu schweigen. Er umarmt Elena flüchtig und drückt ihr aufs Geratewohl einen Kuss auf die Wange. Verärgert stößt sie ihn von sich. Sie weist ihn ab.

»Kannst du nicht sprechen?«, antwortet sie spöttisch auf seine Geste.

Ungeachtet der Tatsache, dass er ihr eine Antwort schuldig ist, bekommt sie nur ein verlegenes Grinsen. Doch so einfach lässt sich Elena nicht abwimmeln. Es entsteht ein langer, aufwühlender Dialog, denn sie beharrt darauf, die ganze Wahrheit zu erfahren. Für eine Weile tritt Schweigen ein. Anthony hofft in seinen Gedanken, dass Elena sich nun wieder beruhigt.

Nach kurzer Überlegung sagt sie: »Anthony, du hast ein verdammtes Problem!«

»Ich habe die Regeln für unseren Herrenzirkel nicht aufgestellt und kann sie auch nicht einfach brechen!«, fügt er als Entschuldigung an.

Elena kocht vor Zorn. In diesem Moment empfindet er seine Frau genauso unheimlich wie die Séancen in der Villa.

»Ihr alle steckt in dieser unseriösen Geschichte mit drin. Melissa wurde offenbar ermordet und das Mädchen hat Suizid begangen. Was muss denn noch alles passieren, bis du endlich deinen Verstand einschaltest? Nur du kannst unter diesen grässlichen Spuk einen Schlussstrich ziehen. Diesem dubiosen Zirkel hast du die Räumlichkeiten zur Verfügung gestellt und beteiligst dich selbst daran. Bist du wirklich von allen guten Geistern verlassen? Diesem arroganten Gustav bist du doch auf den Leim gegangen. Manchmal denke ich, dass er ein dunkles Geheimnis über dich weiß, dass dich erpressbar macht, und er so seine Macht über dich ausspielen kann.«

Anthony schnaubt lautstark und starrt sie nur entsetzt an. Bevor er etwas zu seiner Verteidigung sagen kann, hat sie im Streitgespräch wieder Oberhand. »Bis jetzt habe ich immer an das Gute in dir geglaubt. Diese Gerüchte, Vermutungen und Skandale ziehen dich in den Abgrund. Ich verlange von dir, dass du die Angelegenheit schleunigst, soweit überhaupt noch möglich, in Ordnung bringst! Mir bleibt nichts anderes übrig, als zu versuchen dich zu verstehen. Ich habe geglaubt, meinen Mann zu kennen, doch da habe ich mich offenbar aufs Übelste getäuscht! Von diesem Albtraum habe ich die Nase endgültig voll!«

Anthony fühlt sich miserabel und schuldig. Ihre berechtigte Kritik ruiniert sein Selbstwertgefühl gänzlich. Am liebsten möchte er verreisen und sich vor dieser Aufgabe drücken! So einfach, wie Elena sich das vorstellt, ist die Angelegenheit nicht zu bewältigen. Sich gegen seine Verbündeten zu stellen, braucht große Seelenstärke.

»Wir haben einen Eid geschworen, dass ...!«, noch bevor er weitersprechen kann, unterbricht sie ihn.

»So ein schrecklicher Skandal! Du fürchtest dich nicht etwa davor, diese Runde aufzulösen?«, faucht sie ihn an.

Erst jetzt bemerkt Anthony, wie er die Frau, die ihn liebt, mit seiner Unehrlichkeit quält. Seine Qualen mit dieser ungelösten Geschichte greifen auch auf Elena über. Er senkt beschämt den Kopf! Wenn er zu sich ehrlich ist, dann graut ihm tatsächlich vor der Konfrontation mit dem dunklen Baron und Gustav. Dieser Geier hat ihn ausgetrickst. Gustav ist ihm einfach mit seiner Wortgewandtheit überlegen. Anthony fühlt sich in seinem männlichen Stolz gedemütigt. Seine Hände kann er nicht in Unschuld waschen, dessen ist er sich völlig bewusst.

Elena schüttelt den Kopf und hakt mit verbitterter Stimme nach: »Dass da eine dunkle Verschwörung im Gange ist, das habe ich begriffen. Eure Abmachungen kenne ich nicht! Will es auch gar nicht wissen. Ihr experimentiert mit satanischen Kräften? Vermutlich bist du auch schon von der dunklen Magie besessen! Ich bin maßlos enttäuscht, Anthony! Wenn du so weitermachst, dann ziehe ich die Konsequenzen und verlasse dich mit Odilia. Dann bin ich auch für dich weg wie deine Melissa. Es ist meine letzte Warnung. Hört dieser Spuk nicht sofort auf, ist es mit unserer Ehe endgültig vorbei!«

Entgeistert schaut er Elena an. Anthony fühlt sich wie ein geschlagener Hund, der nur noch winselt, sich in seine Hundehütte zurückzieht. Dass er einen riesengroßen Fehler gemacht hat, sich von dieser dunklen Seelengruppe mitreißen zu lassen, verfolgt ihn wie ein dunkler Schatten, den er so schnell nicht wieder loswerden wird. Anstatt mit dem hellen

Himmlischen hat er sich mit dem Dunklen verbunden. Nach der hitzigen Diskussion stolpert er förmlich aus dem Zimmer. Um seinen inneren Frieden zu finden, muss er sich von diesen Lasten, die ihn fast erdrücken, loslösen. Er kann sich noch erinnern, dass er sich schon vor einiger Zeit vorgenommen hat, diesen Zirkel aufzulösen. Nur: Das Finstere ist mächtig und lässt sich nicht kampflos vertreiben. Genau wie Melissa sucht er nach seriösen Geisterkenntnissen. Nun hat er sich auf dem Pfad der Erleuchtung verirrt. Er hat die Kontrolle über sich verloren, sich in diesem Drama verstrickt. Nun zappelt er im Netz des Unheimlichen. Anthony reibt sich fast symbolisch die Augen, um wieder klar zu sehen. Er schwitzt und die Angst vor der Konfrontation mit dem dunklen Baron steckt wie tausend unsichtbare Giftpfeile in seinem Herzen.

Inzwischen sind Tage vergangen, seit die unglückliche Amalia zum Stadtgespräch geworden ist. Die Nacht ist bereits angebrochen. Vor dem geheimnisvollen Märchenschloss mit seinem dunklen Geheimnis fährt Kutsche um Kutsche vor. Agnes schwirrt nervös durchs Haus. Die ankommenden Gäste machen ihr gar keine Freude. Sie hat seit Tagen das merkwürdige Gefühl, dass die toten Frauen nach ihr rufen. Die Erkenntnis, dass die Verstorbenen ihre Hilfe brauchen, lässt sie schweigen. Plötzlich springt mit einem lauten Knall die Tür auf. Erschrocken drehen sich alle um.

Der dunkle Baron ist wie gewohnt als Letzter gekommen. Etwas unheimliches, unsichtbares Kaltes begleitet ihn. Trotz des tragischen Ablebens von Amalia ist keine Reue zu spüren. Überheblich zündet er eine Zigarre an und nebelt damit die ganze Runde ein. Anthony atmet tief, hüstelt und versucht so ruhig wie möglich zu bleiben. Dass er heute sehr verwirrt wirkt, ist den anderen Herren nicht entgangen. Alle blicken ihn fragend an. Es ist ihm anscheinend peinlich, sich erklären zu müssen. Gustav sieht ihn fordernd an und drängt auf klare Worte.

Von einem finsteren Blick des dunklen Barons begleitet, fängt er zögernd an, sein Anliegen zu formulieren: »Wir alle sind Marionetten von dunklen Kräften geworden. Es ist höchste Zeit zu erkennen, dass wir vom richtigen Weg abgekommen sind! Damit nicht noch mehr Schreckliches geschieht, werde ich die Séancen dieser Bruderschaft in meinem Haus nicht mehr gestatten!«

Darauf tritt Totenstille ein. Der Baron trommelt nervös mit den Fingern auf die Tischplatte. Er fühlt, dass der Zirkel am Zusammenbrechen ist. Durch Amalias Selbstmord hat sich die Stimmung verändert. Durchdringend blickt er Anthony an, als ob er nicht richtig gehört hätte. Er zieht demonstrativ an seiner Zigarre und bläst den Rauch hämisch in die Runde.

Dann ergreift er mit drohender Stimme das Wort. Bewusst versucht er das Schrecknis mit Amalia zu bagatellisieren. Er schubst Anthony sogar recht unsanft in die Seite. Dieser fühlt einen stechenden Schmerz bis in seine Eingeweide.

»Was auch kommen mag, ich muss hart bleiben. Das bin ich Elena schuldig!«, muss er sich Mut zusprechen. Er fühlt sich eingeklemmt wie in einem Sandwich. Egal auf welche Seite er sich schlägt, die Feinde sind ihm sicher. Die Hochgefühle der Euphorie schmelzen dahin wie Eiswürfel in der Sonne. Und dann donnert der Baron mit seiner bedrohlichen Art los. Anthony hört nichts mehr. Er darf keinen Millimeter von seinem Unterfangen, das zugleich eine Mutprobe ist, abweichen. Die Machtkämpfe sind in vollem Gange. Die aufgewühlte Stimmung hat einen momentanen Höhepunkt erreicht. Anthonys Herz pocht zum Zerspringen. Offenbar

hat er im ganzen Herrenzirkel einen unvorstellbaren Schock ausgelöst.

Die Beschimpfungen knallen nur so auf ihn ein. So viele Angriffe kann er nicht alleine abwehren. Er richtet sein Augenmerk auf Melissas Porträt und hat das Gefühl, dass er von ihr innere Schützenhilfe erhält. Er muss als Sieger aus dieser Konfrontation hervorgehen. Auf gar keinen Fall darf er sich von diesem Wortschwall, der auf ihn herabhagelt, betäuben lassen und klein beigeben. Eine innere Hölle, wie auf glühenden Kohlen, durchläuft er. Mittlerweile wird ihm bewusst, dass die anderen im Raum Angst vor dem Alleingang haben. In eine Abhängigkeit sind sie alle geraten, dessen schreckliche Folgen niemand absehen konnte. Ähnlich wie bei einem Drogensüchtigen, Alkoholabhängigen oder Nikotinsüchtigen, dem man seine Droge verweigert und ihn unfreiwillig auf Entzug setzt. Die undankbare Aufgabe, diesen Zirkel zu sprengen, ist an ihm hängen geblieben. Plötzlich verstummt dieses explosionsartige Donnerwetter. Nun versucht der dunkle Baron mithilfe von Gustav, den Spielverderber auf sanfte Art und Weise umzustimmen.

Anthony schließt für Sekunden die Augen und hat eine Vision. Er sieht die beiden verstorbenen Frauen mit Dornenkronen, umgeben von Dämonen, die ihn bittend und flehend anschauen. Der Einzige, der die Macht hat, die beiden von diesen Qualen zu befreien, ist er. Ihnen die schmerzenden Dornenkronen abzunehmen und ein Licht aufs Haupt zu setzen, das wird von ihm gefordert. Er muss diesen Wahnsinn endlich stoppen.

Er lächelt für einen Augenblick überlegen und fügt siegessicher hinzu: »Meine Meinung ist unumstößlich! Diese Widerlichkeiten müssen aufhören! Das alles ist zu abscheulich.

Was hier geschieht, ist letztlich meine Schuld. Diese Last kann und will ich nicht mehr tragen!«

Alle Augen ruhen hasserfüllt auf ihm. Er ist endgültig zum Sündenbock geworden. Wieder glüht der Zorn im Gesicht des Barons in roten Flammen. Der Schreckliche starrt ihn wütend an. Schreit und tobt und verschleudert dabei sein ganzes Energiepotenzial: »Du unausstehlicher, unerträglicher Idiot! Verflucht sollst du sein bis in alle Ewigkeit! Am liebsten würde ich dir die Kehle durchschneiden! Du wirst noch von mir hören!«

Seine Arme wirbeln aufgeregt herum. Seine stechenden Augen führen einen wilden Tanz auf.

»Wenn Blicke töten könnten, wäre ich bestimmt das Opfer!«, denkt Anthony. Dann steht der Baron wütend auf, läuft wie ein Sturmwind zum Ausgang und knallt die Türe ins Schloss. Mit einem grellen Pfiff ruft er nach seinem Kutscher. Knurrend und mit Drohgebärden folgt ihm der Rest der Gruppe. Der Schock über die endgültige Auflösung der Loge sitzt tief. Der dunkle Geist, der sich der Gruppe bemächtigt hat, scheint mit dem Herrenzirkel die Villa zu verlassen. Mit gesenkten Köpfen verlassen alle die Villa und schelten Anthony einen dummen Narren. Der Schreck steht ihnen allen im Gesicht geschrieben. Einer versetzt ihm noch einen herben Schlag auf den Kopf. Anthonys Gesicht wirkt ausgezehrt.

Einen Augenblick klammert es sich an die Leere. Doch dann kommt das Gefühl der Erleichterung, dass dieser Spuk vorerst einmal gebannt ist. Anthony schaut zur Wanduhr, sie zeigt, dass Mitternacht überschritten ist. Seine Augen weiten sich. Es ist, als bewege sich der Zeiger ungewöhnlich schnell. Plötzlich huscht ein Schatten vorbei, das Kaminfeuer flackert wie wild. Anthony taumelt zum Fenster. Heftiger Regen peitscht gegen die Fensterscheiben. Irgendwo rüttelt ein Fensterladen.

Der Zirkel existiert nicht mehr.

21. Gefangen in der Dunkelheit

Das Haus wird von nun an endgültig zum Spukhaus abgestempelt. Die Bürger der Stadt ziehen es vor, einen großen Bogen um das Grundstück zu machen. Die Villa fällt in einen langen Schlaf. Doch die angerufenen, gestrandeten Toten schlafen nicht. Sie sitzen weiter auf den feinen, zerbrechlichen Stühlen mit den geschwungenen Beinen und den goldenen Beschlägen, mit blassen Gesichtern, schattenhaften Leibern und hauchdünnen Kleidern. Sie wissen nicht, ob sie lebendig oder tot sind. Alles ist unklar, seltsam gedämpft und sehr qualvoll.

So wiederholen sich die Nächte. Und manchmal setzt sich ein Kavalier die Flöte an die spitzen Lippen und puppenhaft tanzen die gestrandeten Seelen. So vergehen die Jahre. Melissa und Amalia sind Fremde unter diesen Seelen. Aber die Macht, sie zu vertreiben, haben auch sie nicht. Die Luft ist voll von geisterhaften Wesen.

Anthonys Bewusstsein hat sich in der Zwischenzeit erweitert, sodass er erkennen kann, dass ein Fortschritt nur möglich wird, wenn dem eigenen Herzen Hilfe zuteilwird. Jeder Gegenstand in der Villa ruft unverarbeitete Erinnerungen hervor. So zieht er es vor, dieses Haus zu meiden. Agnes ist die einzige Person, welche immer noch in den Diensten von Anthony steht und regelmäßig das Haus lüftet.

Die einstmals gesäte Saat der Liebe scheint endgültig zu verwelken. Anthony braucht einige Zeit, um die Verstrickungen mit den Seelen aus dem Spukzirkel loszuwerden. Wie ein dunkler Schatten klebt das Erlebte an ihm und die Herren aus dem Zirkel versuchen, auf niederträchtige Art und Weise Anthonys Ruf zu vernichten. Beruflich muss er einiges einstecken. Seine erfolgreich aufgebaute berufliche Laufbahn gerät ins Stocken. Das Gespött der Anderen muss er standhaft über sich ergehen lassen. Seine Beharrlichkeit scheint von der geistigen Welt streng geprüft zu werden.

Charakterfest bleibt er, als ihm an seinem geschäftlichen Nullpunkt angeboten wird, die Séancen in der Villa wieder ins Leben zu rufen. Als lausiger Geschäftsmann wird er bezeichnet. Unbestritten ist es die härteste Prüfung, um nicht vom eingeschlagenen Weg abzuweichen. Er hat das Gefühl, die ganze Stadt flüstere hinter seinem Rücken düstere Vermutungen über seine Lebenssituation. Nichts kann ihn umstimmen, nochmals dem Finsteren die Tür zu öffnen. Er bleibt in seinen Vorsätzen konsequent. Er weiß, dass Schwächen wie Türen sind, durch die feindlich gesinnte Wesenheiten versuchen, sich wieder einzuschleichen. Doch er will nichts mehr mit ihnen zu tun haben.

Seine Standhaftigkeit hat auch Elena beeindruckt. Trotz all der negativen Konsequenzen bleibt sie unbeirrt an seiner Seite. Sie hat nie mehr gejammert und geklagt. Dadurch haben sie eine geistige Gemeinschaft gefunden, die Anthony aus den Irrwegen und Schwierigkeiten herausführen konnte. Elena ist die einzige kompetente Person. Den Angriffen der äußeren Welt hat sie standgehalten, die Liebe zur Erhaltung der Familie war das Einzige, was für sie zählte. Sie hat mit ihrer Ehe nicht den leichten Weg gewählt, als Lohn konnte sie jedoch unbewusst ihre spirituelle Entwicklung fördern.

Allmählich verlieren die Versuche der Beleidigungen an Unterhaltungswert.

Ihre Liebe fängt wieder an zu glitzern, aus Licht und Farben.

Anthony hat seine Maske, die sein wahres Gesicht gut verborgen hielt, vor Elena ausgezogen und hat der zum Stillstand gekommenen Situation neues Leben eingehaucht. Aber für seinen inneren Frieden ist er selbst verantwortlich. Niemand kann ihm die aufgebürdete Last abnehmen. So sehr er sich auch bemüht, er findet innerlich keine Ruhe. Der Tod von Amalia hängt bleischwer an seiner Seele.

Er wird noch viel an seinen Gedanken und Gefühlen arbeiten müssen. Es fühlt sich an, als ob er zum Aufstieg in die geistige Welt an einem Glas nippte und es dann in tausend Scherben zerbräche. Die guten und die schlechten Kräfte liegen so nah beieinander. Seine Seele hat hässliche dunkle Flecken bekommen, dabei ist er stets bemüht gewesen, nach dem Guten zu streben. Doch die dunklen Kräfte lauerten und zogen ihn hinunter. In diesen Momenten fühlte er sich, symbolisch betrachtet, nicht als Herr im eigenen Haus. Überrumpeln ließ er sich, dafür gibt es keine Entschuldigung.

Dieses Versagen ist schmerzhaft, deshalb macht er sich auch dauernd unterschwellige Vorwürfe. Er muss die Lösungen weiter in höheren Bereichen suchen, im Geist, im Licht. Ohne Licht gibt es keine wirklichen Wandlungen, dessen ist er sich bewusst. Auf gar keinen Fall will er nochmals auf die Nase fallen. Die Vergangenheit muss als Prüfung betrachtet werden, damit die Wahrheit gefunden werden kann. Er muss seine Misserfolge akzeptieren, sie dürfen ihn nicht traurig machen und andauernd entmutigen, sonst zerstört er sich und seine Familie.

Das geerbte Vermögen von Melissa verleiht ihm und seiner Familie in diesen schwierigen Zeiten gute Dienste, um problemlos über die Runden zu kommen. Die Prüfung der Standhaftigkeit hat er aus geistiger Sicht bestanden, sich auch in wirtschaftlich schwierigen Zeiten nicht nochmals dem Finsteren zugewendet.

Mit seiner Familie ist er durch das Nadelöhr gegangen. Diese Geschehnisse haben zusammengeschweißt und starkgemacht. Geschäftlich geht es auch wieder aufwärts, ähnlich einem Sonnenaufgang.

Auch Gustav hat der unerwartete Tod von Amalia tief getroffen, auch wenn er seine Gefühle bagatellisiert. Als er etwas Abstand von den ausgelösten Tragödien bekommen hat, fühlt er sich erstmals als bösartiges Wesen. Sein Geist hat bis dahin nur gesehen, was er wollte. Er ist ein Ungerechter geworden, eine Seele, die man verachtet. Ein Funken schamhafter Reue ist in seinem Innersten doch noch vorhanden. Von nun an plagen ihn entsetzliche Schuldgefühle. Ständig muss er an Amalia denken. Er spürt, dass sie ihn wie ein lautloser Schatten verfolgt, bei Tag und bei Nacht. Unheimlich hat sie sich in seiner Seele, seinem Geistkörper, eingenistet. Es zehrt an seinen Kräften.

Durch seine oberflächliche, irreführende Eitelkeit hat er zwei tragische Schicksale ausgelöst. Bei Amalia konnte er damit punkten. Sie verehrte ihn bedingungslos. Melissa hatte ihn durchschaut. Als sie ihm von imaginären Bildern erzählte, kam blanker Neid auf. Bei diesen Erinnerungen wird sein Gesicht noch bleicher. Die krampfhaft zusammengezogenen Augenbrauen, die flammenden Augen und die hart zusammengepressten Lippen geben seinem Gesicht etwas Unheimliches. Ein schiefes Grinsen huscht über sein Gesicht bei der Erinnerung, wie erfolgreich er geistige Fähigkeiten vorgegaukelt hat, über die er gar nicht verfügte. Durch seinen hypnotischen Glanz wurden seine Prahlereien zusätzlich unterstrichen.

Kurz darauf wechselt seine Stimmung wieder in eine Niedergeschlagenheit. Seine oberflächlichen Schmeicheleien, die er ohne groß zu denken ausgesendet hat, haben ihn zum Bösewicht gemacht. Der Strudel des Finsteren hat ihn ungewollt in die Tiefe gezogen. Er ist im Missklang mit sich selbst. Um das zu ändern, muss er an seinen unvollkommenen Charakterzügen arbeiten. Oft hat er den nebligen Drang nach etwas Hellem. Unbewusst sucht seine Seele nach dem Ewigen und stößt damit an die Schwelle zu höheren Erkenntnissen. Seine Seele leuchtet nicht und strebt nach Heiligkeit. Er muss aufhören, die Rachegedanken zu nähren und anderen die Schuld für sein Tun zu geben. Denn die wirkliche Feinheit sitzt gut getarnt in ihm und suggeriert das falsche Denken. Und ohne es zu merken, hätschelt, streichelt und nährt das Böse sich dadurch vorzüglich.

Oft bemüht Gustav sich, das Böse umzuwandeln. Ein ohnmächtiges Hoffen, ein Warten und Sehnen, dass er vielleicht doch irgendwann aus diesem Schleudertraum herausfindet. Doch dann ist dieses schreckliche, wurmartige Gebilde von einem Dämon wieder da, bemächtigt sich seiner und hindert ihn, sich dem Guten zu öffnen. Gnadenlos benebelt es seine Sinne und zieht ihn ins Skrupellose. Das sind dann die Momente, wo sich auch Amalia von Gustav zurückzieht.

Elena hat in den folgenden Jahren das Oberflächliche verloren. Sie hat an sich gearbeitet und ist eine ernst zu nehmende Persönlichkeit geworden. Im Stillen macht sie große Fortschritte auf dem Weg zu übersinnlichen Erkenntnissen. Das

Herz niemals der Dunkelheit zuwenden, sondern die Seele ins Licht stellen, das sind Elenas angestrebte Ziele auf dem inneren Schulungsweg. Licht ist Leben, ohne Licht kann nichts gedeihen, wachsen. Die Liebe hat sie klarer, scharfsinniger und fähiger gemacht. Sie ist eine sprudelnde Quelle geworden, welche das Böse fortschwemmt. Vom gesellschaftlichen Leben hat sie sich gänzlich zurückgezogen. Das Oberflächliche sieht sie nur noch als Zeitverschwendung. Überdrüssig wurde sie auch der Tatsache, ständig über die alten Geschichten zu spekulieren.

Anthony sucht das Gleiche, doch die Wege könnten nicht verschiedener sein. Durch seine Labilität hat er sich dem Joch der Dunkelheit unterworfen. Er wurde kritisiert, beschimpft, diffamiert, verflucht und seelisch bespuckt. Die Anstrengungen sind unbeschreiblich groß, sich wieder davon zu befreien. Doch Elena hat ihm Hoffnung gegeben, dass sich dieser Zustand auch wieder ändern kann. Er lag am Boden zerstört, doch sie hat ihn wieder aufgerichtet.

Gelegentlich geht Elena mit Odilia auf den Friedhof, um Kerzen für die Verstorbenen anzuzünden. Dann wird es durch diese Tat der Liebe für kurze Zeit heller um die Toten. Aber nie hell genug, dass die gefangenen Verstorbenen ins Licht eintreten könnten. Manchmal sitzt ein alter Mann auf einer Bank und schaut Elena und Odilia zu. Dass er ein Bote zwischen Himmel und Erde ist, bleibt sein Geheimnis. Er ist ein Adept. Auf der Erde gibt es eine Loge von Eingeweihten. Brüder, Schwestern der Liebe, der Harmonie, des Willens, der Intelligenz, der Freude, der Bewegung, des Wachstums, der Kunst, des Verstandes und des Taktes, des Feuers und der Wärme, des Lebens und der Vegetation. Der Himmel, von welchem die weiße Loge spricht, verliert sich im Weltenraum im Reich der Engel. Es sind hohe Seelen, die ihr Licht in die Welt senden. Die Energie ihrer mächtigen Gedanken verteilt sich im Kosmos und bringt als kollektive Kraft alles auf der Welt in Bewegung. Sie suchen sich unter der Menschheit diejenigen Seelen aus, welche am weitesten fortgeschritten sind, und bereiten sie für die geistige Arbeit vor. Das Ziel der Auserwählten ist, geistiger Helfer für die Menschheit zu werden. Es wäre naiv zu glauben, dass ein Einweihungsweg gradlinig verläuft.

Die Villa ist endgültig geschlossen worden. Agnes hat auf unbestimmte Zeit den Auftrag, vierteljährlich für ein paar Stunden nach dem Rechten zu schauen, den gröbsten Staub wegzuwischen und für kurze Zeit die Fenster zu öffnen. Dabei zündet sie wie bei einem immer wiederkehrenden Ritual Kerzen an und murmelt Gebete für die Verstorbenen. Dazu hat sie sich im Salon einen kleinen Altar errichtet.

Ein inneres Gefühl sagt Agnes, dass sie die Gebete für das Seelenheil der Toten sprechen muss. Liebevoll steht sie gedanklich mit ihnen in Verbindung. Agnes fühlt sich wie ein einsamer Eisberg, der allein im weiten Meer treibt, der mit niemandem sprechen kann. Es gibt kein Zurück ins alte Leben, ein Vorwärts in ein neues auch nicht. Sie lauscht beim zarten Kerzenschein in sich hinein. Das Kerzenlicht verleiht ihrer Persönlichkeit eine besondere Weichheit. Die Seelenschwingen tragen die Liebe weit in die Ewigkeit.

Irgendwo im dichten Nebel steht ein Baum, der sich zu Tode weint, weil die Sonne nicht mehr scheint. Unermüdlich ruft ihr Herz nach den Seelen, die traurig unter dem Baum stehen.

Manchmal durchwandern die beiden Verstorbenen in der geistigen Welt einen trostlosen Wartesaal mit anderen gestrandeten Seelen. Er besteht hauptsächlich aus verschiedenen Schattierungen von Grautönen. Zwischendurch leuchten blaue, violette und orange Lichter auf. Es sind alles Seelen, die auf Erlösung warten. Für die Toten sind gute Gedanken aus der irdischen Welt freudige Lichtblicke, die das betrübliche Dasein für Augenblicke erhellen. Diese Momente werden zur Seelennahrung für die bedauernswerten Gefangenen zwischen zwei Welten.

Oft setzt sich Agnes in den Armsessel, lehnt sich zurück, betrachtet Melissas Porträt und lässt das einst pulsierende Leben in der Villa Revue passieren. Manchmal hat sie den Eindruck, alles sei nur ein böser Albtraum gewesen. Ihre murmelnden Worte klingen wie das Echo von längst Vergessenem. Immer wieder füllen die Tränen ihre Augen und rollen über ihre Wagen. Endgültig vorbei sind die Zeiten, als die Gäste kamen und gingen wie schwärmende Bienen, mit dem glühenden Interesse, die Gunst der Hausherrin zu erwerben.

Inzwischen vergehen die Jahre, doch das Gerede über das Drama reißt nicht ab. Einige wollen wissen, dass Melissa die Männer mit magischen Kräften für immer an sich gebunden haben soll. Die Allermeisten fürchten einfach die Toten und erst recht den eigenen Tod. Manch einer schaut neugierig durch das Gittertor, doch niemand wagt es, die Villa zu betreten. Agnes ist es recht, nicht in ihrem Schmerz gestört zu werden. Sie hat sich sehr bemüht, aus ihrem Leben das Beste zu machen. Durch die Trauerarbeit überwindet sie langsam den Schmerz.

In all den vergangenen Jahren hat der alte Kirschbaum nie wieder geblüht. Es ist, als schlafe er einen schmerzlichen Trauerschlaf. Langsam zerbröckelt auch der äußere Glanz des Hauses. An der Fassade zeigen sich Risse. Die Erinnerungen verblassen. Der Garten überwuchert. Ein Haus der Tragödie ist zurückgeblieben. Anthony bleibt der Besitzer. Weder verkaufen noch vermieten will und kann er das Herrschaftshaus. Doch ein unbewohntes Haus ist genauso eine Tragödie. Über all diese Zeit ist niemand gekommen, der hell genug gewesen wäre, um die Verstorbenen aus der Dunkelheit zu befreien. Die frostige Atmosphäre bleibt das Schicksal der Schattenfrauen.

Eines Tages ist auch der dunkle Baron aus der Stadt verschwunden, wortlos, genauso wie er gekommen ist. Alles bleibt im Dunkeln. Einmal verbreitet sich das Gerücht, dass er sich erschossen haben soll.

Die Jahre des Jammers rücken in den Hintergrund. Vergessen breitet sich wie ein Schleier aus. Anthonys Tochter Odilia ist zu einem schönen jungen Mädchen von fünfzehn Jahren herangewachsen. Ihre junge Seele erwacht langsam für das Spirituelle. Die ersten Visionen und Traumbilder beglücken ihre Seele. Das Licht der Liebe fließt durch ihr unverdorbenes, fühlendes Herz. Sie liebt die stillen Abende vor dem Feuer, wenn mystische Bilder in den Gedanken lebendig werden. Eintauchen, versinken in das Land ohne Schranken. Behutsam und fein, zerbrechlich und zart, ein goldener Schein der besonderen Art, den kann sie mit der Seele sehen.

In den glitzernden Lichterwelten taucht manchmal schemenhaft die weiße Gestalt auf, wie Odilia sie aus Kindertagen kennt. Eine seltsame Zärtlichkeit scheint sie wie ein Vermächtnis zu umschweben. Mit ihrem engelhaften Gesichtsausdruck sieht sie wirklich aus wie ein Engel. Das Umhüllende der Liebe füllt Odilias Herz mit Licht und Wärme. Ein Glitzern und Funkeln, ein Licht … Welch ein Zauber wohl in ihm wohnt? Sie lauscht leisen Traumgesängen, Tönen, die das Herz berühren, ein Wandern durch die Fantasie. Ungenau und verschwommen tanzen Lichter ohne Form, manchmal zum Greifen nah.

Während der Kinderzeit war die gute Fee wie ein Fixstern am Himmel. Ein Stern, der immer leuchtete, wenn sie Angst hatte, und der sie dann mit einem Lichtmantel umhüllte.

Odilia setzt sich oft an die Harfe, zupft die Saiten und entlockt ihr wundervolle Töne. Dabei fühlt sie die Harmonie mit der weißen Fee noch inniger! Es sind wunderbare Gefühle, die sie in höhere Sphären hochheben.

Und dann ist der Gedanke da, der sie nicht mehr losließ: »*Wer ist diese Frau, die weiße Fee?*«

22. Seelenqualen

Gustav gelingt es nicht wieder, in ein geordnetes Leben zurückzufinden. Die Höhen und Tiefen werden zum Wechselbad der Gefühle. Er fühlt sich in den letzten Jahren wie ein gejagtes Tier, hinter dem die Verfolger her hetzen. Von wem er gejagt wird, kann er nicht in Worte fassen. An jeder Ecke hat er das Gefühl, das Finstere lauere auf ihn. Oder ist es der Fluch, welchen der dunkle Baron auch gegen ihn ausgesprochen hat? Er vermag sich nicht dagegen aufzulehnen. Er fühlt sich zu kraftlos, um den Kampf mit den schwarzen Mächten aufzunehmen.

Quälende Gedanken von tiefster Hoffnungslosigkeit werden zu seinem zweiten Ich. So ist es kein Zufall, dass er sich endgültig von dem gesellschaftlichen Leben in die Einsamkeit zurückzieht. Er hat das Gefühl, dass jeder in sein Herz schauen und wie in einem offenen Buch seine Gedanken lesen kann.

Was für ein niederträchtiger Egoist er gewesen ist, doch diese Reue kommt zu spät. Er sieht sich für den Rest seines Lebens als Einsiedler in der kleinen Wohnung im zweiten Stock, in einem verlotterten Gebäude. Er fühlt sich als Knecht des Bösen, das seine Arme täglich nach ihm ausgestreckt. Dem inneren, bösen Ruf ist er gefolgt und hat Melissa getötet. Amalia hat er in den Selbstmord getrieben. In manchen Nächten sieht er Amalia im Sumpf stecken, die Hände nach ihm ausstreckend und flehend, um seine Hilfe bettelnd. Will er ihre Hände greifen und sie herausziehen, erwacht er schweißgebadet. Da erwartet ihn die Einsamkeit. Ach, wenn er doch nur aus diesem Schlamassel herauskommen könnte. Neue Ansätze finden könnte für eine andere Lebensweise. Ein barmherziger Mensch ist er wirklich nie gewesen und niemals ließ er sich in die Karten schauen. Er steckt in einer seelischen Krise. Wie schön wäre es doch, wenn er die Uhr des Lebens zurückdrehen könnte. Er wünscht sich, noch einmal der Mann zu sein, den alle bewunderten und auf dessen Ratschläge sie gierig waren. So gerne möchte er nochmals Melissa berühren, möchte ihre Nähe spüren. Voller Verlangen erfasst ihn ein Zittern nach sinnlicher Berührung. Er schluckt bitter, während sein Herz wild anfängt zu pochen.

Dann sind sie wieder da, die unerträglichen Seelenqualen. Das Böse, das seine Dämonen wie Fliegenschwärme aussendet, um passende Opfer zu finden, ist bei ihm fündig geworden. Was für ein furchtbarer Egoist ist er gewesen, beschimpft er sich. Doch die Einsicht kommt um Jahre zu spät. Die beiden schönen Frauen hätten nicht sterben müssen.

Viele Stunden irrt er durch die Straßen, mit zusammengebissen Zähnen und hängenden Mundwinkeln. Dies lässt ihn grimmig erscheinen und hält die Menschen fern von ihm.

Fast täglich überquert er wie ferngesteuert die kleine Brücke und folgt dem Weg einen Hang hinauf. Oben auf dem Hügelkamm stehen die Bäume hoch. Manchmal hat er das Gefühl, dass in dem leisen Rascheln aus den Baumkronen die Wehklagen der Verstorbenen zu hören sind. Mit den Bäumen führt er einen Dialog, erzählt von seinem Leben, was etwas Erleichterung in seiner Seele hervorruft. Sie werden stumme Zuhörer und widersprechen nie. Er, der einst so stolze

Herrschsüchtige, Ehrgeizige und Ruhmbegierige, durchleuchtet seine finsteren Machenschaften. Mit seiner Arroganz, seinem Hochmut hat er sich den Teufel ins Boot geholt, das wird ihm immer bewusster. Langsam erwacht er, sieht seine Fehler und tastet sich unbemerkt in eine andere, bessere Welt vor. Minuten später hat er die Stelle mit einem hervorragenden Blick über die ganze Stadt erreicht. Er setzt sich auf die verwitterte Bank und fühlt die bedrückende Einsamkeit. Bevor dann seine Schritte wieder wie ferngesteuert nach Hause finden.

Dieser magische Platz, wo er viele Stunden unter den großen Bäumen verbringt, wird zur Kathedrale, ohne Türen und Fenster. Es ist ein Ort des Friedens geworden. So vergehen Stunden, Tage, Wochen, Monate, Jahre. Die Sonne ging auf und unter. Nachts lassen ihn die Dämonen noch immer nicht schlafen. Die Erinnerung an seine Taten wird er nicht mehr los. Die weit aufgerissenen Augen von Melissa, das Entsetzen über seine miese Tat, der ganze grässliche Sterbeprozess sind in seiner Seele unwiderruflich eingraviert worden. Ein Schatten seiner selbst wird er. Er ist einsam. Eine hilflose Traurigkeit umgibt ihn. Um seine einst so geheimnisvoll funkelnden Augen hängen dicke Tränensäcke.

Der Frühlingsduft hat ihn wieder in den Wald und dann auf die Anhöhe gelockt. Die Bäume kommen ihm nun noch größer vor. Ist er nun endgültig verrückt geworden, wenn er sich einbildet, dass die Bäume mit ihm sprechen? Während er wie an allen Tagen unter den Bäumen sitzt, hat er plötzlich das Gefühl, dass durch einen imaginären Blitzstrahl entfacht ein unsichtbares Feuer in seinem Herzen zu lodern beginnt. Ein innerer Aufschrei der Freude durchzuckt seine Seele. Nach all den vielen traurigen Jahren kann er wieder etwas empfinden.

Er kann für Momente wieder die Schönheit der blühenden Natur sehen. Von nun an geht es ihm etwas besser.

Die Sonne ist bereits am Horizont verschwunden, als er sich auf den Heimweg macht. Er öffnet die verwitterte Holztür, steigt Stufe um Stufe die abgenutzte Holztreppe hoch bis in den zweiten Stock. Das Treppenhaus kommt ihm heute besonders ärmlich vor.

»Wie tief ich gesunken bin!«, stöhnt er bei diesem Anblick. Die genauso schäbige Tür wird aufgeschlossen und er betritt sein kahles Zimmer mit dem ärmlichen Bett. Auf dem kleinen Tisch steht unberührt ein verstaubtes Schachbrett. Dabei ist er doch so ein begabter Schachspieler gewesen, als das Leben noch pulsierte. Daneben steht eine halb leere Tasse mit einer stinkenden, braunen Brühe darin. Wie ein alter Mann hält er sich kurz am Tischrand fest, bevor er kraftlos in den einzigen Sessel plumpst. Die Einsamkeit umklammert ihn wieder mit Bärentatzen. Er schließt die Augen und nickt ein.

Seine Seele ist etwas ausgeklinkt. Ist es ein Traum oder eine Vision? Amalia kommt auf einem weißen Pferd geritten. Um den Kopf trägt sie einen Blumenkranz und winkt ihm zu. Sofort erwachen Gustavs Erinnerungen an sie und reißen ihn aus dem schönen Traum.

Ein Strom voller Glück fließt durch seinen Körper, Amalia so glücklich zu sehen. Ob sie ihm wohl verziehen hat?

»Vielleicht gibt es doch noch Hoffnung für mich!«, murmelte er vor sich hin.

Alles wirkt in diesem Moment friedlich. Oder ist es nur die Ruhe vor dem Sturm? Was für ein Pessimist er doch geworden ist!

23. Ein Leuchten über dem Schattenhaus

Die Bäume tragen ihr farbiges Herbstkleid. Die Bauern und Händler ziehen von Jahrmarkt zu Jahrmarkt. An der Ecke dreht ein Drehorgelmann seine Orgel, singt aus vollem Halse und hat die Bettelmütze aufgestellt. Einige Gaukler preisen ihr spektakuläres Können an. Ein Marktkünstler schluckt Feuer und speit es im hohen Bogen in die Menge. Ein anderer schluckt Schwerter und genießt das Raunen der Zuschauer. Eine Wahrsagerin legt Karten und macht Weissagungen. Etwas Schwindel mag dabei sein, doch Hauptsache, die Kasse klingelt. Die Menschen staunen, lachen und sind fröhlich. Ein Trunkenbold taumelt grölend durch die Menschenmenge und zieht die Blicke der Zuschauer auf sich, die eigentlich den Gauklern gehören.

Auch Odilia ist mit ihrem Vater Anthony auf dem Herbstmarkt unterwegs. Schon seit Tagen hat sie bohrende Fragen, was die geheimnisvolle Villa betrifft. Anthony nervt diese Neugierde und er weicht der Fragerei möglichst aus. Doch Odilia lässt nicht locker. Sie findet, dass sie nun alt genug ist, um die ganze Wahrheit zu erfahren. Sie ist schließlich nicht mehr das zarte, unselbstständige Geschöpf, das seinem Vater ehrfurchtsvoll entgegentritt. Etwas in ihr ist erwachsen geworden, sie ist ein eigenwilliger, unabhängiger Charakter und beharrt auf der Wahrheit.

Obwohl sie ihren Vater sehr liebt und ihm das Herz nicht schwer machen möchte, ist ein innerer Drang nach Wissen um das tatsächliche Geschehen da, der sie nicht mehr loslässt. Wie aus heiterem Himmel überrumpelt sie Anthony und stellt wieder die brennende Frage.

»Vater! Lebensrückblicke können doch nicht so traurig sein, dass man nie mehr darüber sprechen will! Sag mir endlich, was in der Villa passiert ist! Bitte gehe mit mir dorthin! Die weiße Fee in meinen Träumen, wer ist sie? Vater, bitte sag mir endlich die Wahrheit!«, bohrt sie hartnäckig.

Wie gelähmt steht Anthony neben seiner Tochter. Er ringt nach Luft! Am liebsten würde er davonlaufen. Einen Augenblick lang starren sich die beiden an.

»Viel Unglaubwürdiges habe ich über die Villa gehört, von Hexen, Dämonen und anderen Monstern, die dort ihr Unwesen treiben sollen! Die Leute sagen, dass nachts die armen Seelen herumirren.« Mit ihren funkelnden Augen schaut sie Anthony so durchdringend an, dass er ihrem Blick nicht standhalten kann.

Seine Kopfhaut zieht sich zusammen. »Das ist Unsinn!«, stottert er.

»Vater!«, flüstert Odilia brüchig. »Gehe mit mir in die alte Villa, was soll uns dort schon passieren? Du hast doch nicht Angst vor Geistern oder so?«

»So ein Blödsinn! Du glaubst doch diesen Mist nicht, der da erzählt wird?«, antwortet Anthony und spürt sein Herz pochen.

Odilia zuckt mit den Schultern. »Also beweise mir, dass in diesem Haus nichts Ungewöhnliches anzutreffen ist!«

Heute soll der Tag sein, der ihr Zutritt zum Herrschaftshaus ermöglichen soll. Darauf hat sich Odilia fest fixiert. Sie lässt nicht mehr locker! Ihre Hartnäckigkeit wird belohnt.

Widerwillig lenkt Anthony ein. Doch es soll ein Geheimnis zwischen ihnen bleiben. Auf gar keinen Fall will er, dass Elena davon erfährt. Odilia verspricht, nichts zu verraten. Unbedingt will sie das Geheimnis von dieser angeblichen, dunklen Gespensterwelt erfahren. Kurz darauf verlassen sie den Markt. Bald hört man den Lärmpegel nur noch aus der Ferne.

Schweigend gehen sie durch den Park, an der Kirche vorbei Richtung Herrschaftshaus. Etwas gemischte Gefühle hat Odilia dennoch, als Anthony das große Schloss aufschließt. Noch ein paar Schritte und sie betreten das menschenleere Gebäude.

Draußen auf der Terrasse steht die durchsichtige Gestalt von Melissa. Die Freude beim Anblick der Besucher hüllt sie in ein Leuchten ein. Kurz darauf hört man leise Schritte in der abgedunkelten Villa ertönen. Anthony spürt wieder das Schicksalhafte seiner Erlebnisse, die ihn bis tief in sein Innerstes mit diesem Haus verbinden. Bei einem intuitiven Geistesblitz wird ihm bewusst, dass die Geschichte noch nicht zu Ende ist. Während all der vergangenen Jahre hat er die Gedanken zur Auflösung des Problems einfach zur Seite geschoben. Melissa hängt immer noch im Schattenreich fest, das spürt er. Es entspricht der Tatsache, dass alles von sich gewiesen worden ist, was mit der Verstorbenen in Verbindung stand. Er ist einfach überfordert gewesen. So ließ er die Geschichte ruhen, wie er es Elena versprochen hatte.

Eigentlich fühlt auch er sich gefangen zwischen den zwei Welten, zwischen den zwei Frauen. Auch wenn er sich über Jahre bemühte, eine Veränderung herbeizuführen, fehlte ihm die zündende Idee zur Lösung des Problems.

Odilia ist fasziniert vom Interieur des Herrschaftshauses. An den Räumen mit erlesenen Möbeln, Kristalllüstern, wertvollen Teppichen und großartigen Bildern, unter denen sich viele französische Impressionisten befinden, kann sie sich fast nicht sattsehen. Sie geht zu den Fenstern, zieht die schweren Vorhänge auf, öffnet die Läden und lässt die frische Luft herein. Der Duft des Herbstes liegt in der Luft. Dieser wird von zwitschernden Vögeln und dem schwachen Rascheln der Blätter in der sanften Brise unterbrochen. Es ist, als könnte sie den Hauch all der vielen einstigen Atemzüge vernehmen, die so zart wie die Blätter rascheln.

Sie durchquert das Haus und öffnet die Flügeltür aus Mahagoni. Durch den Blick des langen Wandspiegels ist alles leicht überschaubar. Rote Sofas, blaue Plüschsessel, ein großer, runder Marmortisch, ein Flügel und in der Ecke steht eine wunderbar goldverzierte Harfe. Melissas Bildnis im Goldrahmen scheint alles zu überblicken.

Odilia ist sichtlich begeistert. Ihre Blicke bleiben an diesem Bild hängen, sie ist wie hypnotisiert von der intensiven Ausstrahlung. Ihre Augen werden ganz groß und Erstaunen zeichnet sich auf ihrem Gesicht ab. Sie schaut gebannt hin. In diesem Augenblick vollzieht sich eine Wandlung in ihrem Leben. Sie hält den Kopf schief und betrachtet das Bild lange und sehr sorgfältig. In den Träumen ist ihr diese Frau schon oft erschienen, vor allem, als sie noch ein Kind war und Fieber hatte. Kein Zweifel, es ist die weiße Fee.

Ihrer Mutter Elena hat sie oft von der weißen Fee erzählt, die am Bett stand und sie liebevoll bewachte. Elena war immer etwas gekränkt, ließ sich aber nichts anmerken. Etwas Unbeschreibliches verbindet sie mit der Verstorbenen, das fühlt sie tief in ihrer Seele. Instinktiv hat sie das Gefühl, endlich zu Hause angekommen zu sein.

»Das könnte meine Mutter sein!«, platzt es aus ihr heraus.

Anthony starrt sie sprachlos an. Die Ähnlichkeit ist wirklich verblüffend. Erwägt man den Gedanken der Wiedergeburt ...! Er getraut sich kaum, diesen Gedanken zu Ende zu denken. War etwa Odilia das ungeborene Kind von Melissa, das mit ihr in den Tod gerissen wurde? Er fühlt sich wie mit kaltem Wasser übergossen. Odilia spürt seine Verwirrtheit, ergreift seine Hand, schaut ihn beinahe flehend an. Als könnte sie die Anwesenheit der Toten spüren, schaut sie ihren Vater durchdringend an.

»Vater! Sag mir endlich die ganze Wahrheit! Du hast es zugelassen, dass diese Frau und das ganze Haus in die Finsternis gerissen worden sind! Diese Frau ist an einem unnatürlichen Tod gestorben, das spüre ich. Die Totenklagen hast du einfach überhört!«, spricht sie mit aufgeregter Stimme.

Prüfend mustert sie ihren Vater. Dieser kratzt sich verlegen am Kinn. Anthony spürt ein mächtiges Würgen in seiner Kehle. Erregt hämmert sein Herz in seiner Brust. Wie kann es sein, dass seine Tochter alles so genau durchschauen kann? Ist sie etwa hellsichtig? Und nun fängt Odilia an, mit einem Wortschwall Melissa zu verteidigen, als ob sie die Tote schon immer gekannt hätte.

Anthony spürt, dass die Konfrontation mit den alten Geschichten an seinen Nerven zerrt. Seine Hände zittern. Offensichtlich hat er die Regeln eines anständigen Weges gebrochen. Er schämt sich vor seiner Tochter. Er ist in den Sog der finsteren Kräfte geraten, das wird ihm nochmals richtig bewusst. Seit Langem besteht wieder die Hoffnung, dem unsichtbaren Gegner ein Schnippchen zu schlagen. Die Schicksalszeichen stehen gut, eine Wendung in dieser traurigen Geschichte herbeizuführen. Instinktiv spüren beide diesen inneren Aufbruch. Anthony sinkt mit einem leisen Stöhnen zurück auf das Sofa und ringt nach Luft. Odilia setzt sich neben ihn und bedrängt mit ihrer Hartnäckigkeit ihren Vater.

Mit stockenden Worten beginnt Anthony an zu erzählen. Er erzählt die Geschichte in einem kurzen Abriss und vermeidet, in Details zu gehen. Am Schluss unterlässt er es nicht, auch Elena in das Trauma mit einzubeziehen.

Lobend erwähnt er sie: »Ohne deine Mutter hätte ich die Kraft nicht gefunden, mich wieder im Leben zurechtzufinden. Ich war ein fast entwurzelter Baum, der im Sturmwind des Lebens drohte, jeden Augenblick umzustürzen. Durch die Liebe von Elena ist es mir gelungen, dass mein Lebensbaum wieder Wurzeln schlagen konnte. Deine Mutter ist für mich eine sehr wichtige Person geworden. Deshalb werden wir ihr von unserem Besuch in der Villa erzählen. Ich will keine Lügen mehr.«

Odilia ist es mehr als Recht, auch ihre Mutter mit an Bord zu holen. Sie weiß ja, dass Elena Melissa gut gesinnt ist, sonst würde sie nicht immer wieder Blumen an ihr Grab bringen.

Odilia senkt ein wenig die Augen, steht auf, macht langsam einige Schritte rückwärts und bleibt begeistert neben der Harfe stehen.

»Was für ein wunderbares Instrument und du hast es mir über all die Jahre vorenthalten. Ich möchte auf dieser Harfe spielen!«

Eine Sekunde zögert Anthony, dann nickt er zustimmend. In seinem leisen Seufzer ist ein leises Wimmern zu hören, dann findet er seine Stimme wieder: »Aber natürlich darfst du spielen, mein Liebes!«

Er wechselt in den Lehnstuhl, macht es sich bequem und schweigt. Die dröhnende Stille zerbricht an den wunderbaren Tönen, die Odilia mit viel Hingabe der Harfe entlockt. Anthonys Gedanken wandern nochmals durch die Irrgänge seines

Lebens, das ihm zeitweilig wie ein böser Traum vorkommt. Doch es gibt auch Erfreuliches, wenn er seine Tochter ansieht, die wie ein Engel Harfe spielt und der dunklen Atmosphäre den Kampf ansagt. Erst jetzt wird ihm richtig bewusst, dass sein Mädchen eine junge Frau geworden ist. Wie schön doch seine Tochter ist, wie Schneewittchen. Sie hat sich ohne Bedenken, ohne Vorurteile in diese Geschichte vertieft. Wie eine Göttin sitzt sie an der Harfe, singt und spielt. Seine wunderbare Tochter strahlt so viel Liebe und Kraft aus. Er fühlt sich für sein passives Verhalten über all die Jahre schuldig. Nie hat er die Kraft aufgebracht, etwas zur Lösung des Problems beizutragen. Durch seine Tochter fühlt er sich endlich stark genug, die Kräfte der Dunkelheit zurückzudrängen. Ihm ist, als werde er von einem Geist berührt, der zum Aufbruch drängt. Tränen der Erleichterung kullern aus seinen Augen und über die Wange, als er an das Elend denkt, das über all die Jahre sein unsichtbarer ständiger Begleiter gewesen ist. Sein Innerstes wird in diesen Augenblicken berührt. Und jetzt darf er das Glück empfangen, dass seine Tochter den Schleier der Dunkelheit zerrissen hat.

Der Raum füllt sich mit dem Glanz der Freude. Ein Freudentag auch für die Gefangenen im Schattenhaus. Der Himmel flammt in der Glut eines neuen Morgens. In den Himmelssphären tanzen singende Lichter. Die Liebe von Odilia öffnet Melissa und anderen Seelen das Himmelstor einen Spaltbreit. Die Dunkelheit in den Seelen hat sich gelichtet. Es ist der Augenblick, in dem alle einen Hauch von neuem Leben spüren, ein Spiegelbild im Licht. Zusammengeführt in unendlichen Weiten. So trinkt die Zeit vom Quell des Lebens.

Als Odilia mit dem Harfenspiel aufhört, schauen sich Vater und Tochter lange wortlos an. Wie ein gebrochener Mann erhebt sich Anthony aus dem Sessel und nimmt seine Tochter in den Arm.

»Du bist wirklich wunderbar, meine Tochter!«

Bei der Liebe geht es nicht um Besitz, sondern um Wertschätzung. Als sie das Herrschaftshaus kurz nach sieben verlassen, blinken für die Toten in der geistigen Welt freundliche Zaubersterne. Odilia legt ihre Hand in Anthonys. Er umschließt sie ganz fest in der Gewissheit, richtig gehandelt zu haben.

Die Hartnäckigkeit von Odilia trägt weitere Früchte. Elena wird eingeweiht. Während Vater und Tochter gebannt in ihre seltsam hellbraunen, durchsichtigen Augen sehen, begreifen sie, dass wirklich alles in Ordnung ist. Von nun an kommt sie so oft wie möglich in die Villa. Das sanfte Licht der Liebe nistet sich überall ein, wo Odilia sich bewegt. Am liebsten würde sie in die Villa einziehen, doch ihre Eltern haben kein Gehör dafür. Keinesfalls wollen sie in die Zeiten zurückkehren, die sie lieber vergessen würden. Die eine Seite des Lebens, die feurig überströmt war, die andere Seite, die im grauen Nebel versunken ist. Odilia lässt sich dadurch nicht beirren. Sie ist sich ihrer Sache sicher, eine positive Wendung herbeiführen zu können.

Das Leben in der Villa ist vor langer Zeit stehen geblieben, doch nun macht sich ein schleichender Umbruch bemerkbar. Ein triumphierendes Lächeln huscht über Odilias Gesicht, als sie bei ihrem Vater die Bereitschaft spürt, die Villa zu vermieten. Sie verstehen sich durch Blicke, ohne dass Worte fallen. Odilia spürt, dass eine Wende in greifbarer Nähe ist.

Seit einiger Zeit ist ein Anwalt in der Stadt, der ein passendes Anwesen sucht. Valentin Krause, der erfolgreiche Anwalt, kommt aus einer Nachbarstadt, in der er eine bedeutende Anwaltskanzlei führt. Kurz zuvor hat er einen Schauprozess gewonnen. Die ganze Presse verfolgte mit höchstem Interesse den Prozess. Spätestens danach war er in den lobenden Zeitungsartikeln zum Staranwalt erkoren worden. Sein Mandant jubelte vor Begeisterung, die Gegenpartei hasste ihn abgrundtief. So richtig freuen kann er sich immer noch nicht. Um etwas Abstand zu bekommen, zog er es vor, sich eine Auszeit zu gönnen. So kam es, dass er in die Stadt kam. Es dauert nicht lange, da kommt ihm die Geschichte vom Schattenhaus zu Ohren. Und da er sowieso nach einer passenden Bleibe sucht, ist sein Interesse geweckt. Etwas Neugierde ist nicht abzustreiten. Doch zuerst muss er sich einen allgemeinen Eindruck von dieser Spukvilla verschaffen.

Nach mehr als achtzehn Jahren liegt immer noch ein dunkler Schatten über dem Haus. Aberglaube und tiefe Furcht zirkulieren ungebrochen in den Erzählungen der Stadtbewohner. Alle spekulieren darüber, doch nur hinter vorgehaltener Hand. Böse Geister, die nicht zur Ruhe kommen, sollen dort herumspuken und ihr Unwesen treiben! Nur die Toten können sehen, dass es heller geworden ist.

Als Valentin Krause zu Ohren kommt, dass die Villa tatsächlich zu vermieten ist, meldet er sofort sein Interesse an. Es ist wie ein Magnet, der ihn zu dieser Villa hinzieht! Das Blut eines Anwaltes pulsiert in seinen Adern, was seine Neugierde für die Wahrheit der erzählten Geschichten weckt. Er ist nicht ängstlich und fürchtet sich nicht vor einer toten Frau. Es wird auch viel Gutes über die Zeit erzählt, als sie noch lebte, sodass er sich nicht vorstellen kann, dass sie ein böser Geist geworden ist.

Wenige Tage später betritt der Anwalt mit Anthony das Anwesen. Anthony führt Valentin Krause durch die noch fast komplett möblierte Villa. Im Salon richtet sich die ganze Aufmerksamkeit des Interessenten auf Melissas Porträt. Valentins Neugierde ist nun endgültig geweckt. Er fängt an, sich mit dem Bildnis dieser Frau zu beschäftigen. Würde sie noch leben, wäre es Liebe auf den ersten Blick gewesen, welche er für diese Frau empfinden würde. Anthony wird es schon fast etwas unangenehm, als der Interessent geistesabwesend und wie entrückt vor Melissas Porträt stehen bleibt.

Er wollte gerade sagen, dass Melissas Porträt jederzeit abgehängt werden kann, als ihn Valentin fragt: »Das ist also die geheimnisvolle Frau, über die so viele Geschichten zirkulieren. Hat sie wirklich Selbstmord begangen oder wurde sie etwa doch ermordet?«

»Diese Frage ist leider noch immer ungeklärt!«, antwortet Anthony mit wenig Freude.

Eigentlich hat er nur Interesse, die Villa zu vermieten, um sie vor dem Zerfall zu bewahren, und nicht daran, mit einem Fremden darüber zu diskutieren, wie Melissa gestorben ist. Doch genau deshalb reizt es den Anwalt, in die Villa einzuziehen! Er unterlässt es aber, weitere Fragen zu stellen, da er spürt, dass noch vieles in dieser Geschichte ungelöst ist und der Vermieter durch sein Verhalten zeigt, darin involviert zu sein.

Die beiden Herren werden sich schnell einig. Anthony jubelt innerlich, endlich einen Mieter gefunden zu haben. Valentin beabsichtigt, schon in den nächsten Tagen einzuziehen. Was ihm zu diesem Zeitpunkt nicht bewusst ist, ist, dass er mit der Miete ein neues Mandat angenommen hat. Die Auftraggeberin kommt nicht aus der irdischen Welt. Ein unhörbares Jauchzen hallt durch das unbewohnte Haus. In diesem Augenblick weicht die Trostlosigkeit, die innere Leere aus dem Schattenhaus. Das Dunkle des Todes strömt aus. Die

Einsamkeit verschwindet, Harmonie zwischen den Zeilen des Lebens weitet sich aus. Ohne zu zögern hat Valentin Bereitschaft gezeigt, das Herrschaftshaus zu mieten.

»Meine Tür steht immer für Sie offen!«, sagte Anthony beim Abschied.

Darauf verlassen sie das etwas verwahrloste herrschaftliche Anwesen und stampfen durch den verwilderten Vorgarten. Der knorrige Kirschbaum erweckt Valentins Aufmerksamkeit. Der Grund, wieso dieser knorrige, alte Baum immer noch im Garten steht, bleibt ein unausgesprochenes Geheimnis. Der Kutscher steht nervös beim Pferd und wartet voller Ungeduld. Es ist ihm nicht geheuer, sich so lange beim Schattenhaus aufzuhalten.

24. Der Anwalt

Tage später rattern die Räder eines Pferdegespanns über den Kiesweg, sie bringen den neuen Hausherrn zu dem Anwesen. Fast majestätisch entsteigt der Anwalt der Kutsche. Groß gewachsen, mittleren Alters, scharfe Gesichtszüge und ein freundliches Lächeln. Darauf wird die Kutsche vom Kutscher in ein Nebengebäude gefahren, die Pferde werden ausgespannt und gefüttert. Die Möbelpacker sind bereits damit beschäftigt, die wenigen Habseligkeiten ins Haus zu bringen. Der neu angestellte Gärtner nimmt sich des überwucherten Gartens an. Der Kiesweg, der zum Haus führt, wird vom Unkraut befreit. Anthony tritt ins Freie und begrüßt den neuen Mieter höflich.

»Ein wunderbares Haus, das Sie mir da vermieten!«, entgegnet dieser begeistert. »Wieso bewohnen Sie es nicht selber?«, fragt er naiv, aber mit der Hoffnung, Genaueres zu erfahren.

Anthony wendet sich ab. »Es gibt Dinge, über die man lieber nicht mehr spricht!«, antwortete er freundlich, aber distanziert.

Melissa schwebt wie ein aufgeregter Schmetterling durchs Haus. Valentin steigt die drei Stufen bis zur Eingangstür hoch, blickt in einem Glücksgefühl über das Anwesen. Dabei holt er tief Luft, schaut zufrieden, wie der Gärtner dem Unkraut erfolgreich den Kampf ansagt, und betritt in bester

Stimmung die Villa. Auf Empfehlung von Anthony hat er als Hauswirtschafterin Agnes engagiert. Wie eine aufgeregte Biene schwirrt sie in freudiger Erwartung des neuen Mieters durch das Haus. Alles hat sie blitzeblank geputzt. Die beiden begrüßen sich freundlich.

Aufgeregt wendet sich Agnes an Anthony: »Übrigens, das obere Zimmer ist immer noch verschlossen und ich kann den Schlüssel nicht finden!«

Eigentlich weiß sie genau, dass Anthony den Schlüssel immer noch bei sich trägt. Doch der neue Hausherr besteht darauf, dass, wenn er als Mieter einzieht, das geheimnisvolle Zimmer aufgeschlossen werden muss. Am liebsten hätte Anthony die Frage ignoriert.

Mit gedämpfter Stimme antwortet er: »Das Zimmer muss verschlossen bleiben! Niemand soll es betreten. Darin sind meine persönlichen Gegenstände, meine Erinnerungen!«

Der Anwalt bleibt stehen, schaut Anthony herausfordernd an. Auf seiner Stirn zeichnen sich ein paar Runzeln ab.

Provokativ fragt er: »Ist es das Spukzimmer? Wohnt darin der Geist der schönen Frau, die in der Villa ihr Unwesen treiben soll?«

Anthony bleibt wie angewurzelt stehen. Seine Überraschung kann er nicht verbergen. Prüfend schaut er dem fragenden Anwalt direkt in die Augen. Für einen Augenblick bereut er, dass er die Zustimmung zur Vermietung gegeben hat. Er schüttelt den Kopf.

»Es geht um völlig andere Dinge!«, seufzt er. Und mit erstarrter Miene fügt er hinzu: »Ich selber wüsste es am besten, wenn etwas nicht in Ordnung wäre. Niemand spukt in diesem Haus herum. Melissa, die einstige Hausbesitzerin, war nicht nur äußerlich von einer faszinierenden Schönheit, sie war auch ein guter Mensch!«

»Ich habe sie ja auch nicht beschuldigt, nur gefragt. Hat sie sich das Leben genommen oder wurde sie ermordet?«, drängt der Anwalt.

Anthony fühlt sich wie bei einem Verhör und antwortet nach langem Zögern schmerzgeplagt: »Was denken Sie als Mann mit Erfahrung?«

Diese Antwort ist überraschend. Valentin stellt sich naiv, macht ein paar Schritte auf das Bild an der Wand zu und schaut es lange an.

Mit überzeugter Stimme antwortet er: »Mein Gefühl sagt mir, dass die Schöne eines unnatürlichen Todes gestorben ist!«

Melissa und Amalia tanzen vor Freude durch die Räume, auch wenn niemand sie sehen kann. Endlich ist jemand gekommen, der sich ihrer Geschichten unbefangen annimmt.

»Oh ewige Nacht, wann wirst du schwinden, wann wird das Licht unsere Seelen finden?«

»Bald, bald!«, hören die Unsichtbaren.

Auch Anthonys Augen zeigen ein Leuchten, wie es schon lange nicht mehr zu sehen war.

Er fasst seinen Mut zusammen: »Sie denken also auch, dass sie eines unnatürlichen Todes gestorben ist?«

»Sie meinen, dass sie ermordet wurde?«, hakt Valentin nach. Da merkt er, wie sein Vermieter immer noch sehr unter dieser ungelösten Geschichte leidet. Eigenartig überrascht ist er, dass sein Vermieter seine Meinung hören will. Obwohl er ja am weitesten von der ungelösten Tragödie entfernt ist. »Ich werde der Sache nachgehen. Überlassen Sie mir den Schlüssel zum geheimnisvollen Zimmer? Es ist wichtig, dass Sie die Vergangenheit loslassen!«

Anthony klaubt widerwillig den Schlüssel aus seiner Hosentasche, zögert kurz, fühlt sich wie ein kleiner Junge, der bei etwas Verbotenem ertappt worden ist. Schweren Herzens überreicht er den Schlüssel. Der sympathische Anwalt steckt ihn ein.

»Ich stehe unter Schweigepflicht. Bin aber der Meinung, wir sollten die verschiedenen Möglichkeiten überdenken, wie wir weiter vorgehen werden. Ich werde mich melden, sobald ich Neuigkeiten habe. Jedenfalls wird es mir hier bestimmt nicht langweilig werden. Nun muss ich mich den Umzugsmännern widmen, damit nachher auch alles am richtigen Platz steht«, entgegnet Valentin freundlich.

Kurz darauf bringt die Kutsche Anthony in die Stadt zurück. So erleichtert hat er sich schon lange nicht mehr gefühlt. Zum ersten Mal ist er nicht allein mit seiner Vermutung, dass Melissa ermordet worden ist, und hat jemanden gefunden, der sich jemand bemüht, etwas Handfestes herauszukriegen.

Valentin betritt den Salon. Agnes ist gerade am Herumhantieren am kostbaren Geschirr. Seine Blicke bleiben wieder an Melissas Porträt hängen, dann wechseln sie zu Agnes. Er spürt, dass sie etwas nervös wird. Die Gelegenheit scheint ihm ideal für ein kleines Verhör.

»Was für eine bezaubernde Frau sie gewesen sein muss!«

Agnes nickt, wischt rasch die aufkommenden Tränen weg.

»Wieso musste sie sterben?«

Agnes spürt einen Kloß im Hals. Der Schmerz zerreißt ihr immer noch fast das Herz. Agnes fühlt sich von Valentin ausgefragt und durchleuchtet. Sie windet sich, auf Details einzugehen. Geschickt stellt Anwalt Krause ganz gezielte Fragen. Kurz darauf redet Agnes wie ein Wasserfall. Valentin unterbricht sie nicht und hört interessiert zu. Er geht, während sie spricht, durch den Salon, entlockt der Harfe ein paar Töne und schaut wieder wie hypnotisiert zu dem lächelnden Porträt der Toten.

Er muss die Wahrheit herausfinden und stellt Agnes zum Schluss die entscheidende Frage: »Ist Melissa eines natürlichen Todes gestorben? Was sagt dir dein Gefühl, Agnes?« Diese windet sich wie ein gefangener Fisch. Bis jetzt hat niemand nach ihrer Meinung gefragt. Valentin merkt ihre Verlegenheit und hakt hartnäckig nach: »Ich werde niemandem von dieser Unterhaltung erzählen. Es bleibt unter uns, ich muss es wissen! Sag mir, was du denkst.«

Leise stammelt sie: »Melissa wurde bestimmt ermordet!«

»Von wem? Gib mir eine Spur, wo ich anfangen kann, nach der Wahrheit zu suchen!«

Agnes kostet es viel Überwindung. Schlussendlich gibt sie eine ihrer Vermutungen preis, aber nur unter der Bedingung, in Zukunft aus dem Spiel gelassen zu werden. Kaum ausgesprochen bereut sie, dass sie Gustav verdächtigt hat. Sie fühlt sich als Verräterin. Agnes bildet sich ein, Gustav zu lieben. Verborgen hat sie ihre Gefühle immer. Und nun hat sie den Mann, den sie in Gedanken liebt, als Mörder preisgegeben. Sie könnte sich ohrfeigen. Es ist ihr wirklich sehr peinlich, dass sie sich zu dieser Aussage hat hinreißen lassen. Der Umstand, dass er sich wie in Luft aufgelöst hat, ist noch unerträglicher, als wenn Gustav im Gefängnis sitzen würde. Dort könnte sie ihn wenigstens besuchen und ihm ihr Gebäck bringen, die er so gerne aß. Leider war sie für ihn immer nur die einfache Hausmagd.

Jahre sind inzwischen vergangen, doch die Hoffnung hat sie nie aufgegeben, dass sie ihm eines Tages noch einmal begegnen könnte.

»Wer liebt, der versteht den Schrei der Liebe!« Valentin Krause spürt die Verwirrung, die auf Agnes Gesicht zu sehen ist, und beruhigt sie. »Du hast mein Wort, ich werde niemandem von unserer Unterhaltung erzählen!«

Draußen im Garten, wo der Kirschbaum über all die Zeit, voller Bitternis geschlafen hat, hebt der alte Baum für einen kurzen Moment sein Augenlid. Mit einem sanften Rauschen im Geäst spricht er seine Freude aus. Das spüren die Engel. Und in diesem Augenblick tauchen sie am Himmel einen Stern ins Mondwasser ein und es zischt. Die Grenzen zwischen Himmel und Erde sind nicht fest, sie sind durchlässig.

Heute steigen aus dem Silberkessel mit dem Götterantlitz dampfende Wolken auf und bewegen sich in himmlischer Gelassenheit vorwärts Richtung Erde. Das hören auch die anderen Bäume, deshalb rascheln sie vor Freude mit. Aus Begeisterung tanzen die Gräser, Blumen und Bäume den hüpfenden Flügeltanz. Die verwaisten Toten schweben wie nervöse Wespen umher, drehen sich zum Fenster, farbenfrohe Bilder wehen über den Horizont und die ganze Landschaft umhüllt ein silberner Kessel. Langsam lösen sich die dichten Nebelschwaden um Melissa und Amalia auf. Die Sonnengeister strahlen ins Totenreich.

Valentin hat die Villa gemütlich eingerichtet. Doch das ehemals Herrschaftliche, das immer noch die Handschrift der Verstorbenen trägt, bleibt auch weiter fast unberührt. Immer wieder bleiben seine Blicke an Melissas Bild hängen. Sie wird ihm so vertraut, dass er manchmal denkt, sie müsse jeden Augenblick vor ihm erscheinen.

»Rede mit mir, schöne Frau, ich will dein Geheimnis kennenlernen!«, spricht er zu der Wand mit dem Bild.

Er setzt sich in den Lehnstuhl und nickt ein. Es ist ihm, als würde Melissa vor ihm stehen, zum Greifen nah und doch so weit entfernt. In Gedanken kommunizieren sie miteinander.

Auf der anderen Seite des Lebens wird es in Melissas Schattenreich zusehends heller. Die verschlossenen Fensterläden in der anderen Welt werden einen weiteren Spaltbreit geöffnet. Valentin haucht der Spukgeschichte neues Leben ein. Sein Mut zu seiner Bauchentscheidung zeigt die ersten Früchte. Seine Intuition, dass mit dem Ableben von Melissa etwas nicht stimmt, ist wie eine vom Himmel gesandte Eingabe. Er muss auf seine Fragen weitere Antworten bekommen. Die Geschichte hat ihn gepackt und lässt ihn nicht mehr los.

Draußen toben die ersten Herbststürme. Valentin ist wieder eingenickt und hat fast die gleiche Vision. In strahlendem Glanz steht Melissa als Erscheinung im Geiste da, zum Greifen nah und doch nicht fassbar. Im Haus wird es ständig heller und friedlicher, auch wenn es draußen dunkel ist und der Sturm tobt.

»Gibt es Unsterblichkeit?«, fragt sich Valentin in Gedanken vertieft. *»Muss der Tod, so wie er im üblichen Sinne eingeschätzt wird, von einer anderen Perspektive betrachtet werden? Sind nicht alle Dinge lebendige Wesen, bestehend aus Atomen, Zellen, Elektronen und dem Ich? Wird der Mensch bei der Geburt in eine Form gepresst, die beim Tod verlassen wird und dann in sich zusammenfällt? Was ist das Geheimnis, schöne Frau? Du lächelst mich von der Wand und in meinen Visionen an? Ist dein Erdenkleid brutal zerstört worden und schwebst du ruhelos in deinem Geistkörper durch diese Räume? Ich muss es genau wissen! Ich mache mich auf die Suche nach der ganzen Wahrheit.«*

In Gedanken antwortet Melissa: *»Wer sich im Saal des Wissens aufhält, stirbt nie. Die Seele ist unzerstörbar!«*

In der Ferne dehnen und weiten sich die Räume. Melissa strahlt in ihrem Seelenkleid. Ein Spinnennetz zarter Endladungen umgibt sie. Unbeschreiblich ist das Licht, die Liebe, umflossen und umsäumt in violetten Tönen.

25. Das Geständnis

Die meisten Menschen, mit denen Valentin Krause sprechen will, sind so im Aberglauben verwurzelt, dass sie befürchten, jeder Gedanke an die Unglückliche könne sie in die Finsternis ziehen. Schon bald wird ihm klar, dass, will er auf ein greifendes Resultat kommen, er seine eigenen inneren Kräfte mobilisieren muss. Dass seine Fee, wie er Melissa in seinen Gedanken zärtlich nennt, durch Mord aus dem Leben gerissen worden ist, wird für ihn immer wahrscheinlicher. Was gehen ihn die warnenden Vorurteile der anderen an, er muss seinem Instinkt vertrauen. Von allen Seiten wird er gewarnt, dass er die Geister, die er ruft, nie mehr loswird. Von Dämonen ist die Rede, die ihm seine Seele entreißen wollen. Das scheint der allgemeine Eindruck zu sein. Als Anwalt hat er gelernt, die Menschen zu durchschauen, das kommt ihm nun entgegen.

Er geht in die Zeitungsarchive und lässt sich alle Berichte geben, die damals von der tragischen Geschichte handelten. Die Zuständigen sind gar nicht erfreut über seine hartnäckigen Nachforschungen. Die alten Geschichten soll man ruhen und den Toten den Seelenfrieden lassen. Fast schon höhnisch empfindet er diese Aussage. Als Anwalt pocht er unerschütterlich auf sein Recht. Zeile für Zeile kämpft er sich durch die Artikel. Merkwürdig traurig fühlt er sich dabei.

Plötzlich steht er auf, räumt alles zusammen und gibt alles dem Archivar zurück. Seine Meinung ist gebildet. Seine Fee ist ermordet worden! Es muss gehandelt werden, doch wie genau, kann er auch nicht sagen. Verlassenheit und Leere umgeben ihn. Mit einem Ruf des inneren Schmerzes macht er sich gedankenlos auf den Rückweg.

Sein Gärtner hat gerade die Eichenhaustür mit dem verzierten Schnitzwerk neu lackiert. Im ganzen Haus riecht es nach frischer Farbe. Der Gärtner kommt auf ihn zu, zeigt auf den knorrigen Kirschbaum und macht den Vorschlag, den Baum zu fällen. Agnes geht wie eine Furie dazwischen. Irritiert bleibt Valentin stehen und fragt nach dem Grund, wieso der knorrige alte Baum nicht gefällt werden soll. Das Argument, dass der Kirschbaum eine ganz spezielle Bedeutung im Leben von Melissa hatte, überzeugt ihn. Der Baum bekommt eine Gnadenfrist und bleibt stehen.

Darauf betritt Valentin den Salon. In Gedanken an Melissa bleibt er schon fast gewohnheitsmäßig vor dem Bild stehen. Die Verstorbene bekommt wieder seine volle Aufmerksamkeit. Ach, wie liebevoll beseelt sind seine Gedanken.

»Meine Fee, ich möchte dich sehr gern berühren, möchte deine Nähe spüren. Die Schwingen der Liebe tragen uns weit in die Ewigkeit. Kein Sturm kann sie beenden. Und trotzdem weint mein Herz nach dir! Wir sind die stille Symphonie, die unsere Seelen vereint.«

Im Schattenhaus flammt ungesehen ein Lichtlein mehr.

Es dauert nicht lange, da nimmt Valentin plötzlich seinen Mantel und verschwindet wieder. Agnes hört die Tür zufallen und seine schnellen Schritte auf dem Kiesweg, die immer leiser werden. Der alte Kirschbaum schaut ihm nach. Er ist der Hüter der Zeit. Stumm steht er da. Verloren hat er sein schönes Kleid.

In Gedanken versunken hastet Valentin durch die schmalen Gassen auf der Suche nach einem bestimmten Haus. Die Gegend wirkt ärmlich und etwas verwahrlost. Durch ein breites, niederes Tor gelangt er in einen schäbigen Hinterhof. Er stößt die einzige vom Wetter ausgelaugte Holztür auf und steht in einem farblosen Treppenhaus, das auch schon bessere Zeiten erlebt hat. Langsam steigt er die knarrende Treppe hoch. Überall blättert die Farbe ab. Im zweiten Stock macht er halt. Der Name Gustav Braun steht in kaum mehr lesbarer Schrift am Türrahmen. Er sucht vergebens nach einer Türglocke, also klopft er heftig an die Tür. Nichts bewegt sich! Er dreht sich schon zum Gehen um, da öffnet sich einen Spaltbreit die Tür!

»Wer ist da?«, fragt eine dünne Stimme aus der Wohnung. Ein Mann, unrasiert und vertrocknet, wie ein alter Baum, schaut ihn fragend an. Gustav hat schon lange keinen Besuch mehr erhalten, umso erstaunter ist er über den Fremdling. Seine Lippen sind spröde, seine Augen rot, ein böser Husten quält ihn. »Was willst du, Fremder?«, fragt er giftig.

»Der Mann ist am Ende!«, denkt Valentin. »Wie ein geprügelter Hund, dem man nur noch die Peitsche zeigen muss und er spurt widerstandslos!« Valentin Krause holt tief Luft und spricht mit bestimmter Stimme: »Ich möchte mit Ihnen etwas Wichtiges besprechen! Es ist wirklich sehr wichtig!«

Gustav blickt ihn gequält an. Sekundenlang herrscht Totenstille. Gegenseitig starren sich die Kontrahenten an.

»Ich wüsste nicht, was ich mit einem Fremden zu besprechen hätte!«

Valentin lässt nicht locker. Es muss ihm gelingen, Gustav festzunageln. Eine innere Stimme befiehlt ihm durchzuhalten. Er zieht alle Register, um Gustav dazu zu bewegen, mit ihm zu sprechen. Seine Hartnäckigkeit beeindruckt Gustav. Gereizt macht er nach einer Weile eine Handbewegung, dass Valentin eintreten soll. Ein schwacher Funken Hoffnung auf eine Änderung glimmt in Gustavs Augen. Es ist, als würde er durch Valentin hindurchschauen, als dieser neugierig sein Wohnzimmer betritt. Widerwillig schiebt er ihm einen Stuhl hin und mit einem Nicken fordert er Valentin auf, sich zu setzen. Fast schon bereut er seine Höflichkeit dem Fremden gegenüber.

»Die erste Hürde wäre schon mal geschafft!«, denkt sich der gewiefte Anwalt. Er will nicht mit der Tür ins Haus fallen und so reden sie über allerlei Belangloses. Der Gesprächsstoff geht ziemlich schnell aus. Gustav ist ein schlechter Gesprächspartner. Eine Zeit lang schweigen beide. Valentin schaut sich um. In der Ecke steht ein niedriger Ofen mit einem gemauerten Abzug. Er ist angeheizt und gibt etwas Wärme ab.

Gustav streicht sich mit zittrigen Händen nervös über die Stirn. Mit zusammengekniffenen Augen schaut er seinen unerwarteten Gast durchdringend an.

»Wieso bist du wirklich gekommen?«, duzt er ihn. Zu seinem Ärgernis errötet er leicht.

Valentin holt aus: »Ich bin der neue Mieter von der Villa! Es wird viel Widersprüchliches über die einstige Besitzerin erzählt. Verzeihen Sie mir, wenn ich in schmerzlichen Wunden wühle. Ich muss das Geheimnis um die schöne Besitzerin lüften!«

»Finger weg von dieser Geschichte!«, fährt ihm Gustav ins Wort. Leise stöhnend sinkt er zurück.

»Eigentlich ist er ein ganz netter Kerl!«, denkt sich Valentin. »Erzählen Sie mir, was wirklich passiert ist, es soll unter uns bleiben.«

Gustav windet sich wie ein Aal im Netz. Vor wenigen Minuten hat er diesen Mann noch nicht gekannt und jetzt soll er ein Geständnis ablegen. Dass er ein Verbrecher ist, das weiß er auch selbst.

Gustav runzelt missbilligend die Stirn und schreit los: »Zur Hölle mit dir, was geht dich mein Leben an!«

Valentin lässt sich nichts anmerken, verzieht keine Miene. Innerlich jedoch jubelt er. Er hat ihn gar nicht über sein Leben ausfragen wollen, nur über jenes von Melissa. Er hat einen kleinen Sieg errungen.

»Alles ist eine Lüge, eine böswillige Lüge!«, regt sich Gustav auf.

»Was ist eine Lüge?« Ein triumphierendes Lächeln huscht über Valentins Gesicht. Diese Runde hat er bereits gewonnen.

Gustav sieht nervös zur Seite. Empörung liegt auf seinem Gesicht. Valentin hat noch gar nichts Wesentliches gefragt und schon hat sich sein Gegenüber durch das Ausrasten verraten. Gustav versucht einen Rückzieher zu machen, steht auf, füllt den Wasserkessel auf und stellt ihn auf den Herd. Er nimmt ein Streichholz und zündet die einzige, halb abgebrannte Kerze an. Die Flamme flackert unruhig. Valentin beobachtet ihn wortlos. In den nächsten Augenblicken geschieht Unerwartetes.

Gustav hebt die herabgesunkenen Augenlider und antwortet überraschend: »Gut! Ich bin gestraft genug! Meine Welt ist vom Grauen leergefegt! Vielleicht kann ich endlich das Teuflische abschütteln, das mich in den Klauen hat.« Zögernd sucht er nach Worten. »Ich bin mit dem Teufel im Bunde!«, seufzt er.

Valentin reagiert nicht. Gustavs Augen fangen an zu glänzen, nervöses Zucken umspielt seine Mundwinkel. Er hebt sein Gesicht und schaut zur Decke. Totenstill ist es, als könne man eine Stecknadel fallen hören. Valentin wagt kaum zu atmen. Nicht, dass Gustav im letzten Moment noch eine Kehrtwende macht. Gustav spürt, wie ein dicker Kloß sich in seiner Kehle bildet. Er fängt an zu husten.

»Ich weiß immer noch nicht, was mich damals zu dieser furchtbaren Tat getrieben hat! Mein Verstand war wie umnebelt!«, würgt er hervor.

Valentin schaut ihn forschend an, sein Interesse ist wie bei einem Spürhund geweckt. Irgendwo knallt eine Türe zu. Gustav fährt erschrocken zusammen. Er kämpft mit sich. Verzweifelt blickt er um sich, als suche er einen Fluchtweg. Aber es gibt keinen. Soll er wirklich reinen Tisch machen?

Wenig später holt er tief Luft und beginnt ausschweifend von seinem Leben zu erzählen, als es noch pulsierte. Eine ganze Weile hört Valentin wortlos zu. Geschickt versucht Gustav wieder vom Wesentlichen abzulenken. Um nicht vom eingeschlagenen Weg abzukommen, werden Valentins Fragen schärfer, wie ein gefährliches Messer, das bei Gustav immer tiefer in den alten Wunden herumstochert. Der Angesprochene bäumt sich auf wie ein verletztes Tier in seinem Schmerz. Er starrt ihn an vor Empörung.

Dann schreit er nochmals verzweifelt den neugierigen Anwalt an: »Lass mich in Ruhe mit dieser Fragerei, diese alten Geschichten gehen dich absolut nichts an. Ich mag nicht mehr mit dir reden. Verschwinde!«

Valentin wäre kein guter Anwalt, wenn er jetzt klein beigeben würde. Es ist ihm völlig bewusst, dass er gerade in einem Wespennest herumgestochert hat. Mit einer unerbittlichen Hartnäckigkeit stellt er Frage über Frage. Für die er sich selbst gehasst hätte, wenn er der Angeklagte wäre. Solange, bis der Angeklagte zusammenbricht und seine Tat weinend gesteht.

»Nun stehe ich also als Angeklagter vor dem Richter!«, meint Gustav zynisch.

Valentin winkt ab. »Ich bin nicht gekommen, um zu richten, sondern aus Liebe zu Melissa. Ich denke, sie ist immer noch gefangen im Reich der Schatten!«

Gustav lässt den Kopf sinken. Dann schaut er verzweifelt zu Valentin hinüber. Einen Augenblick schwankendes Zögern.

Mit feuchtem Blick schaut der Entlarvte dem Anwalt direkt in die Augen. »Und die liebenswürdige Amalia hängt auch fest. Ich spüre und sehe sie dauernd in meinen Träumen! Die Hölle ist für diejenigen bestimmt, die den Himmel verachten, und ich bin so einer. Durch meine Überheblichkeit und Dummheit bin ich ein Knecht des Teufels geworden!«

Valentin weiß nicht genau, was er darauf antworten soll, lässt diese Aussage einfach im Raum stehen. Gustavs Stimmung ist am Schwanken. Er ist entschlossen, Valentin wieder loszuwerden. Dieser spürt seine plötzliche Wandlung. Er scheint für Gustav wieder ein Ärgernis zu sein, doch auf keinen Fall würde er sich abwimmeln lassen. Gustavs angstvoll schuldbeladener Blick verrät alles.

Keiner spricht eine Weile lang ein Wort. Eine Wolke der Reue erfasst Gustav wieder. Seine Gefühle, seine Seelenstimmungen fahren Achterbahn. Die ganze Atmosphäre veränderte sich in diesem Augenblick. Er muss von seinen Seelenqualen erlöst werden. Er fühlt, dass etwas Unbekanntes neben ihm steht, nicht sichtbar, aber doch anwesend. Doch dieses Gefühl hat eine ganz andere Qualität als die, die er bis jetzt erlebt hat. Es ist nicht bedrohlich. In diesem Moment scheint die Dunkelheit aus seinen Charakterzügen zu weichen. Nur mit Mühe kann Gustav die passenden Worte finden. Mit leiser, fast sanfter Stimme erzählt er in Abrissen seine Tat.

»Fremder, du kannst dir nicht vorstellen, was ich für ein qualvolles Leben führe. Täglich muss ich mit dieser Schuld leben, ein Menschenleben vorsätzlich ausgelöscht zu haben. Und einem jungen, unschuldigen Mädchen eine falsche Liebe vorgegaukelt zu haben, weshalb sich diese in ihrer Verzweiflung das Leben nahm. Ich bin zum Trinker geworden, um die schreckliche Vergangenheit zu vergessen. Doch all meine Sorgen schwimmen mit, ich werde dieses zerstörerische Gefühl, das einen von innen auffrisst, nicht mehr los. Auch wenn mich kein Richter verurteilt hat, bin ich mehr als gestraft. Mein finsteres Leben zieht mich täglich etwas mehr in den Abgrund. Ich habe mein Herz aus dem Leib gerissen und die Höllenhunde haben es gefressen. Durch meine Bosheiten habe ich zwei Frauen ins Verderben gestürzt! Es ist einfach furchtbar, mit dieser Schuld zu leben. Heute kann ich selber nicht begreifen, dass ich mich zu solch schrecklichen Taten hinreißen ließ.«

Er wischt sich den Schweiß von der Stirn. Für eine lange Weile schweigt Gustav mit gesenktem Kopf, obwohl er am liebsten laut herausschreien würde.

Valentin unterbricht die fast unerträgliche Stille. »Wieso hast du Melissa wirklich ermordet?«

Ein kurzes Aufblitzen in Gustavs Gesicht verrät ein verkrampftes, verlegenes, völlig deplatziertes Lächeln. Dann wird sein Blick wieder nachdenklich und geistesabwesend.

Mit gequälter Stimme erzählt er weiter: »Wir haben uns geliebt! Doch eines Tages hat sie mich wie ein gebrauchtes Möbelstück in eine Ecke gestellt. Schlussendlich herzlos fallen lassen. Ihre ganze Liebe bekam nur noch dieser junge Anthony! Ich wurde besinnungslos vor Eifersucht! In meinem verletzten Stolz drohte ich, ihrem jungen Geliebten die Existenz zu zerstören. In der gehobenen Gesellschaft, in der ich geachtet wurde, war es ein Leichtes, einige Lügen über ihn zu verbreiten. Meine verleumderischen Niederträchtigkeiten fielen auf fruchtbaren Boden. Es amüsierte mich mit anzusehen, wie Anthony sich gegen diese Gemeinheiten zur Wehr setzen musste. Anthony wurde zum Außenseiter, die Gesellschaft zog meine Persönlichkeit vor. Es war ein absoluter innerlicher Triumph, als Melissa Anthony wegschickte! Mein Triumph wäre fast perfekt gewesen, bis sie mir von dem Kind erzählte, das sie unter dem Herzen trug! Das war wie eine heftige Ohrfeige, die mich zu Boden warf. Zu diesem Zeitpunkt hat niemand von ihrer Schwangerschaft gewusst.

Meine Spielschulden liefen ins Unermessliche. Ich brauchte dringend Geld. Die Geldeintreiber machten mir das Leben zur Hölle. Der alleinige Erbe wäre ich gewesen, bis dieses Kind mein versprochenes Erbe stehlen wollte. Um das zu verhindern, habe ich Melissa Gift ins Getränk geschüttet. Ohne mein Wissen hatte sie aber bereits das Testament zugunsten von ihrem ungeborenen Kind und dem Vater Anthony abgeändert.

Ich war so naiv zu glauben, dass es für uns noch mal einen Neuanfang hätte geben können. Seelisch hatte sie sich schon meilenweit von mir distanziert. Alles Materielle konnte sich Melissa leisten. Doch der Reichtum erfüllte sie nicht mehr. Immer mehr zog sie sich in die Stille zurück, um nach übersinnlichen Erkenntnissen zu forschen. Plötzlich veränderten sich ihre Lebensgewohnheiten, ihre Lebensansichten. Fast überheblich meinte sie, dass die meisten Menschen in einer kleinen, verkorksten Welt lebten, mit ebenso verkorksten und beschränkten Weltanschauungen. Nur ein müdes Lächeln hatte ich damals für ihre plötzlichen Wandlungen übrig. Ich fühlte mich auch beleidigt. Erst viel später, in meiner Einsamkeit, konnte ich diese innere Aufbruchsstimmung langsam nachvollziehen. Denn ich habe mich während der letzten Jahre auch auf die Suche nach spirituellen Wahrheiten gemacht. Viele Stunden habe ich mich durch esoterische Literatur gelesen. Spirituell erwacht bin ich nicht, aber ich habe an mir gearbeitet.

Damals, nach ihrem Tod, habe ich gezielt Lügen verbreitet, um glaubhaft zu machen, dass Melissa sich aus Kummer umgebracht haben muss und ihre Suche nach Spirituellem sie verrückt gemacht hat! Mit diesen Lügen hatte ich Erfolg. Eines Tages tauchte aber Anthony wieder auf. Das war sehr ärgerlich. Ich hatte gehofft, dass er diese Stadt nie wieder besuchen würde. Aber geglaubt hat er meine Geschichte, wie ich sie in der Stadt herumerzählte, nicht. Damals war meine Seele voll von bösem Grauen. Nun bin ich erleichtert, dass ich meine miese Tat nach diesen vielen qualvollen Jahren gestehen konnte!«, brach es aus Gustav heraus.

»Sie wissen, dass Sie gerade ein Geständnis abgelegt haben?«, antwortet der Anwalt siegessicher. Ein bisschen Berufsstolz ist unübersehbar.

Der Mörder zuckt mit den Schultern, schluckt und antwortet mit erstickter Stimme: »Was geschehen ist, ist geschehen. Leider kann ich das Schreckliche nicht mehr rückgängig machen. Nach so vielen Jahren weiß ich immer noch nicht, wie ich ohne Melissa leben soll. Ich war zu feige, um ihr in den Tod zu folgen! Dieser Gedanke des Suizids verfolgte mich über die lange Zeit. Mein Leben ist nutzlos geworden! Eines Tages betrachtete ich wieder meine goldene Taschenuhr! Es war, als würde mir jemand im letzten Moment vor dem totalen Absturz die entscheidenden Gedanken eingeben. Jedes kleine Rädchen im Uhrwerk hat seine Bestimmung! Ich fühlte mich auch als ganz kleines Rädchen im Uhrwerk des Lebens. Das gab mir den nötigen Durchhaltewillen. Die Kämpfe mit den Dämonen ließen etwas nach. Nun bin ich erleichtert, dass ich ein Geständnis ablegen konnte. Ich empfinde ein Glücksgefühl, wie ich es schon lange nicht mehr erlebt habe. Nun steht es in deiner Freiheit, Herr Anwalt, mich vor dem Richter anzuklagen. Es ist mir egal, wenn ich ins Gefängnis muss. Ich bin ein Gefangener des Finsteren, das ist viel schlimmer, als in einer Zelle eingeschlossen zu werden! In völliger Einsamkeit habe ich über all die Jahre gelebt. Auch wenn ich in Freiheit lebe, bin ich ein Gefangener. Wenn die Kirche recht hat, bin ich sowieso für immer verdammt!«

Valentin winkt ab. »Nein, ich werde Sie nicht anklagen. Die Strafe haben Sie schon lange bekommen. Schon diese Behausung ist wie eine Gefängniszelle. Es steht nicht in meiner Macht zu richten! Das überlasse ich höheren Mächten!«

»Du willst keine Rache für den Bösewicht?«, hakt Gustav nach.

»Nein!«, antwortet Valentin Krause kurz.

Der Geständige sinkt auf sein abgewetztes Sofa zurück. Es löst bei Gustav eine innere Verwirrung aus, einem Anwalt gestanden zu haben, der ihn nicht anklagen will.

Um sich Mut zu machen, streckt er die Hand aus wie zu einem Freund und spricht fast unhörbar: »Ich bin Gustav, nenne mich einfach Gustav.«

Die schreckhafte Hoffnungslosigkeit löst sich auf. Im Raum herrscht Stille. Tränen rinnen über Gustavs Gesicht. Er schämt sich, Valentin in die Augen zu schauen. Die Kerze ist inzwischen fast heruntergebrannt.

Valentin ergreift nochmals das Wort: »Eine Bitte habe ich an dich! Ich möchte, dass du am Sonntag gegen sechs Uhr in die Villa zurückkommst – und bring viele Kerzen mit! Nur du kannst die alte Schuld begleichen. Wenn du dein Leben liebst und ihm eine Wende geben willst, dann komme! Diese Konfrontation musst du aushalten. Die Arbeit ist vielleicht nicht ungefährlich, weil die dunklen Wesen eingreifen könnten und versuchen werden, den Einfluss auf die Seelen nicht zu verlieren. Doch wir werden uns mit dem weißen Licht reinigen und dem violetten Licht schützen.«

Gustav verspricht, pünktlich zu sein. Die Absicht ist diesmal edel und rein. Er verspricht, etwas zu tun, und weiß nicht, warum er es tut. Er kann sich nicht vorstellen, was Valentin Krause wirklich im Schilde führt.

»Ist es überhaupt möglich, den Fleck der Finsternis etwas mit Licht zu füllen? Oder hofft der Anwalt, das seelische Grab und den Jammer mit seinem Besuch niederzudrücken?«, spekuliert Gustav. Seine Hand tastet nach der Taschenuhr, als möchte er sich daran festhalten. Mit von Tränen verschleiertem Blick verabschiedet sich Gustav von Valentin. Die Tür fällt hinter ihm ins Schloss. Kurz darauf hört Gustav, wie der Anwalt Schritt für Schritt die Holztreppe hinuntersteigt. Er öffnet die Haustür und tritt ins Freie. Draußen hat es angefangen zu schneien. Eine Stille des Friedens liegt in der Luft.

Gustav geht ans Fenster und schaut den tanzenden Schneeflocken zu. In Gedanken driftet er ab. Seine Gedanken tanzen – wie draußen die Schneeflocken – über den morgigen Tag, falls es überhaupt einen morgen geben wird.

»Will Valentin Krause zu den Toten im Jenseits eine Brücke bauen? Gehört es zu seinem Plan, die Seelen, die gebunden und gefangen sind, zu erlösen? Ist er überhaupt stark genug, die Dunkelheit mit dem Licht zu besiegen.«

Er wendet sich ab. Im Zimmer ist es kühl geworden. Die Einsamkeit nimmt wieder ihren Platz ein. Gustav seufzt schwer, ohnmächtige Gedanken steigen in ihm hoch. Das ewige Hoffen und Warten, das Sehnen, dass es vielleicht doch noch einen Menschen gibt, der ihn so, wie er ist, lieben kann! Doch wer will schon mit ihm diese Dunkelheit teilen. Von der trauten Zweisamkeit wird er nur träumen können. Doch er will nicht nur träumen, er möchte wieder Leidenschaft erleben und Lust spüren. Er kriecht ins Bett und zieht die Decke über seinen Körper. Ein leises Schluchzen ist zu hören. Er wünschte, er könnte wieder einmal eine Frau berühren, ihr Verlangen nach ihm spüren. Jedes Haar, jede Ader spüren. Warme Lippen küssen und den erregten Atem trinken. Es ist bereit, sein Leben zu ändern. Doch er hat Angst, weil er an einem Abgrund steht.

26. Lichtstrahlen

Die Nacht ist angebrochen. Leise fällt der Schnee. Valentin schlendert gedankenlos, wie betäubt durch die Gassen, als hinge eine bleischwere Last an seinen Füßen. Der Abend ist sehr kühl, weil ein starker Wind fegt. Valentin fröstelt, er stellt den Kragen hoch und zieht den Hut tief ins Gesicht. Unmerklich zieht sich sein Herz zusammen, als er an die beiden Frauen denkt. Er fühlt eine furchtbare Leere, eine tiefe Trauer, als ob die Tat gerade erst passiert wäre. Obwohl er damals nicht unmittelbar betroffen war, fühlt er heute eine tiefe Ohnmacht. Immerfort muss er an die unglückselige Melissa und an Amalia denken. Er wünschte, dass die beiden Frauen jetzt vor ihm stünden und alles nur ein böser Traum gewesen wäre.

Doch die Wirklichkeit spricht eine andere Sprache. Er fühlt sich Melissa so unendlich nah, dass ihn der Gedanke an ihr tragisches Ableben traurig stimmt. Dabei ertappt er sich, wie ein brennendes Verlangen nach Melissa in ihm hochsteigt. Die Liebesflamme ist entzündet in ihm, sein Herz ist am Brennen. Verbunden sind die beiden Seelen und es fühlt sich an wie das Paradies. Er wünschte, sein Körper wäre schwerelos, ganz so, als wäre er ein Hauch von Luft und könnte durch Raum und Zeit mit den Wolken schweben. Melissa läge in seinem Arm und seine Liebe hielte sie warm. Ein Traum unter dem Himmelszelt.

Doch nur Tränen sind geblieben, die aus seiner Seele tropfen. Er bewegt sich im Rausch der Sinne. Er spürt, wie Tränen über sein Gesicht laufen, die er mit seinem Taschentuch abwischt.

Der Schneefall ist stärker geworden. Eine Stunde mag er ziellos durch die Stadt gelaufen sein. Dann kommt ihm der glorreiche Gedankenblitz, Anthonys Wohnhaus aufzusuchen. Von der nahen Turmuhr schlägt es gerade zwanzig Uhr, als er an der Haustür klingelt. Anthony öffnet persönlich und ist erstaunt über Valentins Besuch. Der Duft von frischgebackenem Weihnachtsgebäck erfüllt das Haus. Damit wird Valentin in Erinnerung gerufen, dass Adventszeit ist. Anthony bittet seinen Mieter einzutreten. Neugierig kommt Elena aus der Küche und steht fragend im Türrahmen. Anthony beobachtet sie voller Wärme. »In diesem Haus begegnet man aufrichtiger Freundlichkeit!«, denkt sich der Anwalt.

Valentin sucht nach passenden Worten für sein Anliegen und holt dabei weit aus.

»In eurem Haus spürt man, dass das Weihnachtsfest langsam Gestalt annimmt! Dieser herrliche Duft im ganzen Haus, überhaupt die ganze Atmosphäre ist eine, in der man gerne verweilt!«, lobt er Elena.

»Vielen Dank, das freut mich, dass es Ihnen bei uns gefällt. Kommen Sie und probieren Sie von meinem Weihnachtsgebäck!«

Odilia ist ebenfalls dazu gestoßen und wird Valentin als Tochter des Hauses vorgestellt. Odilia strahlt eine unberührte Reinheit aus.

»Unglaublich, diese Ähnlichkeit mit Melissa! Wie ein Engel! Wer ist eigentlich die richtige Mutter?«, denkt Valentin sich.

Odilia mustert den späten Gast prüfend. Sie lächelt und blickt Valentin durchdringend an. Valentin hat inzwischen im Salon Platz genommen. Elena bringt eine Schale mit frischem Gebäck und eine Kanne Kaffee. Valentin sucht nach den richtigen Worten, den wirklichen Grund seines Besuches zu formulieren. Mit Bedacht wählt er die Worte, will seine Gedanken so knapp und bündig wie möglich ausdrücken.

»Ich frage mich, ob die alten Philosophen mehr Zugang zur echten Vergeistigung der Menschheit hatten. Wussten Sie, dass die Seelenenergie der Menschen ewig und unendlich ist? Dass sie nie stirbt und zyklisch wieder in einem neuen Körper ein weiteres Erdenleben antritt?« Er hat mit seiner kernigen Weisheit den Nagel genauer auf den Kopf getroffen, als er dachte.

»Sie sprechen von Reinkarnation!«, wirft Elena dazwischen.

Valentin schaut in die Gesichter und denkt eine Weile nach. Es ist, als würde Odilia seine Gedanken erraten und für ihn die erste Hürde nehmen. »Dann haben wir alle eine karmische Verbindung?«

»Ja!«, antwortet Elena zu Anthonys Erstaunen.

Etwas verlegen steht er auf und legt noch ein paar Holzstücke in den Kamin. Er fühlt, dass die Mauer, die er um sich gezogen hat, anfängt zu zerbröckeln. Er kehrt um und macht ein paar kleine Schritte.

»Ich möchte Sie alle in die Villa einladen!«, sagt der Anwalt zögernd.

Odilia steht auf, stößt Anthony etwas zur Seite und redet mit fast kindlicher Stimme: »Sie möchten doch sicher, dass ich in die Villa komme und auf der Harfe spiele. Melissas Geist lebt doch spürbar in der Villa. Wenn ich mit meinem Harfenspiel etwas Positives bewirken kann, ist mir das eine Freude!

Mein letzter Besuch hat sich so unvergesslich tief in mein Herz eingraviert.«

Valentin ist von Odilias Angebot so überrascht, dass er gar nicht antworten kann. Er hat nicht gewusst, dass Odilia in der Villa war und für Melissa auf der Harfe gespielt hatte. Doch der Gedanke scheint ihm überaus sympathisch. Langes Schweigen herrscht.

Odilia ist über ihre spontane Reaktion selbst erstaunt und fügt fast als Entschuldigung hinzu: »Es war einfach ein Gedanke, der über mich kam, ich habe gar nicht darüber nachgedacht! Trotzdem stehe ich zu meinem Angebot, für die Verstorbene nochmals Harfe zu spielen!«

Valentin schaut das junge Mädchen bewundernd an und ergreift das Wort: »Junge Dame, du bist fast wie ein Engel! Die Sprache der Musik, der Liebe, wird von allen Lebewesen verstanden!«

Anthony will gerade vehement seine Ablehnung kundtun. Erwartungsvoll schaut er zu Elena und ist auf ihre Reaktion gespannt. Ihr ausweichendes Verhalten hat ihm manchmal Rätsel aufgegeben. Er ist überaus erstaunt, wie ruhig Elena bleibt. Er hat erwartet, dass sie fuchsteufelswild reagiert.

»Wenn die Unglückselige dadurch endlich zur Ruhe kommen kann, dann will ich nicht im Wege stehen!«, antwortet Elena fast liebevoll.

Anthony schnappt nach Luft wie ein Fisch. Die Worte bleiben in der Kehle stecken. Elena entgeht das verdutzte Gesicht nicht. Ihr Gesicht verändert sich und ein liebliches Lächeln huscht darüber. Mit melancholischer Stimme erzählt sie, dass sie schon lange für beide Verstorbenen positive Gedanken denkt, zum Beispiel: »Ich rufe die Engel, die mit ihrem Geist, ihrem Licht und ihrer Liebe alle Dunkelheit erhellen!«

Auf so viel Verständnis haben beide Männer nicht gehofft. Einen Augenblick kann keiner etwas sagen. Elena kann die totale Überraschung über die positive Haltung in den verdutzten Gesichtern ablesen. Es scheint, dass der Moment passend ist, um ein paar Vorurteile abzubauen. In aller Kürze berichtet sie, dass sie über all die Jahre mit Odilia regelmäßig in die Kirche ging, für die Verstorbenen Kerzen anzündete und die beiden immer wieder in Gebete eingeschlossen hat. Dadurch hat sie den Verstorbenen seelische Wärme gegeben.

Mit der Symphonie der Liebe ist ein unsichtbares Band zu den Verstorbenen gewoben worden. Anthony ist sichtlich stolz auf seine beiden Frauen. Dass aber gerade Elena und Odilia eine wichtige Rolle zur Aufklärung des Dramas spielen sollen, überrascht ihn doch.

Er stammelt: »Es ist wichtig, jetzt nochmals über den Tod der beiden Frauen zu sprechen!«

»Und warum?«, hakt Valentin nach und ärgert sich auch schon über diese unpassende, zynische Frage.

Anthony fühlt sich unangenehm angesprochen und antwortet bestimmt: »Bei Melissa ist es bestimmt kein Selbstmord gewesen. Alles ist so mysteriös! Ich will endlich wissen, was wirklich passiert ist. Diese Last über all die Jahre ist ein ständiger, immer wiederkehrender Albtraum!«

Danach muss er sich mit aller Kraft beherrschen, um nicht anzufangen zu weinen. Alle sind sich einig und fest entschlossen, das Thema nochmals anzugehen, um Klarheit zu verschaffen. Nach dieser Entscheidung fühlen sich alle viel wohler.

Valentin versucht diplomatisch, den Schleier des Unausgesprochenen zu lüften und der Familie über seinen Besuch bei Gustav zu berichten. In diesem Augenblick fühlt er sich als Anwalt, der versuchen muss seinen Klienten ins beste Licht zu setzen, was ihm nicht leichtfällt. Es fällt ihm schwer, doch er bemüht sich, sich nichts anmerken zu lassen. Über die Tatsache, dass Gustav der Mörder ist, schweigt er. Hinter der anwaltlichen Schweigepflicht kann er das Geständnis wie versprochen verheimlichen.

Er hat das Schlimmste befürchtet, merkwürdigerweise nehmen die Angesprochenen es gelassen hin. Valentin lässt sich nochmals einen Kaffee einschenken, als bräuchte er noch etwas Zeit für die Entscheidung, wie er behutsam vorgehen will, Gustav zu erwähnen, und dass er ihn gebeten hat, in die Villa zu kommen. Er will mit offenen Karten spielen. Dass Gustav mit einbezogen werden soll, löst nach einem Schweigen doch noch ein kleines Erdbeben aus. Im ersten Augenblick glaubt Anthony, nicht richtig gehört zu haben.

Anthony ringt nach Luft, seine Augen blitzen und ein Fluchen entgleitet ihm: »Verdammte Geschichte! Das hätte ich mir nie träumen lassen, dass wir in der Villa eine Sitzung mit diesem Gustav für die Verstorbenen starten!«

Valentin gelingt es, mit einleuchtenden Argumenten wieder Herr über die Lage zu werden. Widerwillig wird die Vollmacht erteilt, dass Gustav eingeladen werden darf, wenn damit den Verstorbenen geholfen werden kann, die Schmerzenergien von der Dunkelheit in das Licht zu verwandeln.

Am Sonntag vor der Dämmerung soll das Fest des Lichtes stattfinden. Valentin ist erleichtert, dass soweit alles reibungslos über die Bühne gegangen ist. Elena packt ihm noch einige Gebäckstücke ein und Anthony beharrt darauf, dass Valentin mit der Kutsche zurückgebracht wird.

Als die Kutsche auf das schön verzierte Eisentor zu rattert, hat er das Gefühl, dass ein leuchtender Schatten neben dem Tor steht und auf ihn wartet. Agnes kommt mit großer

Spannung an die Tür und fünf Minuten später betreten sie gemeinsam den Salon. Beim Eintreten betrachten beide das Gemälde, als möchten sie Melissa mit einbeziehen. Agnes schaut Valentin fragend an und macht eine ratlose Miene. Dabei verkrampft sich der Magen vor Spannung. Höflich fordert Valentin Agnes auf, Platz zu nehmen. Sie zieht das Taschentuch hervor und schnäuzt sich verlegen die Nase. Valentin geht ein paar Schritte hin und her, als suche er nach den richtigen Worten. Die Luft knistert.

»Ich komme direkt von Anthony!«

»Das freut mich sehr!«, wirft Agnes ein.

In der Erwartung auf weitere Neuigkeiten sieht sie ihn an. Ein leuchtendes Wesen umschwebt ungesehen die beiden. Valentin setzt sich Agnes gegenüber und schildert alles bis ins kleinste Detail. Die Haushälterin legt sich bei den Schilderungen die rechte Hand aufs Herz, schließt die Augen und seufzt bitter. Fast unhörbar gleiten Worte der Verteidigung für Gustav über ihre Lippen. Wer zwischen den Zeilen lesen kann, der spürt sofort, dass Agnes immer noch eine gewisse Sympathie für Gustav empfindet. Valentin schaut sie verwundert an. Agnes wird bewusst, dass sie durch ihre verteidigenden Worte gerade ihre heimliche Liebe zu Gustav verraten hat. Ihre Augen glänzen. Verlegen steht sie auf und wünscht eine gute Nacht. Valentin lässt sie gehen. »Nichts ist endgültig in dieser wandelbaren Welt!«, denkt sich Valentin.

Seinen erlebnisreichen Tag lässt er nochmals Revue passieren. Dabei ertappt er sich bei einem Gedanken, als er an den verzweifelten Gustav denkt: »Eigentlich ist er ja ein netter Kerl!«

Er muss zugeben, dass er immer noch etwas Magisches an sich hat, und das trotz seines ungepflegten Dreitagebartes. Er kann es Agnes nicht verübeln, dass sie für Gustav eine gewisse Sympathie empfinden kann. Auch Melissa musste von seinem Charme geblendet gewesen sein, jedenfalls so lange, bis sie sich von ihm getrennt hatte. Offenbar wurde bereits von Heirat gesprochen, bis plötzlich Anthony in Melissas Leben trat. Bis zu einem gewissen Punkt kann er die panikartige Handlung von Gustav nachvollziehen. Doch kein Grund rechtfertigt einen Mord.

Er geht zum Schreibtisch, nimmt seine Mappe hervor und macht sich noch kurz ein paar Notizen. Dann steigt er die Treppe hoch und schließt das verbotene Zimmer auf. Er zündet die Kerze an, die neben Melissas Bild steht, und legt sich ausgelaugt auf das Bett. Vollkommene Stille herrscht. Er denkt an Melissa. »Meine Küsse sollen dich im Jenseits erreichen. Meine Liebe deine Seele streicheln.«

Plötzlich hat er das Gefühl, der Schatten husche wieder durch das Halbdunkel. Das Kerzenlicht flackert unruhig. Dann hat er eine Vision. Aus der Flamme der Kerze formt sich eine zauberhafte Frauengestalt. Ihre ausgesprochen zarten Geschichtszüge, die schemenhaft wahrzunehmen sind, strahlen ihn glücklich an. Am liebsten würde er diesen Augenblick bis in alle Ewigkeit festhalten.

Nach einer Weile schläft er ein. Er träumt einen wunderbaren Traum. Weiß gekleidet sitzt er am Ufer eines Flusses, der schweigend an ihm vorbeifließt. Seine Blicke bleiben an einem alten Baum, einer Trauerweide, hängen, dessen Äste zart den Fluss streifen. Der Baum vermittelt einen Hauch von Melancholie. Er bricht einen Zweig ab. Der Geist des alten Baumes berührt seine Seele und gemeinsam betreten sie ein grünschattiges Labyrinth. Der schwebende Schatten, der sich angeklammert hat, schwankt im Schein des Mondes. Die Nacht leuchtet mit ihrer blauschimmernden Sonne, umgeben von Sternen, umweht vom Sturm des Lebens. Dann sieht er Licht, das von einem ansonsten dunklen Turm zu kommen scheint. Er stürmt durch die Brandung der aufgewühlten Seele symbolisch auf eine Küste zu. Den mitgebrachten Zweig pflanzt er in die Erde. Im Wolkengroll sieht er über sich Flammenblitze. Der Sternenwind fängt an zu singen, ein großer Schwarm von Schmetterlingen umflattert Melissa, die im Lichte schwebt. Die Angst der Toten verfliegt im Grenzenlosen der universellen Liebe. In den Höhen schweben mehrere Lichtgestalten, mittendrin glüht die gelbe Sonne. Die Bitternis verflüchtigt sich in alle Winde.

Von den irdischen Augen ungesehen, fangen die Lichtstrahlen an, den Mantel der Dunkelheit zu durchbrechen. Noch gelingt es der Dunkelheit, die Helligkeit zu unterdrücken, doch der Tag des Erwachens ist nicht mehr weit entfernt.

Valentin erwacht und schaut das Bildnis von Melissa an. Ein liebevolles Lächeln überzieht sein Gesicht. Von der anderen Seite beobachtet die Verstorbene den Aufbruch ins Helle. Valentin hat die Grenzen ins Übersinnliche gesprengt.

»Meine Melissa, du bist in meinen Gedanken wie ein lieber Geist! Es ist zauberhafte Magie, wenn ich an dich denke, als ob ich mein Leben nicht mehr selber lenke«, haucht er verliebt, als läge sie neben ihm. »Meine Liebe zu dir hat keine Schranken. Mein Herz ist verbunden mit deinem. Unsere Seelen versinken ineinander, auch wenn uns die Welten trennen. Von dir habe ich nur ein Bild in mir, doch ich liebe dich bis in die Unendlichkeit. Ja, meine liebe unsichtbare Frau, ich bin verrückt nach dir. Voller Begehren ist meine Liebe nach dir. Alles, was ich liebe, das bist du, ich denke immer an dich, das weißt du. Unglücklicherweise sitze ich allein in diesem Zimmer und kann nur an dich denken. Du bist ein Schatten in der Nacht, zugleich aber mein Engel im Himmelreich. Die Erfüllung aller Träume wird sein, dich in einem nächsten Leben in die Arme zu nehmen. Dann werden unsere Augen ineinander versinken, unsere Lippen gierig voneinander trinken. Unsere Hände werden sich heiß berühren und unsere Seelen im Gleichklang schwingen. Die Gedanken sind tief in meinem Herzen eingraviert, über Zeit und Raum nicht auslöschbar! Du bist ein Himmelsgeschenk. Niemals gebe ich meine Liebe zu dir auf! Ich wünsche für dich, dass ein Engel dich aus der Dunkelheit führt.«

Ein sanfter Hauch von Melissa berührt Valentin. Ganz zart und vorsichtig berührt sie seine Seele. Und im Lichterglanz kann er ihre Botschaft fühlen.

»Du weißt nicht, wie gut du mir tust mit deiner Liebe, mein Geliebter. Mein Lächeln hast du im Traum gespürt. Die Wärme meiner Sehnsucht hat dich berührt. In meine Dunkelheit bist du gekommen. Dein Licht der Liebe wird täglich heller. Unendliche Dankbarkeit umhüllt meine Seele mit wohliger Wärme. Ich glaube, ich habe eben das Glück geatmet!«

27. Licht der Liebe

Auf der anderen Seite der Stadt geht Gustav früh am Morgen aus dem Haus. Er hat wieder einmal ein konkretes Ziel. Das Haushaltswarengeschäft, das er aufsucht, ist noch geschlossen. Unruhig läuft er die Straße auf und ab. Es hat in der Zwischenzeit aufgehört zu schneien, doch trotzdem ist es bitterkalt. Der Himmel ist blassgrau. Sein einst so eleganter Mantel wirkt etwas abgewetzt und spendet nicht mehr die gewünschte Wärme. Dass er schon bessere Zeiten erlebt hat, ist unübersehbar.

Gustav stellt den Kragen hoch, um die Ohren etwas vor der eisigen Brise zu schützen. Diese Warterei empfindet er wie eine Ewigkeit. Es macht ihn ganz nervös. Endlich kommt der Krämer um die Hausecke und staunt nicht schlecht, als er Gustav erblickt. Er nickt freundlich. Schweigend öffnet er den Laden. Die Turmuhr schlägt gerade acht Uhr.

Gesprächig sind weder der Krämer noch Gustav. Unausgesprochene Spannung liegt in der Luft. Verblüfft ist der Krämer über den Kaufwunsch. Sein erster Kunde kauft fast seine ganzen Vorräte an Kerzen auf. Er lässt sich diese zur Verwunderung des Krämers schön einpacken, als ob jede einzelne ein ausgesuchtes Weihnachtsgeschenk wäre. Dann verabschiedet sich Gustav, distanziert, aber höflich, mit einem großen Paket unter dem Arm. Er kann es kaum erwarten, bis es Abend wird. Zeit ist genug vorhanden, um einen Abstecher zum

Friseur zu machen. Auch hier ist er der erste Kunde. Simeon, der Friseur, ist alt geworden. Gustav bemerkt, als er in den Spiegel schaut, wie die Zeit an ihm vorbeigezogen ist. Einfach fortgeworfen hat er sein wertvolles Leben durch seine bösen Taten. Sein oberflächlicher, wankelmütiger Charakter hat ihn in die kalten Fluten des Lebens geworfen, wo er immer noch treibt. Zwar ist er nicht ertrunken, doch auf einer Insel der Verbannung gelandet.

Simeon freut sich aufrichtig über Gustavs Besuch. Sofort ist sein brennendes Interesse geweckt, Näheres zu erfahren. Gustav nimmt Platz, lässt sich rasieren und einen neuen Haarschnitt verpassen. Früher ist er hier Stammkunde gewesen und hatte immer viele Neuigkeiten zu erzählen. Manchmal hat er auch gezielt Informationen an Simeon weitergegeben in vollem Bewusstsein, dass es bald die ganze Stadt erfahren wird. Simeon weiß auch heute noch den neusten Tratsch. Der alte Friseur betrauert aufrichtig, dass Gustavs Besuche so selten geworden sind. Gustav ist heute allerdings kein gesprächiger Kunde. Doch der Friseur hat genügend Gesprächsstoff, um auch einen Wortkragen unterhalten zu können. Vorsichtig versucht er Gustav in ein Gespräch zu verwickeln, um ein paar Highlights zu erfahren. Doch sein alter Kunde durchschaut ihn und bleibt wortkarg.

Nach getaner Arbeit des Friseurmeisters ist der Blick in den Spiegel verblüffend. Gustav erscheint in neuem Glanz. Simeon kann seine Begeisterung nicht zurückhalten und Gustav fühlt sich geschmeichelt. Es ist Balsam für seine vertrocknete Seele.

Auch Agnes schwirrt den ganzen Tag nervös durch die Villa. An jeder Ecke sieht sie ein Staubkorn. Sie putzt, poliert, als ob ein König erwartet werden würde.

Sie muss immer wieder an die Worte von Valentin denken: »Alles kommt in Ordnung. Die Weichen sind gestellt. Jetzt gibt es kein Zurück mehr!«

Was er mit diesen Redewendungen genau meint, kann sie sich nicht wirklich vorstellen. In der Küche hantiert sie mit den Kochtöpfen herum. Der wunderbare Duft aus der Küche verbreitet sich im ganzen Haus.

Valentin ist auch schon sehr früh aus dem Haus gegangen. Der Kutscher bringt ihn in die Stadt. Was er dort den ganzen Tag macht, hat er Agnes nicht verraten. Eigentlich sagt er nie, wohin er geht. Heute gibt es einen Grund, dass er nicht über sein Vorhaben berichten will. Er versucht, das Domizil des dunklen Barons ausfindig zu machen. Doch die Spuren verlaufen sich im Sande. Nicht einmal über die These, dass er sich umgebracht haben soll, kann er etwas in Erfahrung bringen. Es ist aussichtslos. Niemand kann ihm eine Auskunft oder einen Anhaltspunkt geben. Sein Verschwinden erweist sich genauso rätselhaft wie sein Vorleben. So macht er sich früher als geplant auf den Heimweg. Auf dem Marktplatz ist ein großer Tannenbaum festlich geschmückt und verbreitet weihnachtliche Stimmung.

Im Haus von Anthony herrscht den ganzen Tag eine seltsame Unruhe. Anthony befallen plötzlich heftige Gewissensbisse. Ist es eine innere Warnung, die Hände davon zu lassen? Hoffentlich ist dieser Valentin Krause nicht ebenso ein Hochstapler wie Gustav und zieht seine Tochter ins Verderben. In seiner Seele toben wieder diese unsichtbaren Stürme. Kann er die ganze Sache überhaupt objektiv beurteilen? Er muss sich eingestehen, dass der Anwalt eine unbeschreibliche Anziehungskraft ausübt. Einen Moment lang sieht es aus, als wolle er die ganze Übung abblasen. Sein Geist versinkt im

Nirgendwo. Wenigstens behält Elena einen kühlen Kopf und kann seine zweifelnden Gedanken umpolen.

Der Kutscher hat die Pferde angespannt und kommt früher als erwartet. Beide Pferde tänzeln voller Erwartung, als könnten sie erahnen, welch einschneidende Wende es in der Villa geben könnte. Eine heilsame, normalisierende Wirkung verspürt Anthony, als sich Elena und Odilia in freudiger Stimmung die warmen Mäntel anziehen. Seine beiden Frauen haben sich festlich gekleidet. Ein geheimnisvolles Lächeln liegt auf Elenas Gesicht, welches ihn dazu bewegt, nicht mehr den geringsten Zweifel zu haben, dass sie es schaffen werden, der tragischen Geschichte die erhoffte Wendung zu geben. Der Kutscher hilft beim Einsteigen und legt den Damen eine warme Decke über die Beine. Er wird von Elena angewiesen, vor der Kirche einen Halt zu machen. Der Friedhof, der gleich neben der Kirche liegt, ist frisch verschneit. Da und dort brennt eine Grabkerze. Es ist kalt, sehr kalt. Wortlos laufen Elena und Odilia zielsicher um die Kirche herum. In der hintersten Ecke liegt das Grab von Melissa und nur ein wenig weiter entfernt das Grab von Amalia.

Verstorbene, die keines natürlichen Todes gestorben sind, legt man nicht in die geheiligte Erde neben die aufrichtigen Bürger der Stadt. Über Fluch und Verschwörung, über Dämonen und dunklen Zauber wird immer noch gemunkelt. Zu groß ist die Angst vor bösen Geistern, die auf dem Friedhof ihr Unwesen treiben könnten.

Anthony stampft wie ein Enterich den beiden Frauen hinterher. Da kommen ihm wieder die Erinnerungen in den Sinn. Schon lange ist er nicht mehr am Grab von Melissa gewesen.

Amalias Grab hat er überhaupt noch nie besucht. Er ist etwas beschämt.

Odilia und Elena packen Kerze um Kerze aus und zünden trotz gefrorenen Fingern eine nach der andern an. Bald brennen die Kerzen auf den beiden Gräbern und werden zu einer Insel des Lichtes. Zwar denkt Anthony sich, dass übertrieben viele Kerzen angezündet wurden, doch er zieht es vor, seine Meinung für sich zu behalten. Anthonys Blicke schweiften über die Grabreihen und bleiben an einem älteren Grabbesucher hängen, der sich im selben Augenblick umdreht und ihn ebenfalls fixiert. Von Weitem kommt ein höfliches Nicken. Anthony steht wie eingefroren da. Ein Strom von Träumerei trägt seine Seele davon in die Vergangenheit von Schmerzen, Tränen und Ohnmacht. Aber auch von Freude und Lachen und unbeschreiblichen Glücksmomenten. Sein Gefühlszustand bewegt sich zwischen der realen und irrealen Welt. Die Seele spricht durch sein Herz. Leben heißt lieben, lieben heißt leiden. Dies lässt uns zu neuen Ufern gelangen. Zeitlos zerrinnt die Zeit in die Unendlichkeit.

Elena schubst ihn an. »Was ist mit dir los?«

Wie ein kleines Kind zeigt Anthony auf den alten Mann und dreht sich fragend zu Elena um. Es ist, als könnte sie seine Gedanken lesen.

»Ah, der alte Mann, er begegnet mir immer wieder. Aus seinem faltigen und wettergegerbten Gesicht schauen ausgesprochen freundliche Augen. Nein, das ist untertrieben. Eigentlich sind es viel mehr als freundliche Augen. Magische Augen! Diese Augen bringen dich an die Schwelle zum Übersinnlichen. Dann bekommt die Welt einen Glanz, welcher mit dem gewöhnlichen Verstand nicht zu erklären ist. Doch will ich ihn ansprechen, ist er immer wie vom Erdboden verschwunden!«

Anthony wechselt einen Blick mit Elena und stammelt: »Das ist der Tagelöhner aus der Kneipe! Ich habe schon damals gespürt, dass etwas Außergewöhnliches diesen alten Mann umgibt! Nie wieder bin ich einem Menschen begegnet, der eine solche Tiefe und so eine durchdringende Klarheit ausstrahlt.«

Elena schaut ihn musternd mit fragendem Blick an. Sie weiß nicht, von was er spricht. Eine Weile schweigen beide, eingehüllt von der friedlichen Stimmung eines kalten Weihnachtsabends. Ein zeitloser Moment, von der Magie des Augenblickes verzaubert. Wie aus einem Traum erwachend schaut die kleine Familie in Richtung des alten Mannes. Er ist verschwunden.

Die außergewöhnliche Begegnung verwirrt ziemlich. Woher kommt der alte Mann? Seine bereichernden Begegnungen sind unausgesprochene Worte, die nur in den Seelen hörbar sind und ein unverkennbares, einzigartiges Gefühl zurücklassen. Die aufgewühlten Gedanken wirbeln wie Schneeflocken herum. Doch niemand sagt etwas.

28. Die Seelen im Licht

Es ist eine sternklare Nacht, als wenig später die Kutsche rumpelnd mit der Familie zur Herrschaftsvilla fährt. Ein Mann mit einem geschnürten Paket läuft zielstrebig über den verschneiten Kiesweg auf das Hausportal zu. Der Schnee knistert unter seinen Füßen. Es ist Gustav.

Bei diesem Anblick überkommt Anthony ein mulmiges Gefühl. Fast gleichzeitig erreichen alle das Hausportal. Anthony blickt Gustav kühl an. Dieser steckt ihm die Hand entgegen. Hat er mit dieser Geste ein Wagnis unternommen, abgelehnt zu werden? Er hat Angst, dass er zurückgewiesen wird.

Anthony fühlt sich tatsächlich etwas überrumpelt. Er zögert und schaut Gustav perplex an. Die Erinnerungen wirbeln wild durcheinander. Vergangenheit, Gegenwart und Imagination, alles vermischt sich. Agnes hat das Traben der Pferde gehört und öffnet in freudiger Erwartung die Türe für die Gäste. Mit der gewohnten Freundlichkeit und einem strahlenden Gesicht begrüßt sie Anthony und seine Familie und gibt damit der angespannten Situation eine Wende. Dann bleiben faszinierende Blicke an Gustav hängen.

Viel hat sie von ihm geträumt, dort wo die Wege im Grenzenlosen verlaufen. Die Liebe zu ihm ist in ihrem Herzen immer ein kleiner Funke geblieben, der jederzeit zu einem Flammenmeer werden kann. Der Ort des Glücks wäre nicht weit, doch er wurde einfach übersehen. Beim Erwachen rissen traurige, stechende Gedanken sie in die Realität zurück.

Er ist immer noch ein attraktiver Mann. Zur Begrüßung umarmt er Agnes überaus herzlich, was etwas irritiert. Seine Umarmung kommt wirklich von Herzen und lässt ein Gefühl von Herzenswärme zurück. Agnes spürt, wie eine Träne von Gustav ihre Wange küsst. Es ist, als hätte seine Seele angefangen zu sprechen. Irgendetwas magisches Unbeschreibliches schwebt zwischen ihnen. Ist es wirklich Liebe? Schon dieser Gedanke zaubert Agnes rote Wangen ins Gesicht!

Gustav hat sich verändert, das Arrogante hat er abgestreift. Erstmals sieht er Agnes mit den Augen eines Gleichgestellten und empfindet sie als eine sehr schöne Frau. Eine Frau mit Herzenswärme, die er über all die Jahre so schmerzlich vermisst hat. Früher wollte er es einfach nicht wahrhaben, dass auch er für Agnes Empfindungen hat, die über das Gewöhnliche hinausgehen. Er war zu stolz, um seine Gefühle einer Hausdame gegenüber einzugestehen. Schlagen ihre Herzen heute im gleichen Rhythmus? Er glaubte, Melissa wäre seine Dualseele gewesen, die Einzige, doch vielleicht hat er sich getäuscht. Das Materielle hatte einen zu großen Stellenwert. Kann er Agnes überhaupt zumuten, einen Mörder zu lieben? »Die Augen kann man schließen, wenn man etwas nicht sehen will, aber das Herz kann man nicht verschließen, wenn man etwas nicht fühlen will. Nichts ist für immer, auch das Schlimmste vergeht irgendwann einmal«, denkt Gustav.

Beobachtend ist Valentin hinzugetreten. Fast hätte er Gustav nicht mehr erkannt. Aus dem verwahrlosten, gebrochenen Mann, den er vor wenigen Stunden noch als Häufchen Elend vor sich hatte, ist ein gepflegter Herr geworden. Valentin ist es gewohnt, alles im Griff zu haben und Herr seines Schicksals zu sein. Sein ganzes Erwachsenenleben hindurch war er ein Mann der Tat, der Entscheidungen fällt und handelt. Aber in diesem Augenblick, vielleicht dem schwersten in seinem Leben, fühlt er die Ohnmacht in sich erneut. Ein düsteres Schweigen breitet sich im Empfang aus. Schnell überfliegt er die Sachlage und nimmt das Zepter wieder in die Hand. Ein paar lockere Floskeln, ein Händeschütteln und die verkrampfte Situation ist gerettet. Endlich übergibt Gustav Agnes sein verschnürtes Paket, das er etwas verloren auf dem Boden abgestellt hat. Sie hängt noch schnell die Mäntel in die Garderobe und begibt sich schnellstens, mit dem Paket unter dem Arm, in die Küche. Ein Dienstmädchen hat gerade das Essen auf verschiedenen Platten zum Servieren angerichtet. Schnell noch, vor dem Servieren, machen sich Agnes und das Hausmädchen neugierig ans Auspacken des Paketes. Sie staunen nicht schlecht: Jede einzelne Kerze ist schön als Weihnachtsgeschenk eingepackt. Dabei fühlt die gute Agnes eine merkwürdige Beklemmung, eine vage Ahnung, was bald geschehen könnte. Zum ersten Mal seit vielen Jahren sind Suchstrahlen ausgesendet worden, welche den dunkeln Kräften den Kampf ansagen wollen.

Valentin fordert seine Gäste auf, ihm in den Salon zu folgen. Ein großer, vergoldeter Kerzenständer, der in der Mitte steht, beleuchtet die Gesichter mit sanfter Helligkeit. Alle Blicke richten sich auf das Bild an der Wand. Es ist, als würde Melissa heute besonders schön auf dem Porträt lächeln. Jeder kann ihre Gegenwart auf seine Art spüren. Melissa schwebt nicht alleine, denn mit der gleichen Erwartung ist Amalia anwesend. Amalia kann sehen, dass bei Gustav eine Wandlung zum Positiven im Gange ist. Unsichtbare Fäden verbinden ihn mit Agnes. Die innere Bewegung der Liebe ist für die Toten wunderbar anzusehen. Er ist wirklich guten Willens, sein chaotisches seelisches Haus in Ordnung zu bringen. Viel Seelenkraft wird von Nöten sein, ohne die Hilfe von Agnes wird er es kaum schaffen. Amalia kann erkennen, dass die von ihr geglaubte Liebe eine Täuschung war. Endlich kann sie Gustav als anhaftenden Geist loslassen.

Agnes durchbricht diese absolute Stille und serviert die selbst kreierten Gebäcke. Gustav ist voll des Lobes und isst genüsslich. Schon lange ist es her, dass ihm das Essen so gut schmeckte. Wehmütig denkt er an die vergangenen Zeiten, als solches Essen zum Alltag gehörte. Während er überaus herzhaft nach dem exquisiten Essen greift, macht er in Gedanken eine Rückblende. Über all die Jahre hat er sich irgendwie durchgeschlagen. Sein Leben spielte sich hauptsächlich in seinem schäbigen Zimmer ab. Auch wenn er in Freiheit lebte, war er ein Gefangener, das muss er sich immer wieder eingestehen. Er ist seelisch fast tot gewesen. Nun bleibt ihm nichts anderes übrig, als der Vergangenheit nochmals ins Auge zu schauen. Jetzt, wo er sich aufgerafft hat, hierher zu kommen, ist er bereit, reinen Tisch zu machen.

»Diesen Anwalt hat der Himmel geschickt!«, denkt er sich. Er hat die Chance bekommen, seinem Leben eine Wende zu geben. Mit ausdruckslosem Gesicht sitzt er im Sessel - nur die Nasenflügel spannen sich unmerklich. In dieser Gesellschaft ist seine Bürde etwas leichter geworden! Gute Menschen hat er um sich, die ihm helfen können.

Odilia entpuppt sich als die treibende Kraft, die die Runde dazu drängt, zuerst die Pflichten zu erledigen, bevor man zum Hauptessen übergeht. Valentin ist beeindruckt von Odilias Entschlossenheit und ihrer Lieblichkeit. Er leistet ihr die nötige Schützenhilfe. Beglückt blickt sie Valentin an. Liebevoll erwidert er ihr fast noch kindliches Lächeln. Für einen

Moment steht sie schweigend da und drückt das Bild von Melissa, das ihr Anthony kürzlich geschenkt hat, mit zärtlichen Händen an ihre Brust.

Agnes ist inzwischen damit beschäftigt, die vielen Kerzen, die Gustav mitgebracht hat, zu platzieren. Elena leistet beim Anzünden wertvolle Hilfe. Nur das leichte Zischen der Streichhölzer beim Entzünden der Flammen ist hörbar. Bald sieht es im Salon wie in einem Lichtermeer aus. Die bedrückende Stimmung weicht und fliegt flatternd wie ein schwarzer Vogel davon.

Anthony läuft wie eine hungrige Katze unruhig durch den Salon. Er hat geglaubt, dass genug Zeit verstrichen ist, sodass man das Geschehene neutral angehen kann. Misstrauisch schaut er auf Gustav. Als möchte er ihn mit seinen Blicken bis tief in seine Seele durchlöchern.

»Ist dieser Kerl etwa ein Mann ohne Seele? Ein gerissener Kerl, der sich als Lamm ausgibt?«, denkt er. Die Konfrontation mit Gustav wühlt ihn unerwartet heftig auf. Was er damals für eine Rolle gespielt hat, weiß er immer noch nicht wirklich. Seine Nerven sind aufs Höchste angespannt. Er fühlt sich wieder hilflos und kann nichts dagegen tun.

Valentins Aufmerksamkeit gilt den beiden. Die merkwürdigen Blicke zwischen ihnen haben ihm gar nicht gefallen. Sie sind wie zwei Hunde, die jeden Augenblick aufeinander losgehen könnten.

»Dieser Anwalt hat das Zepter in einer Sache übernommen, die ihn eigentlich gar nichts angeht. Er spielt den Zeremonienmeister. Seine Arbeit macht er eigentlich ganz gut. Unbestritten ist er ein Mann von wundervollem Geiste, hoher Begabung und edlem Herzen. Zu Recht besitzt er meine Bewunderung!«, denkt sich Anthony und setzt sich beruhigend neben Elena auf das Sofa.

Valentin steht auf und ergreift das Wort. In diesem Augenblick fühlt er sich als Anwalt wie bei einem ungelösten Prozess. Alle Augen richten sich auf ihn in voller Erwartung auf ein gemeinsames Zusammenspiel der ungelösten Tatsachen.

»Wir alle haben begriffen, dass unsere Leiden nur größer werden, je mehr wir davor zu fliehen versuchen! Es gibt nur einen Weg, diese Sache zu ändern, die in falsche Kanäle geleitet worden ist: Es ist die Aufmerksamkeit, das Gesetz der Verzeihung.« Während er spricht, treffen seine Blicke Gustav und Anthony. »Heute Abend sind wir also in Freiheit gekommen, um allen Unrat, alles Hässliche, die geistige Verschmutzung und alles, was immer noch der Villa und den Verstorbenen anhaftet, in Licht und Wärme umzuwandeln. In dem Augenblick, wo es uns gelingt, die Verstorbenen von dem Finsteren zu befreien, verwandeln sie sich unverzüglich in Lichtwesen, die weiterziehen können. Vereinen wir uns in Liebe mit den Toten, jeder persönlich in seinen Gedanken.«

Daraufhin setzt sich Odilia auf den geschnitzten Schemel. Die Harfe steht vor ihr auf dem Fußboden. Ihr abwesender Blick versinkt nochmals in dem Traum, den sie kürzlich hatte und der sie nicht mehr loslässt. In Gedanken versucht sie den Traum nochmals zurückzuverfolgen, was ihr zum Teil auch gelingt. Wieder sieht sie Melissa, wie sie traurig durch die Irrgänge des Schattenreiches schwebt. Es fühlt sich an wie ein trostloser Wartesaal auf einem stillgelegten Bahnhof. Der Zug, der sie hätte wegbringen können, kommt nie. Der Sinn, wieso Melissa durch diesen Nullpunkt, dieses Nadelöhr gehen musste, zeichnet sich langsam ab. Sie ist auf dem Weg der Einweihung. Die Irrtümer, die Eigenwilligkeit mussten umgewandelt werden.

»Ich bin nicht, was ich bin, ich bin nicht, was ich weiß!« Ihre alte Persönlichkeit ging unter und hat Platz gemacht für etwas Neues. Die Toten brauchten Hilfe, doch nun öffnet sich das Tor ganz langsam in eine neue Welt, wie von einem anderen Stern. Mitgefühl und Liebe sind die Zauberformeln für den menschlichen Fortschritt.

Etwas Lichtvolles verbreitet sich. Aus den Tiefen ihrer Herzen verbreiten sich Strahlen der Freude. Ein Tanz der Seelen. Durch das Tanzen werden Lichtfunken aufgewirbelt und durch Licht die Geistkörper. Es fühlt sich an wie eine sanfte Umarmung. Wird bald die Sonne im Totenreich aufgehen? Plötzlich hören beide auf zu tanzen. Odilia erwacht aus ihrer inneren Schau!

Ihre Hände gleiten wie in Trance über die Saiten und entlocken wunderbare Töne. Ihre Gedanken driften wieder ab. Ein Lichtgebilde neben der Harfe nimmt die Form einer Frauengestalt an. Ein Verlangen durchströmt Odilia zu spielen, wie sie noch nie gespielt hat. Ist es ein Traum, ist es Wirklichkeit?

Mit der Schattenfrau Melissa taucht sie wieder in die andere Welt ein. Als die beschützende weiße Fee aus Odilias Kinderträumen steht die Schöne vor ihrem inneren Antlitz. Ein Band der Liebe spannt sich zu einem herrlichen Lichtgebilde. Melissa tritt aus ihrem dunklen Gefängnis heraus, die Wellen der Liebe schäumen, die Mauern der Finsternis brechen ein. Ein geistiges Feuer umhüllt mit seiner Wärme, zündet in den Herzen aller Beteiligten eine Flamme an. Allen wird warm. Diese Wärme breitet sich durch das ganze Haus aus. Das Licht der Liebe erhebt die Menschenherzen. Vergangen sind Hass und Hader. Die Schatten sind beiseite geräumt.

Valentin lehnt sich salopp am Flügel an. Er hat die Augen halb geschlossen und wirkt etwas blass. Sein inneres Gefühl hat ihn zu etwas gedrängt, dessen Folgen er nicht abschätzen kann. Ein sanftes Zucken in seinem Körper holt ihn aus seinen fragenden Gedanken zurück. Er fühlt, dass die

Heerscharen des Lichtes gerufen worden sind und das Dunkle erlöst haben. Die Atmosphäre im Salon hat sich verändert. Dankbarkeit breitet sich aus, Harmonie und Sanftmut sind spürbar. Übersinnlich hat sich alles geändert. Es lodert die Liebe. Harmonische Wellen von Gefühlen der Liebe erreichen in sanften Farben himmlische Regionen. Neu geboren über dem Regenbogen. Empfangen von lichten Engeln, die funkeln wie Kristalle. Sogar der einstige glitzernde Prunk in der ganzen Villa scheint wieder zum Leben zu erwachen.

Valentin starrt zur Decke und versucht Melissas versunkenes Leben spekulativ in inneren Bildern vorbeiziehen zu lassen. Immer deutlicher spürt er die verzehrende Sehnsucht nach ihr. Leider war ihm die persönliche Begegnung nicht vergönnt. Auch wenn er davon geträumt hat, wenigstens einmal in ihre funkelnden Augen schauen zu können und darin zu versinken. Eins zu werden mit seiner imaginären Geliebten, wird es nur ein Wunschtraum bleiben. Das schmerzt. Eine nie erlebte Leidenschaft zu der Verstorbenen nistet sich tief in seiner Seele ein. Für sein Auge nicht sichtbar, für den Verstand nicht fassbar, für die Ohren nicht hörbar, hört er trotzdem ein Flüstern in seiner Seele. Stille Glückseligkeit durchströmt seinen Körper.

Melissa ist gegenwärtig und umarmt ihn mit dankbarer Liebe. Funken der Liebe fliegen leuchtend durch das sanfte Schweigen der Nacht, jenseits von Allem.

»Alles ist in mir! So auch du, von Ewigkeit zu Ewigkeit, mein Liebling! Ich lebe mit dem Wissen, eines Tages mit dir auch physisch vereint zu sein! Unter dem Sternenhimmel zu stehen und zu sagen ‚Ich liebe dich'«, denkt er.

Lange hat sich das Rad der Kümmernisse gedreht. Seine Liebe ist wie ein zarter Hauch von Lotusblumen. Er pflückt für die Verstorbene gedanklich einen Sternenstrauß und spürt sie in seinem Atem. Er geht zum Fenster, starrt in den Nachthimmel. Ob die Sterne wohl erahnen, was er gerade für einen Seelenschmerz durchlebt, auch wenn er sich nichts anmerken lässt? In dieser Nacht lachen die Engel der Liebe. Valentins Liebe ist so rein und klar. Dabei rollt eine salzige Träne über sein Gesicht. Er wischt sie diskret ab.

In diesem Augenblick bäumt sich der dunkle Sturm nochmals auf. Ein unheimlicher Luftzug weht durch die Villa und löscht beinahe die Kerzen aus. Sie flackern wie wild und kämpfen ums Überleben. Gustav krallt sich vor Schreck in den Arm von Agnes, die stöhnend aufschreit. Anthony wischt sich mit dem Taschentuch den Schweiß von der Stirn. Elena murmelt unentwegt Gebete. Odilia spielt immer noch auf der Harfe, als wäre nichts geschehen. Der aufbäumende Sturm des Finsteren zieht vorbei.

Die schlimme Zeit ist überstanden. Auf der anderen Seite ist es hell geworden. Der Himmel hat sich geöffnet. Für Valentin ist es ein kostbares Gefühl von vollkommener Wunschlosigkeit, tiefster Zufriedenheit und Glückseligkeit. Er ist wie verzaubert. Noch nie konnte er Melissa so gut spüren. Goldene Lichtpunkte tanzen in seiner Seele. Die Tote schwebt um ihn, er möchte sie umarmen, sie festhalten. Doch ist sie nur ein Gebilde aus Licht.

In diesem Moment wäre Melissa noch gerne etwas länger bei Valentin geblieben und er hätte sie auch gerne noch etwas zurückgehalten. Doch die himmlischen Gesetze haben ihre Prioritäten. Endlich ist die Zeit gekommen, über die Schwelle zu treten, zurück in die geistige Heimat. Die mystische Sonne ist aufgegangen. Goldenes Feuer erstrahlt. Die herrlichsten Lichtstrahlen durchziehen das Dämmerreich auf der Erdenwelt. Das Starke stirbt nie. Es muss auferstehen und allen anderen Leben geben.

Melissa und mit ihr Amalia schweben im Licht, der Weg liegt hell erleuchtet vor ihnen. Unter der Führung der Engel werden Melissa, Amalia und weitere gestrandete Seelen Stufe für Stufe in immer reinere Lichtbezirke geleitet. Dann verlieren sie sich aus den Augen. Jede Seele wird abgeholt und geht den eigenen, vorherbestimmten Weg. Im Totenreich erleben alle einen Lebensrückblick. Nichts ist verloren gegangen. Längst Vergessenes ist erhalten geblieben, dass in einem lückenlosen Panoramabild aufgezeigt wird. Die guten Taten werden als Gefühl der Freude erlebt, die schlechten als Schmerz. Sie durchlaufen weitere Rückerinnerungen an andere vergangen Leben. Melissa kann erkennen, dass sie mit Valentin eine tiefe karmische Verbindung hat. So ist es kein Zufall, dass er sich in der Villa eingemietet hat. In höheren Sphären konnte er ihr Schicksal mitfühlen, sodass er dem inneren Ruf gefolgt ist, dem Schicksal eine Wende zu geben.

Das dunkle Kleid von Melissa verwandelt sich in ein Sternenkleid. Silber umhüllt sie. Endlich hat das Sehnen und Hoffen Erfüllung gefunden. Sie ist tot gewesen und kann nun auferstehen in die himmlischen Sphären, ins reine Licht. Jetzt kann Melissa den Grund ihrer Gefangenschaft im Reich der Schatten erkennen. Sie saß nicht hier fest, weil sie eine düstere Seele ist, sondern weil sie Licht für die Gestrandeten ins Dunkle bringen musste. Wer nie im Schattenreich war, weiß nicht, wovon er spricht. Eine ehrfürchtige Dankbarkeit überkommt sie bei der unfassbaren Herrlichkeit, die sie nun umgibt. Eingeprägt bis tief in die Seele, was es bedeutet, von der lichtvollen Welt abgeschnitten zu sein. Die Früchte dieser Erkenntnis werden erst in einem folgenden Leben zum Tragen kommen.

Etwas Wunderbares strömt durch den Raum. Allen Anwesenden kullern vor Rührung die Tränen über die Wangen. Sie fühlen, dass etwas Unbeschreibliches geschehen ist, das in Worten nicht zu fassen ist. Durch das himmlische Licht entsteht das Gefühl, als würden die Herzen auf Hochglanz poliert. Stille Glückseligkeit breitet sich aus. Die Tage tiefster Verlassenheit auf beiden Seiten des Lebens sind vorbei.

Es ist hell geworden in der Villa und in den Herzen. Melissa schwebt nochmals zurück und legt Valentin zum Dank einen Tropfen ihrer Liebe in sein lichtvolles Herzchakra. Die Lebenden und die Toten gehen Hand in Hand, aber nur, wenn die Toten nicht vergessen werden. Das Zufällige tropft ab, das »Ich« allein bleibt und findet eine Bleibe in der Wärme des Geistes.

Valentin erlebt diesen Weg als Inspiration. Die Leidenschaft verwandelt sich in ein welttönendes Erlebnis.

»Schöne Frau, ich gestehe dir meine unsterbliche Liebe, über alle Zeit. Im Lauf der Sterne steht unsere Begegnung eingezeichnet als Hauptereignis in der Geschichte des Weltalls. Unsere Liebe besiegt die Zeit und überdauert jedes Hindernis. Ich werde dich immer wieder finden, über alle weiteren Inkarnationen!«

Die Kerzen sind fast alle abgebrannt. Odilia hat aufgehört zu spielen. Mit ihrem wunderbaren Spiel hat sie wesentlich dazu beigetragen, den Verstorbenen den Weg in eine andere Sphäre zu bahnen. Die Traurigkeit ist auch aus ihrem jugendlichen Gesicht verflogen. Endlich kann der Frieden in die gequälten Herzen der Anwesenden einkehren.

Gustav schaut Agnes an und stottert mit zittriger Stimme: »Nun sind sie weg! Ich fühle mich so unendlich frei und erleichtert!«

Die Liebe hat sich ihren Weg durch die Dunkelheit ins Licht gebahnt. Sphäre um Sphäre durchquert sie. In den geplagten Herzen der sechs Seelen erwacht keimhaft der Same der universellen Liebe.

Erstaunt blicken alle um sich, als wären sie soeben aus einem tiefen Traum erwacht. Der letzte anhaftende Rest des Dunklen hat sich gelöst. Anthony lehnt sich im Sofa zurück und reibt sich den Nacken, er fühlt sich sehr müde. Elena beobachtet ihn interessiert aus den Augenwinkeln. Niemand traut sich, diesen gesegneten Augenblick mit Worten zu durchdringen.

Ein zustimmendes Raunen bekommt Agnes, als sie den Vorschlag macht, die vorbereitete Mahlzeit gemeinsam einzunehmen. Schon bald hört man Agnes in der Küche hantieren. Mit einem Silbertablett voller Gläser holt sie die ergriffene Gemeinschaft endgültig ins reale Leben zurück. Das Anstoßen bedeutet auch ein gegenseitiges Verzeihen. Jeder trinkt ganz bewusst einen Schluck.

Valentin beobachtet jeden mit wachsender Spannung. Die Vergangenheit soll endlich ruhen. Das Unvollkommene, das die Störung zwischen Licht und Schatten war, konnte sie neutralisieren. Die Hindernisse sind überwunden. Ein fast hoffnungsloses Trümmerfeld hat er hier angetroffen. Schuld und Unschuld: Valentin besteht darauf, die Situation so zu belassen, wie sie ist! Schuldzuweisungen zu unterlassen. Gustav kann auf seine Verschwiegenheit zählen.

Seine Argumente klingen überzeugend. Er lobt Odilia als leuchtenden Stern. Obwohl, oder gerade weil sie noch so jung ist, konnte sie die verfahrenen Situationen der Erwachsenen zum Positiven beeinflussen. Sie zögerte nicht eine Sekunde, einer gestrandeten Seele ins Licht zu verhelfen. Die sechs Zusammengefundenen nehmen am festlich gedeckten Tisch

Platz. Das kostbare Porzellangeschirr und das goldene Besteck glitzern in poliertem Glanz. Als Agnes das Essen liebevoll serviert, haben die Bewirteten das Gefühl, an einem Bankett teilzunehmen. Die erfahrene Haushälterin serviert ein köstliches Mahl, aber ohne Fleisch. Melissa hätte nicht gewollt, dass wegen ihr Tiere getötet werden. Alle essen schweigend. Von der Kirche her erklingen die Glocken. Es ist der vierte Advent.

Gustav hat nur noch Augen für Agnes. Das Geschehene hat ihm die Augen geöffnet. Wie verblendet und überheblich er doch früher gewesen ist. Er denkt an die weggeworfenen Jahre, die ihn wegen seiner Eifersucht und seiner Spielsucht in den Abgrund gezogen haben.

Aus der Perspektive der anderen Seite des Lebens kann Amalia erkennen, dass man Liebe nicht erzwingen kann. Sie glaubte, dass Gustav ihre einzige große Liebe war, die sich nie mehr wiederholen kann. Doch sie hat sich geirrt, wie man sich so oft in der Liebe irren kann. Als sie die Seelenverwandtschaft von Gustav und Agnes erkennen kann, ist sie bereit, ihn endlich geistig loszulassen. Erst jetzt wird es ihm ermöglicht, ein neues Leben anzufangen.

Agnes erwidert Gustavs Liebe, obwohl sie seine ganze dunkle Geschichte kennt. Das muss wahre Liebe sein, einen Menschen mit einer solchen Vergangenheit zu lieben. Anfänglich hat sie Gewissensbisse, kommt sich wie eine Verräterin gegenüber Melissa vor. Aber auch, weil sie den Namen Gustav als mutmaßlichen Täter weitergegeben hat. Wäre sie nicht über den Schatten gesprungen, die berechtige Vermutung auszusprechen, hätte sich die Geschichte nicht umwandeln können. Jetzt, wo sich alles zum Positiven gewendet hat, können alle reinen Tische machen und neu anfangen. Für Gustav wird sie eine große Stütze sein, das schwerwiegende Vergangene zu bewältigen, das ihn noch nicht loslässt und in gewissen Abständen aus dem Gleichgewicht wirft. Ohne Agnes könnte er die Wandlung nicht schaffen, das wird immer klarer. Das Böse lässt sich nicht so leicht vertreiben und meldet sich immer wieder zurück. Durch seine Leichtsinnigkeit hat er seine Seele dem Teufel verkauft. Für das persönliche Karma muss jeder selbst geradestehen. Das war früher so, ist heute so und wird morgen nicht anders sein.

Die Menschen häufen sich im Leben unzählige Schätze an, sind gierig und geizig. In der geistigen Welt ist dieser Reichtum nichts wert. Einen Beitrag ans gemeinschaftliche Leben würde eine geistige Ernte bescheren. Immer mehr versinken die Menschen in den Schlaf der Materie, der Überheblichkeit, der Verblendung, des Vergnügens und der Dummheit. Ab und zu rüttelt die unsichtbare Welt durch Unglück, Krieg und seelischen Schmerz auf. Dann hört man die Klagen über den ungerechten Gott.

29. Goldene Sterne

Als die Gäste gegangen sind, zieht sich Valentin in den Lehnstuhl zurück und betrachtet Melissas Porträt. Agnes hantiert noch lange in der Küche herum. Wie lange er dort gesessen hat, weiß er nicht mehr. Den Kreuzweg mit Melissa ist er bis zum Ende gegangen. In seine Gedanken vertieft, ist er wieder ganz bei ihr. In der anderen Welt erklingen Silbertöne. Draußen, unter dem Wehen der Blätter, leuchtet der Mondschimmer. Seine ausgestreckte Hand streicht über Melissas zarte Geistgestalt.

Ein Bild am Himmel zeigt rötlichen Schimmer, aus dem die Wünsche wie Rauch aufsteigen. Mit großen Flügeln geht sie den silbernen Weg über die Brücke. Sie kann sich aus dem Dunkeln erheben und das frische, selige Licht der unsichtbaren Höhen einatmen. Die Tote kann den Engeln begegnen, sie fühlen und sehen. Valentin kann diese Bilder als Vision miterleben. Überall ist es da, das Lichtvolle: in den Schwingen des Waldes, im Gezweig der Bäume, in den Blumen und auch in den Steinen. Über den Mondrand spiegelt sich die Erde heute besonders schön.

Valentin fühlt sich dumpf, spürt aber zugleich, dass das Grauenhafte, das Melissa umgab, von ihr abgefallen ist. In Worte fassen kann er es nicht, es ist das Gefühl der universellen Liebe, das sie beide verbindet. Erst jetzt bemerkt er, dass er sich in den Wirbel der schrankenlosen Liebe gestürzt hat. Er denkt: »Auch wenn tausend Jahre verflossen sind, werde ich sie immer erkennen, weil sie in meinem Herzen eingraviert ist.« Er hat zu ihr eine Brücke zwischen Raum und Zeit geschlagen, dem Reich der Toten und der Lebenden. Auf geheimnisvolle Weise kommuniziert er geistig mit Melissa. Immer mehr gelingt es ihm, sie telepathisch zu erreichen, im Reich des Übersinnlichen.

Dann ist er eingeschlafen und hat einen Traum. Einsam steht er da, die Erde um ihn herum träumt. Und dann formiert sich ein blasses Bild. Ausführlich wird ein gedrehtes Silberseil aus seiner Seele gezogen, welches sein Wesen Schritt für Schritt mitnimmt. Es führt ihn in ganz andere Räume. Der Geisthimmel erhellt sich, eine Lichtgestalt streut goldene Sterne. Imaginäre Samenkörner fliegen durch den Wind der Ewigkeit und finden sich in den tiefen Furchen der Erde wieder. Durch das Geäst der Weiden, der Föhren und des alten Kirschbaumes späht der Mond und legt zärtlich sein schmales, himmlisches Band als goldenen Nebel über Busch und Baum. Irgendwo über den Wolken leuchtet ein Saphirlicht in die Ewigkeit, die niemals dunkel ist. Die funkelnden Lichter schwimmen im Sternenbildermeer. Der Nebel ist gewichen, Valentin kann durch Raum und Zeit sehen. Ein Mantel wird ihm umgehängt, wie die Feuerglut so rot. So, wie sich seine Liebe anfühlt. Er ist der wichtige Funke gewesen, der das Feuer der Ewigkeit entfacht hat.

Der Schleier des Verborgenen wird weggezogen. Valentin hat mit Melissa nochmals eine leidenschaftliche Begegnung. Durch die Magie der universellen Liebe können sie sich auf der Astralebene begegnen. Tief im Innern der Erde, wo die glitzernden Sternenkeime ruhen, werden sie zu einer goldfarbenen, zartfühlenden Bewegung. Die Rauchschwaden, die einst einen Schleier warfen, haben sich endgültig aufgelöst.

Als der Morgen dämmert, ist Valentin aufgewacht, schiebt den Lehnstuhl dicht an das Fenster und schaut hinaus. Schöne Erinnerungen hat er an seinen Traum. Ein Strom voller Glückseligkeit durchfließt seinen ganzen Körper. Die Schneeflocken tanzen vom Himmel. Eine Botschaft der Liebe, die sich über die Erde verbreitet, weiß wie Schnee. Melissa ist gegangen, er ist zurückgeblieben. Auch wenn die Vernunft ihm sagt, dass alles so, wie es gekommen ist, richtig ist, fühlt er sich doch einsam wie noch nie. Das Haus, in dem gestern noch Melissa schwebte, ist nun leer. Im Moment des größten Schmerzes, der unfassbaren Traurigkeit und der tiefsten Verzweiflung hat er den größten Schatz gefunden: die wahre Liebe.

Es klopft an der Tür. Fast ruckartig erhebt sich Valentin und geht auf den Ausgang zu. Tränen stehen in seinen Augen. Und so vermeidet er möglichst den Blickkontakt mit Agnes. Die gute Haushälterin holt ihn mit dem frisch gerösteten Kaffee und Brötchen wieder auf die Erde zurück. Mit halb geschlossenen Augen folgt er ihr schweigend durch den Salon. Er ist wieder auf der Erde angekommen, zurück aus der Grenzenlosigkeit, die ihm Einblicke ins Übersinnliche gestattet hat. Das magische Tor war geöffnet und er konnte es durchschreiten.

»Wem das Tor geöffnet wird, der hat ein reines Herz!«, an diese Worte kann er sich erinnern. Dabei durchströmt ihn eine Welle Dankbarkeit, dass er in die Herrlichkeit der geistigen Welt blicken durfte. Nochmals lehnt er sich zurück, schaut Melissas Porträt an und fängt wieder an zu träumen. Er will einfach in seinen Gedanken alleine mit ihr sein.

Leise flüstert er vor sich hin: »Ich zaubere dich zu mir. Wie ein Schmetterling, so zärtlich und leicht, berührst du meine Seele. Vor meinem inneren Auge kann ich dich im herrlichen Licht sehen. Ein Spiel der Farben, wunderbar. Diese Welt ist so bezaubernd für dich. Das Paradies ist dort, wo ich dich fühlen kann, dann schweben wir im Glück. Wenn auch meine Tränen laufen, ich freue mich für dich. Du bist für mich wie eine Bibel, die nur ich verstehen kann.«

Draußen im Park singt der alte Kirschbaum das Lied der Liebe. Diese Verbindung zu Melissa ist für Valentin eine reale Sache. Seine Seele ist stark von Leidenschaft geprägt. Ihr Geist ergießt sich noch eine Zeit lang in sein Traumleben.

»Die schönsten Stunden des Tages sind meine Gedanken an dich. Keine Minute erfasst mich mehr Zweifel, denn ich fühle, dass du lebst. Erfüllt von Frieden und Glück. Was sind das für Stimmen? Wie hold sie singen. Süß ist der Klang wie der Duft der Rose, klar ist der Ton wie das Wasser im Bach. Wir lieben uns im Äther des Glücks. Schönheit, Reinheit und Güte fließt aus der himmlischen Welt in unsere Seelen! Alles ist gut, wie es ist! Die geistige Welt ist jenseits aller menschlichen Vorstellungen, das habe ich durch dich erfahren, meine Melissa.«

Und doch weiß Valentin, dass er die Tote loslassen muss. Es ist vergleichbar mit Kindern, die erwachsen geworden sind und nun im Dschungel des Lebens den eigenen Weg finden müssen, der zur Krönung aller Dinge führt. Die Eltern denken immer mit liebevollen Gedanken an die Kinder und freuen sich auch auf ein gelegentliches Wiedersehen, aber den Weg müssen sie alleine gehen. Auch Tote freuen sich über liebevolle Gedanken, aber auch sie müssen den Weg in der

Lichtwelt alleine gehen. Wer nicht loslassen kann, wird eines Tages lästig.
Auch Anthony und Elena können von nun an unbelastet noch viele glückliche Jahre zusammen genießen. Das Störende, das immer zwischen ihnen als dunkler Schatten schwebte, hat sich auflösen können. Das hat die Tür geöffnet für die wirkliche Liebe. Endlich finden sie bis tief in ihre Seelen hinein zusammen. Anthony muss sich eingestehen, dass Melissa auch nicht seine Dualseele war, wie er genau wie Gustav geglaubt hat. Die Erde ist ein Platz zum Lernen, keine Begegnung ist zufällig.

Odilia wird, trotz Widerstand der Gesellschaft, eine erfolgreiche Ärztin. Sie hat einen starken Charakter, ist eine Kämpferin für das Gute. Diese Ehrlichkeit macht sie strahlend. Die Menschen schätzen sie als Sonnenschein auf Erden. Voller Strahlkraft begeistert sie die Umwelt. Mit Respekt und einem offenen Herzen hört sie den Menschen mit all ihren Sorgen und Nöten zu. Durch ihr reines Herz hat sie viel für eine Verbesserung der Lebensumstände der armen Menschen im ganzen sozialen Bereich tun können. Aus den Verlierern sind Gewinner geworden, dank der reinen Seele von Odilia und Valentin, dem Anwalt. Odilia wird auch eine große Mystikerin.

Wahre Weisheit kann nicht durch Worte vermittelt werden. Den Schlüssel zur Wahrheit müssen die Menschen in sich selbst finden, damit er das Tor zur übersinnlichen Welt öffnen kann. Jeder Mensch verlässt in den Nachtstunden die Hüllen seines Körpers. Meistens gelingt es den Menschen nicht, die Grobheiten des Körpers zu durchdringen und im Feinstofflichen zu lesen. Odilia und auch Valentin ist es gelungen, die Grenzen der physischen und der Jenseitswelt für Augenblicke durchdringen.

30. Der Kirschbaum blüht

Die Botschaft, dass das Herrschaftshaus vom Spuk befreit worden ist, verbreitet sich in der Stadt wie ein Lauffeuer. Valentin ist es gelungen, den abergläubischen Menschen die Angst vor Spuk und Zauberei zu nehmen. Doch ist er sich in diesem Moment gar nicht bewusst, wie wichtig er für die Entwicklung der Menschen in dieser Stadt geworden ist.

Im Schattenhaus ist es wirklich hell geworden. Nun ist Melissa weg. Geblieben sind Valentin, die Erinnerung und das Porträt an der Wand. Ihr Lächeln hat sich tief in seiner Seele eingeprägt. Sie haben eine spezielle spirituelle Verbindung, die mit dem Tod nicht abgeschlossen ist. Ganz nah fühlt er sich ihr innerlich, wenn er in Minuten der Stille an sie denkt! Diesen Zustand kann er immer wieder im wunderbaren Traumreich herbeisehnen. Jenseits des Fassbaren ahnt er ein Land voller Wunder und Magie. Die Liebe hat keine Grenzen und Schranken, sie berührt Herz und Seele, ohne zu fordern. Er sieht sie auch im Dunkeln, weil sie in ihm ist. Sie ist wie der Tau am Morgen, der im Sonnenlicht glitzert.

Bewusst hat der Anwalt Krause bei Gustav auf Vergeltung verzichtet, nicht zurückgeschlagen, weil er überzeugt ist, dass er im Sinne der Verstorbenen gehandelt hat. So sind sie aus dem ewigen Kreislauf der Vergeltung, der Schuld und der Sühne ausgebrochen und haben Raum geschaffen für neue, zukünftige Aufgaben in einem anderen Erdenleben.

Es ist wieder Frühling geworden. Dieses Frühjahr ist für Valentin das qualvollste und das wunderbarste zugleich. Wunderbar wäre gewesen, mit Melissa die zauberhafte Stimmung der erwachenden Natur zu genießen. Manchmal ist qualvoll, dass etwas in dieser Inkarnation nur ein Traum bleibt. Doch sofort schiebt er diese egoistischen Wünsche zur Seite. In diesem Leben sind sie unerfüllbar, wieso soll er sich nach Unerreichbarem verzehren. Er weiß genau, dass in der übersinnlichen Welt auch für sie der Frühling gekommen ist, das Erwachen im Geiste. Leuchtend aus der schwarzen Nacht sind für Melissa die hellen Tage erreicht. Erstanden aus der reinen Liebe ist das Blühen erwacht. Ungeahnte Wonne zieht in ihre Seelen ein. Niemand kann das Band der Liebe zerschneiden. Und da alles seinen Sinn hat, nichts zufällig ist, muss er diese Tatsache respektieren.

In dieser Nacht ist etwas Regen gefallen. Der Mond schimmert auf den alten Kirschbaum. Ein zarter Duft des Frühlings schwebt durch die Luft. Leichtigkeit macht sich breit. Zwei Seelen schwimmen im Bad ihrer Liebe. Verbunden im Ewigen. Sie lassen sich nicht mehr los. Die letzten Regenwolken wandern über den Morgenhimmel. Sind es die verpackten Tränen der sich Liebenden?

Der Anwalt ist früh aufgestanden, öffnet das Fenster, ein frischer Frühlingsduft erfüllt die Villa. Aus der Küche strömt der Duft von frischem Brot. Agnes ist am Zubereiten des Frühstücks und singt leise vor sich hin. Plötzlich hält sie inne. Jetzt wird ihr bewusst, dass es schon eine lange, lange Zeit her ist, dass sie vor sich hin gesungen hat. Sie geht zum Küchenfenster und lässt den Duft des Frühlings herein. Ihre Augen schweifen über den gepflegten Garten. Der neue Gärtner macht seine Arbeit wirklich gut. Dann erstarrt sie für einen

Moment. Ein Glänzen in ihren Augen, ein inneres Jubeln, dann ein fröhliches Juchzen. Aufgeregt stürzt sie aus der Küche und trifft auf Valentin, der oben an der Treppe steht.

Noch bevor er im unteren Stock angekommen ist, ruft ihm Agnes aufgeregt entgegen: »Ein Zeichen des Himmels! Nach all den Jahren voll Kümmernis blüht der alte Kirschbaum wieder!«

Auch Valentin ist es nicht entgangen, dass am Kirschbaum die Blüten sprießen. Niemand weiß mehr genau, wie viele Jahre er nicht mehr geblüht hat, doch es müssen viele sein. Für die beiden ist es zweifellos eine Botschaft aus dem Jenseits. Der totgeglaubte Kirschbaum neigt sich sanft im Winde. Im fast unhörbaren Rauschen seiner Blätter singt der Baum ein Lied. Das hören die Himmelswesen im Osten und Westen, im Norden und Süden. Das Haus füllt sich mit dem Blütenglanz der Liebe. In Gedanken kann Valentin die lautlose Botschaft von Melissa wahrnehmen: »Du hast meine Seele gerettet, mich von der Dunkelheit befreit.« In diesen Momenten neigt er etwas zur Melancholie.

Von da an geht er täglich zum Kirschbaum. Er blüht und blüht. Wie dankbar ist er Agnes, dass sie sich so vehement für den alten Baum eingesetzt hat. Der Gärtner bekommt die ehrenvolle Aufgabe, den heilig erklärten Baum besonders liebevoll zu pflegen. Fast meditativ behandelt Valentin den alten Kirschbaum. An der Vergänglichkeit der Blütenpracht wird die Schönheit des Frühlings noch bewusster. Ein ewiger Kreislauf. Die Geheimnisse des Werdens und Vergehens sprechen in den Bildern der Natur.

Frühlingswetter! Blitz und Donner jagen sich, wahre Sturzbäche ergießen sich aus dunklen Wolken. Danach zeigt sich, wie durch einen Schleier die Sonne, begleitet von einem

Regenbogen, in sieben Farben bunt wird. Dazwischen weben flügelhaft die Gedanken der Liebe zwischen Tod und Leben. Eine kleine Wolke formiert sich zu einem Herzchen. Valentin ist in diesen Momenten vom Glück beseelt, Melissa hat wieder zu ihm gesprochen!

Eines Tages äußert Valentin bei Anthony den Wunsch, die Villa zu kaufen. Anthony ist erfreut über diese Wunschäußerung. Ganz klar ist Valentin der Wunschkandidat. Er räumt sich allerdings noch ein paar Wochen Bedenkzeit ein. Valentin ist einverstanden. Er muss sowieso in seine Kanzlei in die andere Stadt zurück. Anthony nutzt die Gelegenheit, um noch einmal nach Melissas Schmuck zu suchen. Auch ihm ist nicht entgangen, dass der Schmuck und andere Vermögenswerte über all die Jahre nicht auffindbar waren. Doch auch jetzt bleibt alles Suchen erfolglos.

»Vermutlich liegt alles irgendwo in einem Safe bei einer Bank!«, denkt er sich. Als Valentin zurückkehrt, werden sie sich rasch und ohne großes Aufheben einig.

»Die Villa ist ein Juwel!«, triumphiert Valentin Krause. Sie wird ihm zum zweiten Wohnsitz! Neuerdings steht ein elegantes, schwarzes Auto vor der Villa. Es symbolisiert auch einen Neuanfang. Das erregt viel Aufmerksamkeit, wenn der Anwalt durch die Stadt fährt.

Agnes wird endgültig wieder das Zepter als Hauswirtschafterin übergeben. Valentin richtet eine Zweigstelle ein und gibt Gustav eine Chance als Sachbearbeiter. Die vergangenen Ereignisse haben aus ihm einen anderen Menschen gemacht. Er schlingert nicht mehr planlos durch das Leben. Milder und demütiger ist er durch Agnes geworden. Ein lebloses Uhrwerk in der Hand des Finsteren hat sich aus diesen Klauen befreien können und wieder angefangen zu ticken.

Im Strahlenglanz des Abendrots erreicht er endlich das Ziel seiner Sehnsucht - mit Agnes ein neues Leben anzufangen. Nie zuvor hat er gespürt, wie stark die Liebe sein kann. Aus der schlafenden Einsamkeit, in die er sich selbst verdammt hatte, holte ihn diese wunderbare Frau heraus. Über die letzten Jahre hat Agnes ein unauffälliges, zurückgezogenes Leben geführt. Immer war sie für jedermann die gute Seele. Nach ihren seelischen Bedürfnissen wurde sie nie gefragt.

Gustav steht mit einem großen Blumenstrauß in der Küche und hält um ihre Hand an. Agnes bleibt stumm, doch ihre Augen strahlen vor Freude. Mit einem Nicken bestätigt sie seinen Antrag. Sie hält den Atem an, als Gustav sie mit aller Kraft an sich drückt. Seine Hände gleiten über ihren Körper. Wie Efeu umschlingt er sie, um Agnes noch mehr an sich zu pressen. Der beklemmende Druck, der ihn all die Jahre gefangen hielt, weicht von ihm. Trotz all der widrigen Umstände voll Kummer und Sorgen ist die Sonne zurückgekehrt. Der Kummer, der Schwermut ist aus seinen Augen gewichen. Durch die Liebe sind seiner Seele Flügel verliehen worden. Bald werden die Hochzeitsglocken läuten.

Einige Jahre sind vergangen, da bekommt Odilia in ihre Praxis ein Telegramm. Der Anwalt Valentin möchte sie zu einem Abendessen einladen. Odilia nimmt die Einladung gerne an.

In einem eleganten Lokal wird die junge Dame erwartet. Valentin kommt schnell zur Sache. Er legt Odilia ein verschnürtes Paket auf den Tisch.

»Was ist das?«, fragt sie erstaunt.

Valentin schmunzelt. »Öffne es, es ist von deiner Mutter!«

Odilia hält inne und starrt den Gastgeber mit großen Augen an. »Wie meinst du das?«

»Machen wir uns nichts vor. Wäre Melissa nicht ermordet worden, wärst du nun ihre Tochter.«

Odilia räuspert sich. »Das habe ich mir auch schon so gedacht. Elena ist eine wunderbare Mutter. Doch ganz tief in meinem Herzen spürte ich immer, dass ich zu der Frau im Schattenhaus eine tiefe Verbindung habe.«

Langsam schnürt sie das Paket auf. Tränen kullern über ihre Wangen, als sie den kostbaren Schmuck und die vermissten Vermögenswerte in den Händen hält. Valentin streckt ihr sein Taschentuch hin.

»Der Schmuck einer Mutter gehört doch immer der Tochter. Melissa hätte es bestimmt so gewollt. So haben die kostbaren Diamanten die richtige Person gefunden!«, meint er liebevoll.

Odilia umarmt Valentin dankbar. »Du bist wirklich ein guter Mensch!«

In einem nächsten Leben werden all die karmischen Verstrickungen dieser Personen aus dem Schattenhaus wieder zusammenführen. In welcher Form, bleibt noch ein Geheimnis.

31. Zurück im 21. Jahrhundert

Der Sprung zurück ins Heute.

Melissa, die heute Sandra ist, konnte sich wieder an ihre tragische Geschichte erinnern. Das himmlische Licht in ihrer Aura leuchtet heller denn je. Das Finstere wurde mit dem Licht der Liebe durchdrungen und hat sich aufgelöst. Dadurch ist sie geistig frei geworden und kann sich eigenständig bewegen. Was geistige Freiheit bedeutet, kann nur derjenige nachvollziehen, welcher einmal im Schattenreich festhing. Erst seit sie in die geistige Welt sehen und lesen kann, versteht sie die tieferen Gründe für den Schmerz, der sie einst gekrümmt hatte. Die Dunkelheit kann das Licht nicht löschen, doch das Licht löscht wohl die Dunkelheit. Sie hat damit den Schleier weggezogen, um das geistige Ohr und das geistige Auge zu öffnen. Die Schmerzkristalle von damals wichen aus dem modrigen Dasein. Ihre Leiden sind nicht umsonst gewesen. Das Finstere wurde mit Licht durchdrungen, nicht nur für sie. Doch sie brauchte die Hilfe von Menschen, die physisch inkarniert waren. Die physische und die geistige Welt gehen Hand in Hand.

Ihre Seele ist gewarnt, sich nie mehr in dubiose dunkle Machenschaften zu verstricken. Auch nicht dem Irrglauben zu verfallen, durch Konsumieren von Suchtmitteln würde sich der Himmel öffnen. Nie wieder wird sie ihr Seelenheil einem falschen Beichtvater oder einem Guru anvertrauen, der nach dem Motto lebt »Wenn die Münze in der Kasse klingt, die Seele in den Himmel springt«. Die Sprache des Himmels ist die Sternensprache. Die Inspiration ist höher als das Leben, da kommt man in rein geistige Zustände. Doch wann sich der Himmel öffnen darf und will, liegt nicht in der Kompetenz eines Menschen. Sie hat schmerzlich erkannt, die eigene Verantwortung für das Tun zu übernehmen. Auf die Sprache des eigenen Herzens zu hören. Der Kampf zwischen Schatten und Licht ist noch lange nicht ausgekämpft. Viele sind auf der Erde, die die Menschheit verwirren wollen. Hinabziehen in die Dunkelheit, in Leid, Knechtschaft, Hass und Krieg. Doch wer die Brücke zur Heimat des Lichtes geschlagen hat, der wird durch sein Wissen und Verstehen die Dunkelheit der Erde erhellen. Wer Liebe hat, erkennt das Wesen der Dinge. Großherzige, liebevolle Menschen fördern die anderen. Egoisten hemmen und zerstören.

Sandra sitzt im kleinen Café von Elvira und trinkt ihren Morgenkaffee. Elvira fällt auf, dass Sandra heute ungewöhnlich abwesend und verträumt ist. Sie ahnt nicht, dass es Sandra gelungen ist, eine spirituelle Verbindung zum Universum herzustellen und die karmischen Verbindungen zu entschlüsseln. Doch wer und wo ist Valentin im heutigen Leben?

Marcel, der einstige Anthony, ist eingetreten und setzt sich an den freien Platz an dem kleinen Bistrotisch.

»Verzeihung!«, sagt er schmunzelnd.

Sandra schaut ihn entgeistert an und denkt: »Das war also Anthony aus dem vorhergegangenen Leben!«

Verwirrt sieht er Sandra an, als könnte er die Geschichte erahnen: »Hast du vergessen, wer ich bin?« Seine Stimme klingt ganz unschuldig.

Sie antwortet nicht gleich, schaut ihn prüfend an und sagt lächelnd: »Natürlich nicht! Wie könnte ich je vergessen, wer du bist!«

»Irgendetwas ist mit ihren Augen geschehen! Ein ganz spezieller Glanz und eine unendliche Tiefe spiegeln sich darin!«, denkt sich Marcel.

Marcel bestellt Elviras Hausspezialität, trinkt einen Kaffee und fängt an, Sandra von seinen Alltagsproblemen zu erzählen. Er ist Geschäftsführer in einer Handelsfirma. Sein Chef machte ihm jedoch das Leben schwer! Heutzutage gebraucht man dafür das Wort Mobbing. Während er seine Geschichte nochmals bis ins kleinste Detail erzählt, läuft bei Sandra ein innerer Film ab. Die dunklen Kräfte, mit denen er sich damals bei seinen spiritistischen Séancen verbunden hatte, haben auch noch eine herausfordernde Wirkung. Immer wieder gilt es, diese Stolpersteine, die ihm in den Weg geworfen werden, zu beseitigen. Entweder man fliegt dabei auf die Nase oder man benutzt die Steine und baut sich eine Brücke.

Die Mitglieder aus dem einstigen dunklen Zirkel treffen sich in diesem Leben in irgendeiner Form wieder. Sein Chef kommt ebenfalls aus diesem Zirkel und war damals sehr verärgert, dass der Zirkel aufgelöst wurde. Die daraus entstandenen Folgen waren wirtschaftliche Einbußen. Im Unterbewusstsein ist alles gespeichert!

Im heutigen Leben drückt es sich in der Form von Sympathie und Antipathie aus. Sein Chef müsste über seinen Schatten springen und Marcel objektiv nach seinen Leistungen beurteilen. Doch er gibt seinen dunklen Stimmungen nach, indem er Marcel einfach nicht mag und deswegen angreift. Er müsste sich von seinen falschen Gedanken lösen, sie hinterfragen, um weiterzukommen. Wieso und warum hinterfragt er sein ungerechtes Verhalten nicht? Eigentlich kommt ihm seine Machtposition wie gerufen. Die ungerechten Angriffe wurden immer massiver. Marcel wurde gekündigt. Noch fühlt sich der Chef furchtbar stark und erhaben, doch in Wirklichkeit hat er einen Schritt weiter ins eigene Verderben gemacht. Er ist ein Wiederkäuer von unverdauter falscher geistiger Nahrung. Er lebt in dieser verstaubten Gedankenwelt und weist alles ab, was jung, frisch und fortschrittlich ist. Er bewegt sich in seiner muffigen Festung und verkümmert immer mehr. Weil er diesen Zustand von einst nicht mehr hervorholen kann. Liebe und Toleranz siegen immer über Hass, doch er hasst. Niemand darf sich in ein spiritistisches Leben stürzen, ohne die Gesetze zu kennen. Sie ahnen nicht, dass andere Kräfte erwachen können, um sich der Verwirklichung ihrer Pläne entgegenzustellen. Wenn sie bemerken, dass sie das gewünschte Ziel nicht erreichen, werden sie ärgerlich und verbittert und belästigen die Mitmenschen mit enttäuschtem Ehrgeiz.

Alles im Leben ist im Wechsel und in der Entwicklung. Marcel ist an den Schicksalsschlägen gewachsen und weiser geworden. Was heute richtig erscheint, kann im nächsten Jahr Torheit sein. Den Keim, um sich geistig zu überholen, hat Marcel unbewusst gelegt, sein Chef nicht. Das Schicksal hat ihn geführt. Er hat den harten Schlag überwunden und sich wieder aufgerichtet. Sieht den Wohnungswechsel als Chance. So arbeitet er nun in derselben Gegend, wo auch Sandra lebt.

Marcel lobt bei Sandra seine Frau, die immer zu ihm hält und eine wichtige Stütze ist. Kein Zweifel für Sandra, dass er wieder mit Elena zusammen ist. Nach seiner Erzählung kann er fallen lassen, was sich an Ärger und Frustration in ihm angesammelt hat. Zusätzlich hilft das lange Gespräch mit Sandra, aus den negativen Gefühlen auszusteigen. Die lautlosen geistigen Einflüsse haben durch das Gespräch das

Negative ins Positive verwandelt. Sie sind miteinander verbunden, aber nicht aneinander gebunden. Ihre Lebensgeschichten haben den verschlungenen Pfad zu weiteren Auflösungen des dunklen Geheimnisses gefunden. Sandra und Marcel schätzen sich als Freunde, mehr nicht.

Zufälle gibt es nicht. Das Wort Zufall bedeutet eigentlich, es fällt mir etwas zu, dass ich sonst nicht gesehen oder gesucht hätte. Alles hat einen Sinn. Die Verknüpfungen in diesem Leben sind so zugefallen, damit die alte Geschichte ablegt werden konnte. Dunkle Fäden, die das Schicksal einst gesponnen hat, wurden durchtrennt.

»Meine meditativen Vertiefungen hat die innere Reise zum Ziel geführt!«, denkt sich Sandra. Aus dem früheren Leben zu erzählen, unterlässt sie!

Seit einiger Zeit besucht auch ein eleganter, gutaussehender Mann Elviras Café. Beobachtet man diesen Unbekannten und Elvira, bemerkt man augenblicklich, dass sie eine gewisse Sympathie füreinander empfinden. Und Sandra beobachtet gut. Wieder wird der Vorhang weggezogen und sie sieht Elvira als Agnes und den gutaussehenden Herrn als Gustav.

In diesem Leben hat Gustav, der jetzt Viktor ist, psychische Probleme. Das Finstere hat sich noch nicht von ihm gelöst. Immer noch ist er ein Spielball der dunklen Kräfte, die er einst rief. Elegant überspielt er seine Depressionen. Er müsste wissen, dass er die Bilder, von denen er gequält wird, verwandeln kann. Dazu müsste er sich auf die Bilder konzentrieren und ihnen andere Formen und Farben geben. Letztlich würden sie sich seiner Willenskraft beugen. Doch er weiß es nicht!

Viktor ist ein erfolgreicher Börsenmakler. Sein Leben wird immer hektischer, sodass es ihn manchmal fast zerreißt. Hier sein, dort sein, überall dabei sein. Diesen und Jenen kennen –

Hauptsache, man ist prominent und im Gespräch. Bei den Essen im stilvollen Ambiente, zu denen er oft eingeladen wird, ist er wegen der sorgfältig ausgesuchten Gäste fast unverzichtbar. Er fühlt sich geschmeichelt, der Hahn im Korb zu sein, dessen Ratschläge gierig zur optimalen Geldvermehrung aufgesaugt werden. Unbestritten sind die Parallelen zu seinem früheren Leben.

Bei Elvira stößt er auf eine gute Zuhörerin, die ihn bewundert. Kein Wunder für den, der die karmische Geschichte der beiden lesen kann.

Viktor spürt in den wenigen Minuten, in denen er in Elviras Café sitzt, eine innere Entspannung. Hier kann er einfach der Mensch sein, der sich sonst hinter einer Maske versteckt. Er wäre gerne Elviras Freund. Es kratzt an seinem Ego, dass Elvira ihn etwas zurückweist. Eine innere Stimme sagt ihr, vorsichtig zu sein. Sie will keine Affäre sein und für eine ernsthafte Beziehung bestehen zu viele Zweifel. Zwischendurch nimmt sie einen Schluck schwarzen Kaffees und schaut Viktor schweigend an. Von wo nur kennt sie diesen Mann?

In den Seelentiefen ist alles gespeichert, da finden sich die wirklichen Gründe für ihre Zurückhaltung, trotz großer Sympathie für Viktor. Die Frau, die mit Viktor eine Liebesbeziehung eingeht, wird sich auch mit seinen dunklen Kräften auseinandersetzen müssen. Wer könnte das besser wissen, was das bedeutet, als Elvira. Hat sie die Kraft, diese Last noch einmal auf sich zu nehmen?

Tage später kommt Viktor mit einem kleinen, herzig verpackten Päckchen ins »Café Espresso«. Elviras Augen glänzen, als sie den kostbaren Ring an den Finger gesteckt bekommt. Sie werden wieder ein Paar. Von Vielen wird sie beneidet, diesen schönen, erfolgreichen Finanzberater an ihrer

Seite zu haben. Die Menschen sehen eben nur die Äußerlichkeiten.

Doch Sandra schweigt über die gesehene Wahrheit! Würde ihr überhaupt jemand glauben? Steht es ihr überhaupt zu, ihr Wissen auszuplaudern und dadurch die Situation von zwei Menschen zu beeinflussen? Der Durchschnittsmensch würde ihr sowieso nur ein müdes Lächeln schenken und sie für eine neidvolle Eifersüchtige halten. Tatsache ist auch, dass Viktor sie auch gar nicht groß beachtet. Die karmische Verknüpfung hat sich überholt. Sie musste durch die Schattenwelt, um geistig weiterzukommen. Auch wenn Gustav ihr gegenübersteht, hegt sie keinen Groll mehr gegen ihn. Sie hat ihm verziehen, nicht nur oberflächlich, sondern bis ganz tief in ihre Seele.

Den Samen für ihre spirituelle Entwicklung hat Sandra in ihrer letzten Inkarnation gelegt, dessen ist sie sicher. Der Preis, den sie dafür zahlen musste, war unbestritten hoch! Doch sie hat in das Böse im Lichte der Erkenntnis geschaut. Also musste sie selbst hinabsteigen ins Schattenreich. Was lebt, welkt hin und erneuert sich wieder, es würde sonst nicht leben.

»Eigentlich ist es komisch, dass die mystische Lektüre spontan dem Osten zugewandt ist, als hätte das Christentum nichts zu bieten!«, denkt sie. Doch sie fühlt sich als Christin. Jesus hat keine Religion gebracht, sondern eine Botschaft. Über diese Botschaft der universellen Liebe gilt es zu meditieren, denn dieses Reich ist nicht von dieser Welt. Religiöse Gemeinschaften leben im Wandel der Zeiten. Nicht die nebulöse Esoterik hat sie zum Ziel geführt, sondern es ist die Selbsthingabe, die Liebe zum Denken, um die Welt, wie sie wirklich ist, zu verstehen. Esoterik heißt »geheimes Wissen«, doch diese Wahrheiten muss jeder in sich selbst zum

Leuchten bringen. Die eigenen Erlebnisse sind für einen anderen wertlos. Die äußere Sonne mit der inneren Sonne verbinden. Das Unvergängliche in sich finden und zugleich mit dem Unvergänglichen im Kosmos verbinden. Wann der gelegte Samen eines Tages aufgeht und die Früchte geerntet werden können, das bestimmen höhere Mächte. Kein Mensch hat die Macht dazu, das für einen anderen Menschen zu bestimmen. Menschen, die von sich behaupten, über solche Kräfte zu verfügen, sind Scharlatane wie der dunkle Baron und haben kein Wissen.

32. Valentin ist heute Robin

Valentin ist in diesem Leben wieder ein begehrter Anwalt und auf den Namen Robin getauft worden.

Er surft im Netz der modernen virtuellen Welt und bleibt am Bild einer Frau hängen! Das Innere seiner Seele entwickelt eine Eigendynamik. Das Bild dieser Frau weckt sein Interesse, es verzaubert ihn. Es verfolgt ihn bis in seine Träume. Ihr Bild hebt ihn hoch in den Himmel. Immer wieder dreht sich das Gedankenkarussell um sie, mal langsamer, mal schneller. Dass es Erinnerungen aus seinen Seelentiefen sind, die zu ihm sprechen, ahnt er noch nicht. Er kann es sich nicht erklären, was ihn so entzückt. Etwas Magisches geht von dem Bild dieser Frau aus, das ihn fesselt. Wie ein Magnet, der ihn zu der Unbekannten hinzieht! Die unsichtbare Verbindung ist über die silberne Brücke der ewigen Zeit gewandert. Hält er den Schlüssel in den Händen, der zum Geheimnis der Seele führt? Hat er sie instinktiv aus seinem Herzen heraus erkannt?

Etwas in ihm schreit nach innerem Aufbruch. So lässt er sich zu einer Handlung hinreißen, die eigentlich nicht zu seiner Art passt. In der Luft liegt eine verwirrende Mischung aus Neugierde und Vernunft, als er den Vorschlag für ein Date macht.

Die Bäume haben sich bunt gefärbt. Der Tag des Wiedersehens ist gekommen! Hunderte von Kilometern trennen die beiden! Er sitzt in seinem Auto und spult diese Kilometer auf der Autobahn ab. Er muss in einer verrückten Verfassung gewesen sein, als ihm der wahnwitzige Gedanken gekommen ist, sie zu treffen. Ist alles nur Einbildung oder verbindet ihn ein unsichtbares Band mit dieser unbekannten Frau?

Sie sitzt im Restaurant und wartet bereits sehnsüchtig auf ihn. Schon von hinten erkennt er sie. Sandra spürt ihn im Raum, dreht sich nach ihm um. Es ist, als würden sie sich schon immer kennen. Aus der Unendlichkeit zusammengefunden. Ein seelischer Jauchzer der Entzückung durchdringt ungehört den Raum. Schon beim ersten Anblick macht sie ihn etwas wirr. Ihr sanfter Blick, Augen, um darin zu versinken. Das ist die Liebe auf den ersten Blick. Er umarmt sie, als hätte er sie schon immer umarmt. Sein Puls geht schneller. In diesem Augenblick weiß er, dass er sie begehrt, wie er noch nie eine Frau begehrt hat. Die süße Himmelswelt senkt sich schweigend hernieder. Die Seelen jubeln im verzauberten Rausch. Das Zusammentreffen sollte in erster Linie eine wunderbare Begegnung sein. Doch darin hat er sich offenbar geirrt. Viele, viele Jahre sind verstrichen, doch das Vergessene wurde wiedererweckt. Die Bruchstücke der Herzen aus der Vergangenheit sind wie zu einem Puzzle zusammengesetzt worden. Andere karmische Verknüpfungen mit Menschen ihres Umfelds mussten zuerst gelöst werden, bevor das Schicksal eine Begegnung zuließ.

Die unsichtbaren Fäden ihrer Liebe weben ineinander. Sie sind sich noch nie physisch begegnet und trotzdem strahlen sich die zwei Seelen an wie zwei Scheinwerfer in dunkler Nacht! Sie haben sich wiedergefunden und der

Sternenhimmel weint vor Freude. Das Helle hat das Dunkle einmal mehr besiegt! Ein kurzer, entscheidender Augenblick in einem Leben kann mehr bewirken als ein ganzes Menschenleben. Eine Liebe, die schon bestand, bevor sie sich kannten. Etwas Unbeschreibliches verbindet sie. Es fühlt sich an, wie Zuhause angekommen zu sein. Diese Liebe hat offene, reine Augen und ein feines, strahlendes Gesicht. Die Liebenden sind durchs Feuer gegangen, aber nicht im Feuer verbrannt. Sie haben damit ihre Herzen entzündet. Die Lichter ihrer Seelen haben den unsterblichen Weg geleuchtet. Eine Leidenschaft, die Flügel bekommt, um sich im Himmel zu verlieren.

Sie legt ihm ein paar verführerische Gedanken in die Sinne. Es ist wie das Knistern der fallenden Herbstblätter. Die glutvolle Fantasie funkelt im Sternbild. Die Liebe ergreift die Leuchtenden. Die Stille spricht und leise vernimmt man die Antworten aus den Tiefen der Seelen. Sie spüren eine Leichtigkeit, als würden sie schweben. Die Liebe trägt sich hoch bis zu dem Wolkenrand. Er nimmt ihre Hände, die sich sofort mit seinen verweben. Ihre Herzen jauchzen tobend im allumfassenden Glück. Zauberklänge erfüllen die Luft. Ihre Seele spiegelt sich in der seinen. Er nimmt sie in den Arm, spürt, wie sein Puls total verrücktspielt. Sie beginnen sich zu küssen. Ihre Herzen stehen in Flammen. Und des Liebesfeuers flackernder Schein hüllt sie wärmend ein. Ein Verlangen nach sinnlichen Berührungen. Der Verstand setzt aus, Denken ist sinnlos. Jede Berührung elektrisiert wie tausend Volt. Eine Liebe ohne Worte, die Herz mit Herz, Geist mit Seele und Körper und Seele vereint. Kurz darauf fahren sie im Lift ins Hotelzimmer. Die geistigen Sonnenstrahlen durchstrahlen die wiedergefundenen Seelen. Das sind Momente im Leben, die für andere Menschen nicht nachvollziehbar sind, weil sie mit Worten nicht zu erklären sind. Denn es ist ihre Geschichte, die nur sie empfinden können.

Für beide ist es die Erfahrung einer reifen Liebe, von der man nichts erwartet oder fordert. Alles soll aus Liebe geschehen. Sie verlieren sich nicht total ineinander, sondern genießen einfach den Moment des Glücks. Es ist eine sternklare Nacht, als sie sich trennen müssen. Die Sterne strahlen ihnen das Licht auf dem Weg ins wirkliche Leben zurück und schweigen. Wärme breitet sich aus. Es ist die Wärme der Liebe.

Robins beruflicher Werdegang verändert sich unerwartet. Es öffnen sich ihm ganz neue berufliche Perspektiven. In seinem Unterbewusstsein hat er abermals den Beruf als Anwalt gewählt, um die Frau aus dem Schattenhaus wiederzufinden. Die karmische Begegnung ist erfüllt.

Letzte finsterere Schlacken kleben noch am Seelenleib von Sandra, welche das volle Potenzial ihrer Persönlichkeit noch etwas einschränken. Unermüdlich ist Sandra den spirituellen Weg gegangen! Oft wurde sie belächelt, verhöhnt und verspottet. Äußerlich passierte nicht viel. Doch innerlich prasselten die Schläge des Spottes auf sie ein. Es ist, als wäre sie gebissen, gestochen und zerrissen worden. Das hat sie nur noch stärker gemacht. Der Schlüssel zur Entdeckung des Selbst heißt Entschlossenheit. Es gilt, auf der Suche nach Weisheit die Gedanken nach innen zu richten und keinesfalls der Blume des Lichtes durch den Verstand den Weg zu verschließen.

Das Leben besteht immer aus Krisen, die in größeren und kleineren Abständen auf einen Menschen zukommen.

Plötzlich hat man vielleicht keine Lust mehr, der gewohnten täglichen Arbeit nachzugehen! Man muss lernen, Lust und Unlust, Freude und Schmerz als Seelen-Augen und Seelen-Ohren zu nutzen, die durch den Alltag begleiten. Das Leben ruft immer wieder nach einer beschaulichen Betrachtung nach innen, damit man wieder auf eine neue Fährte kommen kann. Dabei ist es wichtig, das eigene Leben einmal aus der Distanz zu betrachten, um objektiv beurteilen zu können. So kann man Entwicklungen, die nicht zu einem passen, erkennen. Ein beseelter Alltag ist unser Leben. Nicht immer alles in der äußeren Erscheinung suchen, sondern in der höheren Wirklichkeit. Es gilt, Gedanken in einem größeren Licht erscheinen lassen.

33. Der alte Mann, ein geistiger Führer

Der geistige Führer, ein Adept, meldet sich bei Sandra im Traumland. Es ist der geheimnisvolle alte Mann aus dem Buchladen!

»Willst du mich nicht an deinen Tisch einladen?«, fragt er.

»Aber natürlich! Auf diese Idee bin ich gar nicht gekommen!«, antwortet Sandra beschämt. »Wie unüberlegt und egoistisch ich doch bin, dass ich noch nie auf die Idee gekommen bin, dich an meinen Tisch einzuladen!«, ergänzt sie, was natürlich symbolisch zu verstehen ist.

Wir Menschen fordern immer von der übersinnlichen Welt. Doch was sind wir eigentlich bereit dafür zu tun, zu geben?

Der geistige Führer hat die Einladung angenommen und hat noch zwölf weitere Gäste aus der weißen Bruderschaft mitgebracht. Die weiße Bruderschaft wendet sich an Menschen mit höheren spirituellen Energiefeldern. Sie sind rein spirituell, von einer zeitlosen Weisheit.

Die dunklen Schatten weichen, die den Blick in die übersinnliche Welt verhindert habe. Das Licht breitet sich aus! Die Anwesenden lösen sich im Lichtschein auf! Das Gralslicht bahnt sich einen Weg auf die Erde. Der einstig knorrige alte Kirschbaum ist auf der anderen Seite des Lebens ein blühender Himmelsbaum geworden. Blüten am Kirschbaum sind wie lauter schaukelnde kleine Lampen. Ein Windhauch verstreut die Blüten über die ganze Erde, damit andere Paare ihren eigenen Kirschbaum zum Blühen bringen können. Das Besondere am Kirschbaum ist, dass zwei Kirschen aus einem Stiel wachsen.

Der Tag ist noch nicht erwacht. Frühmorgens erscheint ein Engel bei der noch halb schlafenden Sandra mit einer langen Kerze vor sich in den Händen. Der Engel schwebt einfach durch die Schlafende hindurch. Ihr physischer Körper wird zu einem Tempel ohne Türen und Fenster. Mit ihrem Geistkörper folgt Sandra dem Engel. Gemeinsam steigen sie die Himmelstreppe hoch, Stufe für Stufe. Oben angekommen, schwebend wie auf einer Wolke, gibt der Engel zu verstehen, dass Sandra hier warten soll! Darauf steigt der Engel wieder die Treppe hinunter und taucht ins Nebelmeer ein. Sandra steht wie angewurzelt oben an der Treppe und getraut sich nicht, sich zu bewegen.

Allzu lange dauert es nicht und aus dem Nebel erscheint wieder der Engel im Lichtschein der Kerze! Der Engel hat Robin geholt. Das Licht der imaginären Kerze löst einen Feuersprung aus. Sie stehen in einem unsagbar strahlenden Lichtreich. Aus dem Licht formieren sich sanfte Schatten, die Formen von Personen annehmen. Die weiße Bruderschaft ist anwesend. Sandra und Robin stehen da als Liebespaar, als Auserwählte! Ein geistiger Kuss von Robin. Die Liebe ergreift Sandra wie eine Spirale, die sich um die beiden dreht und sich himmelwärts öffnet. Es wird immer lichter und heller! Ihre Liebe hat das Gralslicht gefunden, das nun durch die beiden geistigen Körper fließt, bis ins Physische spürbar.

Dann wird es wieder dunkel, der Vorhang wird zugezogen. Sie sind zurück auf der Erde mit dem Wissen, dass sie das himmlische Licht gesehen und auf die Erde geholt haben.

34. Die Rose

Der bunte Herbstwald lädt zum Spazieren ein. Die Vögel pfeifen ihre Liedchen, bevor sie die Flügel spannen und nach Süden fliegen. Sandra steht unter einem großen Baum und lässt die Aura des Baumes auf sich wirken. Sie schaut zu der Blätterkrone hinauf. Darunter tönt es leise. Weint der Baum? Hört sie seine Klagen? Ist er ein Erzähler der Geschichten der Ahnen? Da regt sich der Wind und flüstert. Durch die großen Äste suchen sich die Sonnenstrahlen ihren Weg und lassen die bunten Blätter golden erstrahlen. Und wieder hört sie das Lied der Erde, der Ahnen.

Unerwartet kommt Robin ihr entgegen mit einer wunderbaren Rose. Nicht, dass es etwas Besonderes zu feiern gäbe. Nein, einfach so, weil ihn ihre Gesellschaft, ihre Ausstrahlung, ihr Anblick, seit er ihr begegnet ist, verzaubert. Ihr Strahlen, das über ihr schönes Gesicht huscht, verrät ihre Freude. Er umarmt und küsst Sandra zur Begrüßung. Die Aura der Rose verbindet sich mit dem Liebespaar, umhüllt sie mit einem pastellfarbenen, unsichtbaren Blumenmantel. Sie werden zur magischen Rose. Der stachlige Stiel liegt ihnen zu Füßen. Die einstigen Bitternisse tragen die Winde fort. Symbolisch ist der Dornenweg hier zu Ende.

Eine Weile rauscht es in der Luft. Sind geflügelte Wesen gekommen? Sei still, die Engel bringen den Gral! Zwei

Menschen haben den Paradiesgarten des Lebens erblühen lassen, zwei Seelen durchqueren den Lichtbogen der Ewigkeit. Was davor war, wird klein, schwindet ganz dahin.

Ein breiter purpurfarbener Lichtbogen wächst als Brücke zur anderen Seite hinüber. Gestalten von Feuerglut und Flammenlicht bewegten sich hinüber, Gesang ertönt bis zu den Sternen. Der Himmel sät Stern um Stern und lässt die Menschenherzen blühen. Und im Geisterland leuchten unsichtbare Sterne.

35. Gewitterwolken im Geistigen

Die Seelen sprechen in virtuellen Bildern.

Rechts im Tal des Himmels ist wunderbares, sonniges Wetter. Von links her ziehen dunkle Gewitterwolken auf. Zwei Fronten, die sich aufeinander zubewegen. In der Mitte steht als visuelles Bild das einstige Schattenhaus. Die auf der Erde festgehaltenen finsteren Kräfte werden durch einen Sog aus dem Schattenhaus gezogen. Das grelle Licht löst das Dunkle auf. Ein Regenbogen verbindet die beiden Fronten. Es rieselt feine, silberne Regentropfen über die imaginäre Villa und wird zu einem Lichterregen. Die Liebe hat die Schrecknisse früherer Tage in neue Bahnen gelenkt. Das Dunkle hat sich im Lichte aufgelöst. Auf der Erde leuchtet ein Funke auf, vergrößert sich zu einem Lichtbündel und schwebt zurück ins Lichtreich. Die Liebeslichter von zwei Menschen durchwandern die unsagbare Schönheit der himmlischen Sphären.

36. Der Tempel

Es ist ein besonders heller, freundlicher Tag, als sich Robin und Sandra physisch wieder begegnen. Aus dem tiefen Vergessenheitsschlaf sind Visionen erwacht. Der Hauch der Liebe schwebt in der Luft. Die inneren Bilder von Spiegelungen sind greifbar geworden! Das geheimnisvoll Quälende konnte abgestreift werden wie ein altes Kleid.

An diesem goldenen Herbsttag schlendern sie durch die schöne Altstadt, die Robin als Ziel der ersten Begegnung vorgeschlagen hat. Unbewusst, wie aus der geistigen Welt gelenkt, betreten sie einen Park mit sehr altem, schönem Baumbestand. Auf einer Anhöhe zeichnet sich eine verfallene Villa ab. Die Fassade hat einen rötlichen Anstrich. Ihre Neugierde ist geweckt. Ist es ihre einstige Villa? Ihr Schattenhaus? Die Terrasse, genau über dem Haupteingang, schaut nach Osten. Ist es die Terrasse, wo sie als Melissa, als Schattenfrau stand? Sie lassen diesen Gedanken einfach einmal auf sich beruhen.

In der Nacht taucht visionär aus den Seelentiefen ein rundes Kuppelgebäude auf. Das Dominierende an diesem imaginären Gebäude sind die zwei goldenen, diamantbesetzten Türgriffe. Einen Augenblick bleiben sie an der Schwelle zur geistigen Welt stehen, bis sich das geistige Auge an die inneren Bilder gewöhnt hat. Die beiden stoßen die verschlossene Tür auf. Jeder Farbton ist an diesem Ort vertreten. Tiefdunkle Töne wechseln sich mit Regenbogenfarben ab. Von dieser

Strahlung geblendet, schließen beide kurz die Augen. Ihre Herzen strahlen ins Licht aus und werden zu goldenen Flammen. Das spirituelle Feuer ist entfacht und züngelt als geistiges Feuer um die Liebenden. Himmlische Wesenheiten formen sich schemenhaft im Raum. Sandra und Robin haben den Tempel der Liebe betreten. Alles ist lichtdurchflutet. Wer seine Welt aus Liebe formt, der darf sie eines Tages auch bewohnen. Sie sind in der übersinnlichen Welt angekommen und eingetreten. Hier gibt es nur noch die Sprache der Liebe, die nicht formuliert werden muss, sie ist einfach da als unbeschreibliches Glücksgefühl, für jeden verständlich!

Am nächsten Morgen lockt das historische Münster in der Stadt zu einem Besuch! Sie nehmen in einer Kirchenbank Platz und lassen Stimmungen auf sich wirken. Robin schenkt Sandra als Andenken eine Kerze. Eine ganze Weile sitzen sie da, betrachten die Gemälde. Jedes Bild hat eine Seele, die Seele dessen, der es gemalt hat. Ein alter Mann erhebt sich aus der Kirchenbank und kommt auf Sandra zu, ihre Augen fixieren sich. Kein Zweifel, es ist der Mann aus dem Bücherantiquariat. Seine Energie schwingt wieder in ihrem Herzen. Nickend erwidert er ihr breites Lächeln auf ihrem Gesicht. Es ist, als verschmelzen ihre Energiefelder für einen Augenblick. Es ist wirklich der alte Mann, der einstige Tagelöhner. Die geistige und die materielle Welt haben sich ineinander verwoben. Sandra kommt wie aus einem Traum zurück, schaut sich um. Niemand ist zu sehen. Sie weiß jetzt: Der Mann ist ein Adept, jemand, der sich in zwei Welten bewegen kann. Sie legt ihre Hand in die von Robin. Er hat den alten Mann nicht gesehen.

Das Verwirrende aus den letzten Monaten, das wie Puzzleteile zusammengetragen worden ist, hat logische Strukturen bekommen. In der Form von einem Buch sind die Seelenerlebnisse niedergeschrieben worden. Es trägt die Seele derjenigen, die es erlebt hat.

Als Abschlussbild meldet sich die geistige Welt wieder in ihrer Bildersprache.

Sandra und Robin stehen im Licht, als ob sie in der Sonne stehen würden. Sonnenstrahlen gehen von beiden Geistkörpern aus.

Die goldene Flamme der Liebe zieht Robin und Sandra wie ein Magnet in sich hinein. Die Kraft vom Urbeginn tönt in den glühenden Herzen. Nichts ist umsonst gewesen, alles hat seinen Sinn.

Das Schattenhaus hat sich verwandelt und ist zum Tempel der Liebe geworden. Diese Liebe wird hinausgetragen in die Welt. Die Zeit ist ein Bestandteil der Ewigkeit, nur ein Bestandteil des menschlichen Bewusstseins. Im ewigen Licht der Liebe verweben sich die Geistwesen zu einem Tanz. Wer Böses überwindet, wird alles Lichtvolle erben. Soweit es im Menschen vorhanden ist, in seinem eigenen Tempel ohne Türen und Fenster.

37. Der Alltag

Robin und Sandra schlendern, bevor sich ihre Wege wieder trennen, durch die Straßen der kleinen Stadt mit der großen Kathedrale, als möchten sie die Zeit anhalten. In der Kathedrale haben sie nochmals ein Licht angezündet. Nun heißt es, Abschied zu nehmen, was schwerfällt. Robin nimmt sie liebevoll in den Arm, drückt Sandra an sich, als möchte er sich diesen Seelenabdruck auch physisch eingravieren. Sie müssen das bezaubernde Luftschloss, das sie für ein paar Stunden aufgebaut haben, wieder verlassen. Den Augenblick des Ewigen, des Einzigartigen, des Unfassbaren, sie haben ihn erlebt.

Jeder geht wieder mit einem neuen Bewusstsein in sein altes Leben zurück.

Sandra hat Wochen später wieder einen Traum. Robin steht an einer Wegkreuzung, wird von einem heftigen Herbststurm erfasst und auf den Weg nach links gestoßen. Es gibt kein Zurück. Der Sturm ist so stark und wirbelt die gefallenen Blätter des Herbstes auf. Robin kann den Weg zurück nicht mehr sehen. Dann flaut der Sturm ab.

Viele bunte Lichter brennen im wirklichen Leben für ihn. Sein Leben pulsiert. Die Zeit rennt davon. Viele neue Möglichkeiten öffnen sich ihm beruflich. Sandra muss den Weg rechts nehmen. Sie durchläuft eine stille, von der Sonne durchstrahlte Winterlandschaft. Ihr äußeres Leben verläuft zurzeit in ruhigen Bahnen. Doch in der Seele brodelt es, es herrscht Aufbruchsstimmung! Ihre Lebenswege haben sich seit längerer Zeit nicht wieder gekreuzt. Dann sieht Sandra im Traum an der nächsten Wegkreuzung den blühenden Kirschbaum. Das gibt Hoffnung auf ein Wiedersehen. Das Leben geht oft eigenartige Wege. Diese sind für das sterbliche Bewusstsein nicht immer nachvollziehbar. Die Begegnung im heutigen Leben mit Odilia und Amalia ist bis dahin auch noch unbeantwortet geblieben.

Unsichtbare Lichtfäden weben weiter und weiter. Plötzlich ist die Auflösung da. Odilia ist in diesem Leben keine Frau, sondern ein junger Mann, Andreas, der Sohn von Elvira. Spirituell stehen sie sich sehr nahe. Sie verstehen sich einfach, haben die gleiche Wellenlänge.

38. Carmen

Und wer ist Amalia im heutigen Leben? Diese Frage wird wie durch einen Gedankenblitz beantwortet. Bei diesen nachforschenden Gedanken überkommt Sandra wieder diese tiefe Ohnmacht, diese innere Verzweiflung. Hilflos musste sie vor Jahren zusehen, wie die wunderbare Freundin Carmen immer trauriger wurde. Und dann kam die schreckliche Nachricht, dass sie den Freitod gewählt hat.

»Ach, Amalia. Oder Carmen! Du Wunderbare hast es auch in diesem Leben nicht geschafft, dich von dem Finsteren zu befreien. Abermals hast du den Freitod gewählt. Im letzten Leben hättest du deine Probleme angehen müssen. Doch du hast damals wie heute keinen Ausweg gesehen und die schlechteste aller Lösungen gewählt. Auch wenn es damals viel Seelenstärke gefordert hätte, wärst du in der Lage gewesen, diese Last, welche dir der spiritistische Zirkel angehängt hat, wieder loszuwerden. Gestärkt hättest du über all die nächsten Leben weiterschreiten können. Doch du hast es vorgezogen zu flüchten. In diesem Leben wurdest du wieder mit der gleichen Situation konfrontiert und bist gescheitert.«

Die Tränen der Verzweiflung kommen bei Sandra, als wäre es gerade heute geschehen, dabei liegt das Drama doch schon so viele Jahre zurück. Dann erscheint in einer Vision ein himmlisches Lichtwesen. Es strahlt Wärme, Liebe und Licht aus, als wollte es sagen: »Amalia oder Carmen hat in der geistigen Welt das Schicksal enträtselt. Den Weg ins Licht hat sie gefunden!« Eine wunderbare Glücksbotschaft.

Ein paar Tage später besucht Sandra die Grabstätte von Carmen. Es liegen tatsächlich mehr als zwanzig Jahre zurück. Das Grab ist bereits aufgehoben. Sandra verweilt eine Weile auf dem Friedhof, setzt sich auf eine Bank und lässt die aufwühlenden Erlebnisse nochmals Revue passieren. Plötzlich hat Sandra eine Eingebung. Sie sieht Carmen als Lichtwesen.

In Gedanken spricht Carmen: »Liebe Sandra! Mein letztes Leben ist wieder zu einer Geisterfahrt geworden. Meinen Depressionen wurde ich auch in diesem Leben nicht Herr. Es ist nicht schön, täglich aufzustehen und an Selbstmord zu denken. Ich wusste nicht mehr, wer ich war. Ich sah die bunten Farben der Blätter nicht mehr. Hörte nicht mehr das Rauschen des Baches. Ich nahm nur noch die Schatten aller Dinge wahr. Die Liebe zum Leben, ich fand sie nicht. Mein Unterbewusstsein suchte nochmals nach Gustav, obwohl ich glaubte, ihn losgelassen zu haben. In der geistigen Welt hatte ich den Schritt der Loslösung geschafft. Aber als Erdenmensch habe ich diese Prüfung nicht bestanden. Meine klare Sichtweise war wie durch eine milchige Scheibe getrübt. Die Liebe zu Gustav war auch in diesem Leben eine bittere Enttäuschung. Die Geister der Finsternis waren wieder mächtig und suggerierten falsche Tatsachen, als streuten sie mir Sand in die Augen.

Als verliebte Person kann und wollte ich diese Wahrheit nicht erkennen, stattdessen wurde ich von einer andauernden Unruhe gejagt. Alles war mir wieder fremd geworden. Ich starrte in die Ferne und glaubte, dort Erlösung zu finden. Die Sonne war nur noch ein dunkles, schwarzes Loch. So fühlte ich in meiner Seele. Es gab nichts mehr, woran ich mich hätte festhalten können. Ich verlor mich abermals im Nichts. Hätte ich an mich geglaubt, dann hätte ich bemerkt, dass sich hinter dem Nichts etwas zu regen begann. Aber leider hatte ich mein junges Leben bereits ausgelöscht, einfach fortgeworfen. Mein Erdenleben habe ich wieder aus eigenem Gutdünken beendet. Doch meine Seelenqualen, die Dämonen, habe ich mit in den Tod genommen. Die lassen sich nicht einfach vertreiben. Das Finstere, das mich zweimal in den Abgrund gerissen hat, habe ich besiegt. Die wenigsten Selbstmörder kommen von der Erde weg. Diese Einsamkeit, die durchlebt werden muss, ist fast nicht auszuhalten. Doch es gibt zunächst kein Entfliehen.

Durch den Abbruch habe ich einen großen Teil von zwei Leben verpasst. So wird das Defizit immer größer und die Anstrengungen im nächsten Leben immer beschwerlicher. Jeder muss auf die Welt, um Neues zu lernen. Sandra, du hast mir damals sehr geholfen mit deinen Gebeten, deinen Bitten, dass mir die Tür ins Licht geöffnet werden soll. Ich saß wieder eingekerkert in einem dunklen Gefängnis. Leidend und nach Licht schmachtend. Meine Seele rang und rang verzweifelt nach Licht und Erkenntnis. Deine Bitten haben mich in die Lichtsphären emporgetragen. Die wahre Liebe findet im Herzen statt. Im heutigen Leben hatte ich den Mann, der mich liebte, gefunden. Aber leider durch meinen Selbstmord zurückgelassen. Sein Leben ging auf der Erde weiter, doch auch er ist nicht mehr glücklich geworden. Das mitzufühlen und nichts dagegen tun zu können, ist für mich immer noch sehr schmerzhaft.

Jetzt verrate ich dir ein Geheimnis. Dieser Viktor, der bei Elvira ein und ausgeht, ist ja Gustav, das weißt du ja. Drei Jahre lang waren wir in diesem Leben ein heimliches Liebespaar, dann haben wir uns getrennt. Das Finstere hat uns eingeholt. Seine Anwesenheit wurde für mich unerträglich.

Gustav hat auch eine helle Seite, aber seelisch und spirituell ist er schwach. Er wollte damals wie ein Schmarotzer in die geistige Welt eintreten, ohne etwas an seinen Charaktereigenschaften zu ändern. Die Dämonen sind uns geblieben und haben uns wieder Steine in den Weg gelegt, die schlussendlich zu einem unbezwingbaren Berg wurden. Es ist ein teuflisches Spiel, das sie abermals mit uns spielten. Nach meinem Selbstmord hörte ich hämisches, triumphierendes Lachen. Kalter Schauer überkam mich. Ich wollte sofort in meinen physischen Körper zurück, doch es gab, wie gesagt, kein Zurück mehr. Der Zug hat meinen Körper unwiderruflich zerstört. Ich lag zerschmettert am Boden, nicht nur physisch, auch geistig. Wir beide haben große Fehler gemacht! Jeder Mensch hat eine helle und eine dunkle Seite. Es kommt darauf an, welche wir für unser Handeln aussuchen.

Ach, zwei Seelen wohnen in meiner Brust. Zusammen bilden sie die Gefühlswelt. Unsere Gefühle lassen uns die Welt zum Himmel oder zur Hölle machen. Wenn uns die Liebe verlässt, lassen sie den Traumstrand zum Ödland werden. Trifft uns Amors Pfeil, kann sie die geringste Hütte zum Schloss machen. Ich war töricht und habe alles verloren. Im nächsten Erdenleben müssen Gustav und ich vieles korrigieren. Unsere Wege werden sich wieder kreuzen. Doch ich hoffe, nicht mehr als Liebespaar. Es ist unser gemeinsames Schicksal, das zum Licht verwandelt werden muss.

Das Leben auf Erden ist vergleichbar mit dem Ozean. Ruhelos wie die Wellen. Einmal stürmisch, einmal sanft und harmonisch. Ich wurde auf meine Standhaftigkeit geprüft und habe versagt. Verliebtheit entschuldigt nicht, die Seele für dubiose Zwecke missbrauchen zu lassen oder sie fortzuwerfen. Jeder Mensch wird mit der Bestimmung geboren, die Wahrheit zu suchen und zu erkennen. Dafür ist jeder selbst verantwortlich. Die Hindernisse auf dem Weg des Geistes muss jeder selbst beseitigen. Schuldzuweisungen bringen keinen Fortschritt. Jeder ist der Hüter im eigenen Leben, hat die Weisheit zu erkennen, was richtig oder falsch ist. Jede Erkenntnis bedarf des Lichtes, jenseits des sichtbaren Lichtes. Der Geist ist etwas Geheimnisvolles, er muss im Herzen verwirklicht werden.

Sandra, eine Person fehlt dir noch bei der Auflösung der Geschichte, nämlich der dunkle Baron.«

Carmen sagt den Namen. Sandra behält ihn für sich. »Doch so viel kann verraten werden: Gustav und der dunkle Baron sind in diesem Leben Freunde. Der dunkle Baron machte schnell Karriere, wurde Chef über mehrere Abteilungen. Durch seinen Größenwahn zeigte er schnell sein wahres, hässliches Gesicht. Er konsumierte Drogen, kam wieder in die Unterwelt der Geister. Dadurch wurde er immer unzuverlässiger, arrogant und schizophren. Unzufriedenheit machte sich bei seinen Untergeordneten breit. Kritik machte ihn aggressiv und unberechenbar, ja, sogar gefährlich. Er drohte seine Kritiker zu eliminieren. Schlussendlich wurde er für die Firma untragbar und man schob ihn ins Rentnerdasein ab. Dadurch fiel er total aus dem sozialen Netz. Wer unvorbereitet hellsichtig wird, wird geisteskrank. Diese Menschen werden gefühlskalt und herzlos, weil sie nicht mehr mit den Engeln verbunden sind. Auch er wollte wieder ohne Anstrengung in die geistige Welt eintreten.

Die geistige Welt kann man nicht belügen und nichts erzwingen. Dort herrschen andere Gesetze, weit über das menschliche Bewusstsein hinaus. Dank dem Sozialstaat, in den er sich inkarniert hat, fehlt es ihm in diesem Leben an nichts. Man gibt ihm Methadon, die Ersatzdroge, was ihn als Bürger wieder erträglich macht. Doch die Probleme sind nicht gelöst, nur auf unbekannte Zeit verschoben. Das Leben ist immer eine Spiegelung von allem, was schon einmal war, aber mit einem neuen Bewusstsein, weil sich der Ätherleib verändert hat. Der Baron hat ganz dunkle Kräfte in seiner Seele. In einer noch früheren Inkarnation war er ein Inquisitor, konnte alles ins Negative umdrehen. Aber das ist eine andere Geschichte. Dieser bösartige Charakterzug haftet ihm immer noch an. Seine Mitarbeiter haben seine Angriffe am eigenen Leib erfahren. Anfänglich wurde er in Schutz genommen, man ließ sich blenden. Diese Menschen haben wirklich zwei Seiten, eine dunkle und eine einschmeichelnde. Sie sind Meister der Täuschung und der Tarnung. Doch wenn diese Menschen das Gefühl haben, durchschaut zu werden, schlagen sie gnadenlos zu.

Die dunklen Geheimnisse von einst, du hast sie gelüftet. Das Licht der Liebe wird uns weitertragen. Es ist die Nahrung unserer Seelen. Zauberhaft waren die letzten Jahre in Gedanken mit dir. Du warst das ewige Licht für mich, an dem ich mich wärmen konnte. Die Hoffnung ist neu entfacht, dass ich im nächsten Erdenleben nicht scheitere. Die Wellen des Lebens werden wieder kommen und gehen. Doch felsenfest ist meine Zuversicht, dass es sich zum Guten wendet. Tief in der Seele liegt die wahre Kraft. Kraft, die durch die Lebenswirrnisse und Daseinsschwere führen kann. Geduld und Selbstvertrauen muss ich in mir erkämpfen. Du hast mich als Tote tief in deinem Herzen eingegraben. So kann ich deinem Herzen eine lebendige Tote sein. Wir schauen in dasselbe Sonnenlicht. Unergründlich ist die Macht, die uns auf unsichtbarem Weg zusammengeführt hat. Alle Wege führen schlussendlich zum Ziel! Auch, wenn sie noch so steinig und fast nicht begehbar sind. Der Glücksmoment, am Ziel angekommen zu sein, wird umso größer sein. Lebewohl, liebe Freundin!«

Der Vorhang zieht sich wieder zu.

Sandra erwacht aus ihrer Vision, sucht das Taschentuch und trocknet die Tränen.

»Ach, Amalia oder Carmen, in diesem Moment wünschte ich mir, dass alles wäre nur eine erfundene Geschichte. Der Hauch von Ewigkeit hat uns berührt und gibt wunderbare Hoffnung. Wir werden in unseren Gedanken immer miteinander verbunden sein! Die Grenzen zwischen Himmel und Erde sind nicht fest, sie sind durchlässig. Unsere Seelen werden sich immer wieder finden.«

Der Himmel hatte eine Nachricht gesendet und die Botschaft wurde gehört und verstanden. Die größten Ereignisse kommen oft sehr leise. Entdecke das Sein hinter deinen Gedanken und du findest den Pfad zur Morgenröte.

Kurz darauf hört man Schritte auf dem Kiesweg. Das Tor zum Friedhof schlägt zu. Sandra kehrt zurück in die pulsierende Stadt mit einer Geschichte, die noch lange nicht fertiggeschrieben ist.

Personen

Einst	*Heute*
Melissa	Sandra
Anthony	Marcel
Valentin	Robin
Agnes	Elvira
Amalia	Carmen
Gustav	Viktor
Odilia	Elviras Sohn Andreas

Über die Autorin Mirjam Wyser

Das Licht erblickte sie an einem Sonntag, am 12. August früh morgens, als die Vögel ihr Morgenliedchen pfiffen. Aufgewachsen ist Mirjam Wyser in Zürich mit zwei Brüdern. Mit 16 Jahren machte sie eine Lehre als Fotolaborantin. Später arbeite sie als Stylistin in der Werbebranche. So lernte sie mit 29 Jahren ihren Mann, einen selbstständigen Foto- und Filmschaffenden, kennen. Sie heirateten und drei Söhne bereichern ihr Leben. Inzwischen sind Enkelkinder dazu gekommen. Das gemeinsame Interesse galt über all die Jahre der Lebensphilosophie von Rudolf Steiner. Sein ganzheitliches Denken beantwortete Lebensfragen. Ein persönliches Todeserlebnis öffnete Mirjam Wyser einen Spaltbreit die Tür in die andere Welt. Ein Samen konnte dort gepflanzt werden. Ein Baum ist gewachsen, dessen Früchte sie nun als Erkenntnis niederschreiben kann.

Weitere Werke der Autorin

Ihre Bücher für Erwachsene

»Die Schakale der Inquisition - Eine Liebe aus karmischer Sicht«
Marcy und Vinzenz erleben eine tiefe, karmisch geprägte Liebe, die sie durch einen tragischen Unfall in ein früheres Leben während der Inquisition führt, um ihre spirituelle Verbindung und karmischen Verstrickungen zu erkennen und aufzulösen.
Taschenbuch, 210 Seiten
ISBN: 978-3-96050-127-5
In 2025 erscheint der Titel auch als Hörbuch!

»Reise zum inneren Avatar«
Flora und Gabriel erleben eine leidenschaftliche, karmisch geprägte Liebe, die sie durch Raum und Zeit führt und ihre tragische Verbindung zur Zeit des Römischen Reiches offenbart, wo sie als edler Feldherr und junge Christin eine untrennbare, aber unterschiedliche Beziehung führten.
Taschenbuch, 250 Seiten
ISBN: 978-3-96050-176-3

»Reise zum inneren Avatar – Der Adept«
Daniela und Michael, die seit ihrer Kindheit unzertrennlich sind, begegnen einem Lichtwesen und einem weisen Zauberer, der sie auf eine magische Reise durch Raum und Zeit führt, um die verborgenen Geheimnisse der unsichtbaren Welt zu lüften und sich dunklen Mächten zu stellen.
Taschenbuch, ca. 168 Seiten
ISBN: 978-3-96050-270-8

Ihre Kinder- und Jugendbücher:

»Kikibu – Der kleine Affe aus dem Regenwald« (Illustriert)
Kikibu, ein kleiner Affe, wird nach einem Sturm und der Zerstörung seines Paradiesgartens von einem Wildhüter gerettet, entführt, in einem Grandhotel zu einem Unruhestifter und schließlich in seinen natürlichen Lebensraum zurückgebracht.
Alter: 5 – 12, 157 Seiten, Taschenbuch A5, ISBN 978-3-945509-24-1
Mit 28, zum Teil ganzseitigen Illustrationen von Nabil Kharraz (shinu real art's)
In 2025 erscheint »Kikibu« auch als Hörbuch!

»Die Kristallkinder und das Geheimnis der goldenen Nuss« Band 1 der Kristallkinder-Reihe (Illustriert)
Der schwarze Kater und der Baumgeist führen die hellsichtigen Kinder Mariam und Mattis auf eine abenteuerliche Zeitreise, um das Geheimnis der goldenen Nuss zu entschlüsseln.
Alter: 5 - 12, 111 Seiten, Taschenbuch A5, ISBN: 978-3-96050-105-3
Mit 7 ganzseitigen Illustrationen von Merli (Gabriele Merl)

»Die Kristallkinder und das Geheimnis der acht goldenen Haare« Band 2 der Kristallkinder-Reihe (Illustriert)
Mariam und Mattis, die Kristallkinder, erhalten eine Schatulle mit magischen goldenen Haaren, die alles Schlechte in Gutes verwandeln, und begeben sich auf eine abenteuerliche Reise durch die Halle des Wissens, den Tempel der Weisheit und das Land der Pagoden, um sich mit Herausforderungen wie Banden, Hungersnöten und einer bösen Hexe auseinanderzusetzen, bis sie schließlich den Stein der Weisen finden und eine wichtige Erkenntnis gewinnen.

Alter: 5 - 12, Taschenbuch A5, 186 Seiten. ISBN: 978-3-96050-106-0
Mit 6 ganzseitigen Illustrationen von Merli (Gabriele Merl)

»Die Kristallkinder und das fliegende Auto« Band 3 der Kristallkinder-Reihe (Illustriert)
Mariam und Mattis, die Kristallkinder, machen sich eigentlich nur auf den Weg zum Frachthafen, doch als sie das besondere Auto Pino unabsichtlich „ausleihen", geraten sie auf eine abenteuerliche Reise zur Goldenen Stadt, wo sie auf den Hüter des Feuers, einen Lichterbaum und einen Glitzersee treffen und Prüfungen bestehen müssen, während sie sich fragen, ob sie ihr Ziel erreichen und Pino rechtzeitig zur Messe zurückbringen können.
Mit 9 ganzseitigen Illustrationen von Merli (Gabriele Merl)
Alter: 5 – 12, Taschenbuch A5, 218 Seiten, ISBN: 978-3-96050-166-4
In 2025 erscheint dieser Titel auch als Hörbuch!

»Die Kristallkinder und die Suche nach dem Gralskelch« Band 4 der Kristallkinder-Reihe (Illustriert)
Mariam und Mattis, die Kristallkinder, begeben sich auf eine turbulente Reise, um den Gralskelch zu finden und die magische Energie zu aktivieren, die die Erde heilen kann, wobei sie erkennen, dass ihre wahre Kraft in Liebe, Weisheit und Freundlichkeit liegt.
Mit 12 ganzseitigen Illustrationen von Merli (Gabriele Merl)
Alter: 5 - 12, Taschenbuch A5, 300 Seiten, ISBN: 978-3-96050-227-2

»Das Krugelmonster« (Illustriert)
Das Krugelmonster, das lange böse war, begibt sich auf eine Reise der Selbstveränderung, um sich durch wahre Güte und

Liebe zu verschönern, nachdem es erkennt, dass es sein Herz für das Gute öffnen muss.
Alter: 5 – 12, Taschenbuch A5, 132 Seiten, ISBN 978-3-945509-38-8
Mit 12 ganzseitigen Illustrationen von Étienne Pascal, thedeltamachine.de

»Pamelo und die alte Lokomotive« (Illustriert)
Nach dem Verlust seines besten Freundes begibt sich Pamelo, begleitet von Pamela, auf eine abenteuerliche Reise in eine andere Welt, wo er wichtige Aufgaben erfüllen muss, die ihm eine neue Perspektive auf sein Leben geben.
Alter: 6 – 16, Taschenbuch A5, 110 Seiten, ISBN 978-3-945509-48-7
Mit 7 ganzseitigen Illustrationen von Étienne Pascal, thedeltamachine.de

»Der goldene Schwan und das verzauberte Schloss« (Illustriert)
Christopher und Stefania folgen einem Mäusebussard und entdecken ein geheimes Waldschloss, das sie heimlich betreten, ohne zu wissen, dass es bewohnt ist, was eine unglaubliche Geschichte aus einer verborgenen Welt in Gang setzt.
Alter: 6 – 16, Taschenbuch A5, 80 Seiten, ISBN 978-3-945509-61-6
Mit 5 ganzseitigen Illustrationen von Étienne Pascal, thedeltamachine.de

»Meister Bakumi und sein Wolkenschiff« (Illustriert)
Dominik und Florence reisen mit Meister Bakumi auf seinem Wolkenschiff durch die Traumwelt, wo sie magische Orte entdecken, eine Spukstadt überqueren und auf ihrer Reise

einem gefangenen Mädchen helfen, während sie auf ihre Ehrlichkeit geprüft werden.
Alter: 6 – 16, 104 Seiten, Taschenbuch A5, ISBN 978-3-96050-025-4
Mit 6 ganzseitigen Illustrationen von Étienne Pascal, thedeltamachine.de

»Der weise Zauberer: Traumreise ins Zauberland« (Illustriert)
Daniela und Michael betreten durch die Traumwelt eines weisen Zauberers eine verborgene Fantasiewelt voller magischer Orte, faszinierender Wesen und geheimnisvoller Abenteuer, die nur Kinderaugen sehen können.
Alter 5 – 12, Taschenbuch A5, 114 Seiten, ISBN 978-3-96050-031-5
Mit 26, zum Teil ganzseitigen Illustrationen von Johann Sonderegger

»Der weise Zauberer - Abenteuer im Traumland«
Dies ist der zweite Band mit dem weisen Zauberer und kann unabhängig vom ersten Band gelesen werden.
Sieben Freunde erleben ein magisches Abenteuer, als der Weise Zauberer ihre Wünsche erfüllt und sie auf eine Reise ins unbekannte Land jenseits des Flusses führt.
Alter: 5 – 12, Taschenbuch A5, 168 Seiten, ISBN: 978-3-96050-241-8
Mit 13 ganzseitigen Illustrationen von Merli (Gabriele Merl)

»Im Traumland mit den Feen Serafina und Viola« (Illustriert)
Die Feen Serafina und Viola reisen durch die Traumwelt, um Kindern und Erwachsenen zu helfen, wobei sie gegen

Gefahren kämpfen und ihre eigene Magie bewahren müssen, um ihre Mission erfolgreich zu erfüllen.
Alter: 6 – 8, Taschenbuch A5, 78 Seiten, ISBN 978-3-96050-051-3
Mit 21 ganzseitigen Illustrationen von Anita Weber-Debald

»Acello und sein geflügeltes Pferd«, Band 1 der »Acello«-Reihe
Tagsüber ist Professor Cello ein beliebter Lehrer, doch nachts wird er zu Acello, einem magischen Helden, der mit seinem geflügelten Pferd eine Mission für die Königin des Lichts erfüllt, um die Erde vom Sumpfmonster zu befreien, dabei spannende Abenteuer zu bestehen und neue Verbündete wie einen Eremiten, Geist Hajo, Kranich Jako und Bär Edward zu treffen.
Alter: 6 – 12, 124 Seiten, ISBN 978-3-96050-083-4

»Acello und die Mistelbande«, Band 2 der »Acello«-Reihe
Alter: 10 - 14, 124 Seiten, ISBN 978-3-96050-097-1
Professor Cello und sein Pferd Kevin, in der Nacht zu Acello verwandelt, stellen sich der Mistelbande, die die Weltherrschaft anstrebt und die Erde bedroht, und kämpfen mit Unterstützung des Eremiten Philippe, Geist Hajo und der Lichtkönigin, um die Zerstörung der Welt zu verhindern.

»Acello und der Riese Philemon«, Band 3 der »Acello«-Reihe
Nachdem die Mistelbande besiegt wurde, helfen Acello und sein Pferd Kevin dem Riesen Philemon, der von einem Zauberer geschickt wurde, die Menschheit vor der Dunkelheit zu retten, doch Philemon muss sich auf einem gefährlichen Abenteuer durch ein Sumpfgebiet und gegen den dunklen

Baron stellen, der die Seelenlichter stiehlt und die Welt mit seiner finsteren Macht bedroht.
Alter: 8 – 14, 98 Seiten, ISBN: 978-3-96050-125-1

»Acello und die Umweltmagier«, Band 4 der "Acello"-Reihe
Alter: 8 – 14, 112 Seiten, ISBN: 978-3-96050-184-8
Acello und sein geflügeltes Pferd Kevin erhalten die Bitte der Lichtkönigin, ein besonderes Geschenk zu bringen, und machen sich mit den drei Kindern Frederik, Laura und Michelle auf eine abenteuerliche Reise, um das Licht aus der Spiegelwelt zu holen und die Natur zu retten.

»Acello und das alte Museum«, Band 5 der "Acello"-Reihe
Alter: 8 – 14, 204 Seiten, ISBN: 978-3-96050-220-3
Professor Cello, auf der verzweifelten Suche nach einem Ersatz für sein geflügeltes Pferd Kevin, entdeckt einen fliegenden Teppich, eine Göttin und eine geheimnisvolle Schriftrolle, die ihn und seine Mitstreiter Uwe und Igor in gefährliche Abenteuer stürzt, während sie das Geheimnis der Magie der strahlenden Herzen entschlüsseln.

»Acello und das Rätsel der Bibliothek«, Band 6 der "Acello"-Reihe
Nach dem Verlust seines geflügelten Pferdes Kevin sucht Professor Cello mit seinen Freunden Igor und Uwe nach einer neuen Balance zwischen Wissenschaft und Weisheit und entdeckt in der magischen Kristallbibliothek unter der Führung der Lichtkönigin die Geheimnisse des Universums und die Kraft in sich selbst.
Alter: 8 – 14, 156 Seiten, ISBN: 978-3-96050-272-2

Ratgeber bei FRANZIUS

»Erfolgreich sein - Success attracts success« von Frederick Dodson
Softcover A5, ca. 220 Seiten, ISBN: 978-3-96050-258-6

»You can heal anyone- Heilen ist angeboren: Instinktive Heilmethoden für alle« von Frederick Dodson
Softcover A5, ca 144 Seiten, ISBN: 978-3-96050-261-6

»Das verlorene Geheimnis des antiken Deutsch - Sind wir Aliens?« von Frederick Dodson
Softcover A5, ca 420 Seiten, ISBN: 978-3-96050-264-7

»Increase your Energy: Mehr Gesundheit, Erfolg und Glück« von Frederick Dodson
Softcover A5, ca 292 Seiten, ISBN: 978-3-96050-136-7
Erscheint 2025 auch als Hörbuch!

»Magnetic Wealth Attraction – Sei ein Magnet für Wohlstand, Überfluss und Fülle« von Frederick Dodson
Softcover A5, ca 144 Seiten, ISBN: 978-3-96050-180-0
Auch als Hörbuch erhältlich!
Hörbuch CD mit mp3-Dateien, ISBN: 978-3-948464-26-4
Als digitales Download: ISBN 978-3-948464257

»Handbuch Kommunikation« von Frederick Dodson
Wie Sie Ihre Ausstrahlung, Stimme und den Wortschatz verbessern sowie Präsenz, Integrität und Authentizität erlangen
Softcover A5, ca 200 Seiten, ISBN: 978-3-96050-223-4

»Mit dem LEADERSHIP-COURSE zu innerer Stärke, Souveränität und positiver Führungskraft« von Frederick Dodson
Softcover A5, ca. 96 Seiten, ISBN: 978-3-96050-225-8

»Familiengeheimnis: Häusliche Gewalt – Wenn das Zuhause kein Ort der Geborgenheit, sondern ein Tatort ist. Ein Lösungsansatz« von Dorothee Döring
Softcover A5, ca. 228 Seiten, ISBN: 978-3-96050-267-8

»Schwierige Rollenumkehr - Die Sandwich-Generation in der Pflicht« von Dorothee Döring
Softcover A5, ca. 192 Seiten, ISBN: 978-3-96050-253-1
Rezensiert von der Fachzeitschrift "Psychologie heute", Ausgabe 12/2024

»Starke Persönlichkeit durch Mentalkraft - Innere Stabilität und Resilienz« von Marjeta Gurtner
Trainingsbuch: Innere Stabilität gewinnen und jeder Herausforderung standhalten
Softcover A5, ca 276 Seiten, ISBN: 978-3-96050-256-2

»Enneagramm und Hochsensibilität - Die neun Persönlichkeitstypen und ihr Entwicklungspotenzial«
von Dr. Marianne Skarics
A5 Format, ca 340 Seiten
Softcover ISBN: 978-3-96050-170-1, Hardcover ISBN: 978-3-96050-215-9

»Unsere Augen im Fokus _ Durchblick bei Fehlsichtigkeiten, Brillen, Sehproblemen und Schulstress« von Christina Flegl
Softcover A5, ca. 204 Seiten, ISBN: 978-3-96050-249-4

»Verschenke deine Zeit sinnvoll - Die Kunst, Zeit bewusst in das zu investieren, was dich erfüllt« von Regula Meile
Die Kunst, Zeit bewusst in das zu investieren, was dich erfüllt
A5 Format, ca. 288 Seiten
Hardcover ISBN: 978-3-96050-233-3
Softcover ISBN: 978-3-96050-234-0
E-Book ISBN: 978-3-96050-235-7
Hörbuch ISBN: 978-3-96050-236-4

»Entzündungen natürlich behandeln – Die grüne Taschenapotheke«
Von Prof. Dr. Nadine Berling
A5-Format, ca 132 Seiten, mit 24 schwarz-weiß Fotos
Softcover ISBN: 978-3-96050-210-4, Hardcover ISBN: 978-3-96050-203-6

»200 Ratgeber oder dieser« von Dr. Florian Hartnack
Die Essenz aus über 200 Ratgeber-Bestsellern zu den Themen: Glück, Gelassenheit, Gesundheit, Schlaf, Ernährung, Stress, Bewegung, Zeitmanagement, Kommunikation, Beziehungen, Erziehung und Finanzen. Mit Literaturtipps!
Hardcover A5, ca 200 Seiten ISBN: 978-3-96050-218-0
Softcover A5, ca 200 Seiten, ISBN: 978-3-96050-217-3

»Das Handbuch der ketogenen Ernährung«
von Fabrizio P. Calderaro
Taschenbuch, ca. 220 Seiten, ISBN: 978-3-96050-071-1

»KETOGA - Ketogene Ernährung und Yoga«
von Fabrizio P. Calderaro
Taschenbuch, ca. 348 Seiten, ISBN: 978-3-96050-120-6

»Weiblichkeit leben«
Zurück in die Steinzeit oder vorwärts in ein neues Leben
von Petra Liermann
Taschenbuch, 116 Seiten, ISBN: 978-3-96050-067-4

»Eine Seele in zwei Körpern«
Der Weg der Dualseelen in eine glückliche Beziehung
von Petra Liermann
Taschenbuch, ca 230 Seiten, ISBN: 978-3-96050-118-3

»Eine glückliche Seele in zwei Körpern«
Dualseele 2.0
von Petra Liermann
Taschenbuch, ca 108 Seiten, ISBN: 978-3-96050-178-7

Belletristik- Novitäten 2024 / 2025 bei FRANZIUS

»Der Erwählte - Wie die Tagebücher von Thomas Mann verschwanden« von Torsten Schmandt
Der Roman spielt in den Jahren 1933/34, zur Zeit des Konfliktes, ob Thomas Mann ins Exil geht oder in Deutschland bleibt.
ISBN: 978-3-96050-251-7

»Kein Tag ohne Luzie« von Karin Büchel
Roman nach einer wahren Begebenheit über den Mord an einer deutschen Sängerin in Griechenland.
ISBN: 978-3-96050-247-0

»TRETmühlen Treue« von Reinhold Franz-Reisert
Dieser Roman spielt in einem fiktiven Dorf im Spessart in der Zeit vom 1. Weltkrieg bis zum Anfang der siebziger Jahre.
ISBN: 978-3-96050-244-9
Der Autor wurde im Herbst 2024 für diesen Titel von der Schweizer Stiftung »Kreatives Altern« mit einem der zwölf Hauptpreise ausgezeichnet!